# 布局

## 律师实战实录

喻国强 著

中南大学出版社
www.csupress.com.cn

# 他就是传奇

## ——我眼中的喻国强律师

### （代序）

初识喻国强是多年前的事了，朋友介绍说他是律师，我却很难将这个壮实憨厚的年轻人和律师联系起来。和律师打交道多了，律师的形象就有些定格：西装领带公文包，见面就递名片，然后是滔滔不绝地自我介绍。但他除了一句礼貌性问候，便没有多余的言语，冷峻严肃的面孔似乎有种拒人于千里之外的感觉。

见面的那天有场牌局，大家招呼他上场，他说不晓得打麻将。在场有心直口快者反问：做律师不晓得打麻将？朋友便马上解释：喻律师不但不晓得打麻将，而且"烟酒槟榔茶，唱歌跳舞牌"全都不会。我当时纳闷：这样的人如何做得好律师？

对他真正了解，始于一单与我工作有关的法律事务：建于上个世纪九十年代的民主党派综合楼，因为工程款结算、购房等问题引出十多桩纠纷，负债达一千多万元。十多年来，虽有多名律师介入，但问题仍是愈演愈烈，吵事的、上访的都有，甚至连建成的房屋都一直被施工方占据。一个偶然的机会，他和这件事结了缘。市委统战部部长代表七个民主党派授权给他，开出的条件是"不出钱、不出乱、不违法"。所谓不出钱，是律师费和包括所欠工程款在内的所有资金统统不出。

这样一桩麻烦事，条件苛刻，几乎不能运作，我们都认为他难以完成。然而几个月时间，他一系列既眼花缭乱又大气磅礴的运作，居然魔术师般地将一千多万元的负债降到一百万元以内；将破败不堪的综合楼招商变成一家四星标准的宾馆；以租金作抵押向宾馆老板借一百万还清了工程欠款……

　　我当时以党派管委会主任的身份参与了该项业务的全过程，目睹了奇迹的发生，见识了他的智慧、能力及人格魅力。于是，引起了我对他更多的关注。渐渐觉得这个年轻人就像一座富矿，里面蕴藏着许多人生精彩，他的经历就像一轴展示不完的画卷，而那些非同寻常的故事，正是画中的处处工笔……

　　他的人生轨迹几乎无可复制：农民、医生、教师、律师、农场主，是他四十岁的人生经历。用他的话说，西方最有钱的三个职业是医生、教师、律师，他不到四十岁就经历过了。

　　而当你知道他对这些职业的选择，你可能会更加了解什么叫快意人生、精彩人生：因为当年对农村流行的专业户感兴趣，他居然放弃高考，回乡务农，干起了专业户，并随父学医，当起了乡村小医生；一年后，正当他父亲欣喜于事业后继有人时，他又选择回校读书；在高考升学率只有百分之几的当年，基本没人看好离校一年多的他能考上大学。他却另辟蹊径练体育，七个月的体训，走完了别人也许七年都走不完的路，在人们惊诧的眼光中，迈进了大学的校门；在同学们尽情享受大学浪漫时光时，这个体育生居然自学法律，获得了法律本科文凭；弟弟车祸去世，他冲冠一怒为维权，努力五十六天，通过了号称全国第一难考的律师资格考试；他辞掉了令无数人羡慕的雅礼中学教师公职，义无反顾地投身律师职业；在其律师事业最风光、最红火时，他却急流勇退……

　　不过，最值得一说的还是他波澜壮阔、惊险曲折的律师生涯。我认为，用大气魄、大手笔、大智慧、大成就来评价一点不为过：因认为稳赚不赔的律师收费方式对委托人不公平，他打破常规，率先选择风险与利益共存的风险代理。只要接下来的业务，不管如何艰难，他总有应对之策，不达到委托人要求不罢休；他承接过四百多单业务，只有五单没有实现委托人的目的，这是何等惊人的业绩！不仅如此，他许多成功的创新思路，被法律界人士赞誉为"前无古人"；他这个律师曾经担任了正厅级国企破产清算组组长、四星级宾馆总经理、集团公司总经理……这些都是足以让一名律师荡气回肠一辈子的业绩。在讲究关系、论资排辈、注重背景的律师行业，这个草根律师能有如此不俗的成绩，完全得益于他敬业勤奋的职业态度、百折不挠绝不屈从的处事风格以及从丰富阅历中吸取的人生智慧。

最难能可贵的是，在深知生活中的假、黑、丑后，却始终能以一颗善良、正直、充满激情的心去爱生活、爱事业、惩恶行善、磊落光明；在遭到无良对手纠集的众多强权势力打压、受到诸多不公待遇时，他坚持寸步不让，正义到底；深处恶境还不忘慈善。其蔑视丑黑之淡定从容，应对险恶之智慧大度，扶弱济贫之拳拳爱心，为人处事之坦荡真诚，着实值得称颂！

我认为他的经历就是一部励志大书，便一直鼓励他写下来。今天，他终于拿出了这部厚实的书稿。"文如其人"，从读第一篇起，就给我一种震撼的感觉。文章内容真实，素材详实，行文朴实，字里行间凸显出他的智慧、敬业、执着和对公平正义的渴求。它既可以成为律师新辈的从业指南，亦可以为社会了解律师提供参考。更重要的是，它会给广大有抱负、有理想、有追求的青年朋友带来正能量。

作者所写的，都是他所做的。因此，我可以负责任地说：这是一本很好的书。

贺绍佩

# 对，我就是优秀律师

## （前言）

国人对律师定位为法庭上唇枪舌剑、雄辩滔滔者，似乎法庭就是律师唯一的战场。而我以为，这是对这个职业的误读，或者说是律师自己画地为牢。一名合格的律师，除了应是法律专家外，还应该是侦探、社会学家、心理学家、军事家、谋略家……总而言之，律师是杂家。

我的法律完全来源于自学，当一名体育老师转身为律师时，没有这个行业日积月累的约束，只有"受人之托，忠人之事"这句古训的鞭策。我将实现委托人的委托目的当成做律师的最高荣誉。为实现这一荣誉，我将诉讼当成战争，时而将军，时而士兵，将《三国演义》的计谋应用在法律战场中；将"吃得苦，霸得蛮，敢为人先"的湖南人性格演绎得淋漓尽致；和对手拼耐力，比韧性，将体育人"不服输"的精神贯彻始终……

一方面，我金戈铁马、过关斩将、冷面铁血；另一面却慈悲为怀，从不收咨询费，免费甚至自费为弱势群体服务，同时还担任两家养老院的名誉院长……获得了湖南慈善奖，成为湖南律师慈善第一人。

我鄙视不管输赢都要收代理费的常规代理，推崇只有实现委托目的才收取代理费的风险代理，我的绝大部分业务都是风险代理。我享受着风险代理带来的惊险、刺激与挑战。我尊尚契约精神，有一百多单业务，委托目的实现了，但却是亏损的，我依然无怨无悔；对赖皮的委托人，我也会死磕到底，我认为，连自己权利都维护不了的律师肯定不是好律师。

游弋在是是非非中，我扮演着正义斗士的角色，很多无奈的维权，受伤的却是自己。我虽遍体鳞伤，但还是淡然处之，照样天马行空、孤灯单刀，从别人叫我"喻律师"欣慰快乐。

　　民革领导贺绍佩女士说，通过我，颠覆了她对律师的认识，鼓励我将精彩的案例写下来。我写了一些，完全是实录，放在网上，不想还有些好评。

　　在整理过往业绩时，我发现了这组数据：18年的律师经历，承办472件法律业务，只有5件没有实现委托目的，帮委托人挽回或避免经济损失20多亿元。

　　在对抗性如此强的律师行业，这是一组几乎不能让人相信的数据，甚至连我都怀疑它的真实性，但我承接的每单业务，律师事务所的记载是清晰的，每单业务的卷宗是完整的。无疑，这个数字是准确的。我想，如果数字能够说明一个律师的成败，用不着矫情："对，我就是一个优秀的律师。"

　　您怀疑？看完本书，您再说吧！

# 壮哉！1995

## （引子）

当日历翻到 1995，我便有些恐慌，莫名其妙的恐慌，甚至有些恐惧——面对死神鬼怪、凶猛野兽时的那种恐惧。

弟弟国斌这年大学毕业，寒假，我陪他去珠海找工作，在广州姨妈家过春节。不记得是正月初几，姨妈一家带我们去番禺一个叫"飞龙世界"的公园游玩。公园是新修的，公园里面的寺庙也是新修的。

姨妈抽了一支签，上上签。我也抽了平生的第一支签，下下签，签文第一句便是"门庭安得祸来侵"。我当时便面色沉重。国斌便在一旁说："还信这个，我回家做些签，尽写上好话，你来抽，让你高兴个够。"

签文让我惶恐，这种惶恐到了 3 月 12 日，便转化为了一种撕心裂肺的痛——弟弟去世了，死于车祸。

3 月 10 日，弟弟收到了珠海格力的接收函，他是他们班第一个收到接收函的，何况还是珠海格力——一个当年好得不得了的外资企业。弟弟自然很高兴，3 月 11 日是星期六，他回家报告喜讯，星期天回学校，所乘坐的中巴翻车，全车就死了他一个人。车是报废车，驾驶员没有驾驶证，公路在维修，挖了一个坑，没有任何警示标志，车开到坑里，侧翻……

我在家陪父母一个星期后，返校上班。

很长一段时间，我生活在静默中，我没有祥林嫂式地向人倾诉，只有静默。而静默的时候总感觉自己在和弟弟交流，我经常会站在雅礼大门口静静地等候弟弟奇迹般地走进雅礼的校门，甚至晚上突然起床打开门，看看弟弟是否在门外。我一直想和谁做一场交易，用我的一条腿一只手或是四肢去换回弟弟的生命……

4月份的自考我报了四门。3月份，我一直在悲痛中，根本无心学业，4月份，便强忍悲痛，每天晚上在体育馆宿舍学习。临考了，国际司法还有一半没看完。成绩公布时，我居然过了三门，只有国际司法没过。

弟弟的事最终调解了，对方才赔了三万七千余元——当年一条鲜活生命的价钱。调解时，父亲作了让步，显然有一部分原因是因为我。我咽不下这口气，我在策划让肇事司机受到应有的惩罚。知子莫过父，父亲不希望我再有个闪失，便尽快结束了这场伤痛的谈判。

我总是不甘心，因为肇事司机无证驾驶，车辆又是报废车辆，按照刑法条文，肇事司机应当判刑。我便写了控告材料，送到宁乡县交警队，要求追究肇事司机的刑事责任。但他们不准备追究，理由是法院、检察院对这一块并不重视，并列举了好多起他们想追究而检察院不批、或法院最终未判其有罪的案例。

我不服，又写了好多信到有关部门告状，但都没有答复。

张同学于我的1995年，比较重要。她当年二十岁，一个活泼开朗的长沙妹子，在东塘汽车电器研究所上班。我们是一同去听讲座时认识的。她单位和雅礼中学相隔不到一公里，弟弟出事后，她经常来陪我。甚至还经常一起做饭，别人都以为我们在谈朋友，其实我只在一次爬山时牵过她的手。

5月下旬，她问我参加律师资格考试不？

到处告状没有结果，我正无比郁闷，知道律师是和法律打交道的职业，于是对律师资格考试有了浓厚的兴趣，她便把有关考试的信息告诉了给我。

6月份和张同学一起在司法局报了名，报名费、书籍费共一百六十元，市司法局办了培训班，学费是二百六十元。

我的法律知识完全是自学的，没有任何一个老师，全部的费用就是每科十二元的报考费(后来涨到每科二十元)和每科从几元到十几元不等的教材费。专科加本科二十多门课程，加上论文答辩，一本湘潭大学法律本科毕业证和学士学位证的费用总共不超过八百元。至于自考和律考花费的时间成本，因为都是业余完成的，可以不计。可以说我做律师的总成本也就一千二百元，这是一个不可思议的低成本了。

高考完了，大多数老师便进入了真正的暑假，但对于带体训队的体育老师，另一项工作才开始。

7月10日，教研组长王诺克召集体训队教练开会。假期训练从这一天开始，到8月26日结束。我是田径队的教练，自然也要参加暑假训练。

姨妈是最关心我和弟弟的长者。6月份，姨妈来长沙，要给我一笔钱，三千五百元，说是给我读书学习用。

弟弟去世几个月了，我总是在想，怎么会翻车呢？我对汽车驾驶有了浓厚的兴趣。我决定去考驾驶证。

我对王诺克老师说这个想法时，王老师的反应完全在我的意料中，不是反对，而是强烈反对！他认为我这是不务正业。在当年，汽车驾驶是一项职业，而非今天的一项技能。

我还是坚持要考，而且还要王老师帮忙，不但要他帮我找驾校，而且在时间上也要通融。

王老师拗不过我，帮我找了一位管驾校的学生家长，将我安排在位于张公岭的机电驾校学习。找学生家长的好处便是便宜了七百元钱，别人四千二百元，我三千五百元，同时还在那里免费吃个中餐，而且还是和教练一起吃。

王老师是好人做到底，干脆给我放了一个月假，给我彻底"放生"。

7月12日到10月8日，是我人生中最充实也最刻骨铭心的一段时光，用三个词语可以概括：缺钱、透支、紧凑。

我很少有缺钱的时候，父亲收入一直很高，所以在参加工作以前，我没有缺过钱，后来做律师，收入也不少，更没缺过钱，就那3个月，让我尝透了缺钱的滋味。

7月19日晚，一位借宿在我处的彭姓同学"顺"走了我一条沙滩裤，裤子口袋里是我的全部家当——近五百元钱。参加工作后，我是典型的月光族，所以根本不用谈什么积蓄。

我本身就是过江的泥菩萨，要命的是，偏偏还扛着另一尊泥菩萨。我的一个小兄弟张治强从益阳师专跑到我这里，要我帮他找一份暑假工。他家里困难，所以我管吃管住还要管他的所有费用。

彭同学"顺"走我的沙滩裤后，我和张治强立马陷入了困顿。先是将存折上仅有的十七元钱取出十六元，对付了两天，后来又将抽屉翻了个遍，连一毛钱的硬币都找出来买菜了，之后便吃白米粥，幸亏中餐在驾校不限量。

吃白米粥时，我已经通过学生家长给张治强找了一份工作，他的吃饭问题解决了。偶尔吃一顿白稀饭可以，多吃几顿就不好受了，晚上经常饿得难以入睡。

最困难时，远在广东中山的曾姓女生打来电话，问我情况怎样？我告诉她还好。张治强知道我和曾姓女生关系一直很好，便提出找她借点钱。我说不好意思开口。他便要代我开口。我知道，只要她晓得我现在如此糟糕，她一定会出手相援。但要一个女生相援，面子上终究挂不住，这个提议很快被我否决了。

有一点，张治强和我是相通的，那就是饿死都不向父母伸手。毕业来雅礼中学上班时，我只问父亲要了二百元，只身来到长沙，再也没有向父母要过一分钱。有钱时便回家看看，没钱时，就不回家。

连马马虎虎的三餐都不能维系了。没早餐的日子过了三四天，当最后一粒米都熬了粥之后，晚餐也没有了。一天只吃一餐饭的日子真不是人过的，饿得不行了，就想睡，甚至骑自行车都会睡着。幸亏这种日子只持续了两天，救星总算来了。

曾琥，一个和我一同进雅礼中学的长沙伢子，住同一个宿舍的曾老师来看我了。曾琥因不带训练，便回到父母身边去享受衣食无忧的暑假时光，听说我山穷水尽，给我送来五十元。这个救命的五十元，让我熬到了8月份发工资。

几年后曾琥初为人父时，我送了个五千元的红包，曾琥觉得礼太重了。我说当年五十元，今天百倍回报。曾琥笑道：晓得是这样，当年给你送二百元就好了。

我学的是B照，大货，教练车是辆报废的解放牌大货车，没空调就算了，路上还经常抛锚，要推车。7月的天气，气温经常是三十七度以上，驾驶室至少还要高十度，我们开车二十分钟，没有不全身湿透的。

雅礼中学到驾校有二十多公里，骑自行车至少要八十分钟，所以每天五点我必须起床，洗漱完后，五点半出发，早餐就是两个馒头，在自行车上解决。

在驾校最幸福的时光是午餐，在教练们挑剔这个菜不好吃、那个菜又连吃了几天时，我正大口大口地把早餐补回来，把中餐吃下去，并开始储备晚餐。

下午一点出发，四点回驾校，不要说，这是一趟苦旅，但我很喜欢。我们班有十多个学员，下午一般只去四五个，其他学员因受不了酷暑当逃兵，我正好抓住这个机会，可以多开二十分钟，感觉热得值。

驾校一放学，就必须一刻不停地往雅礼中学赶，回雅礼中学比去驾校要多十分钟。五点半赶到雅礼中学，五十五分钟内必须完成三件事：晚餐、洗澡、准备凉开水。

司法局的律考培训班是六点四十五开始，九点四十五结束，雅礼中学到司法局有六公里，骑自行车十五分钟，加上爬到七楼教室的五分钟，所以我从雅礼出发的时间是六点二十五分。

当年，应当没有人不佩服我的体能，一万米长跑轻轻松松跑完，踢足球，上半场、下半场甚至连中场时间都不休息，可以不停地跑动。但那段时间，当我爬到七楼教室，第一件事就是睡觉，天天如此，每次十五分钟。我其实没有听课睡觉的习惯，我实在是撑不住了。

来这里听课，对我绝对是场打击。之前，我对取得律师资格考试还有"也许"、"可能"的想法，听课后便深信，既没有"也许"，也没"可能"了。

第一堂课，老师对着我们一百三四十号学员说："别看教室挤得满满的，能考过七八个就算不错了。"再看看周围的同学，基本都毕业于法律专业，要么在法院，要么在检察院，更多的是在律师事务所从事与法律相关的工作。而像我这样一个身为中学体育教师的考生，绝对是朵奇葩。后来，我还知道，这里面新考生不多，考了三四次的占大多数。

我只好调整心态，管它的，今年权当旅游，明年再来！

晚上回家的路何其漫长，虽然还是来时的六公里，但足足要多用一半的时间。十点二十到家后我还要洗澡、洗衣服、准备第二天的饮水，真正能睡觉的时间一般都要到十二点以后。

房子当西晒，即使十二点以后，仍然像蒸笼。但我已经完全顾不上了，泼一桶水在地上，把吊扇打开，赤膊条条躺在地板上，倒地即睡。

在驾校学习了整整一个月，离开时，我已经操控自如了。一年后，我和法官在外面扣了一台车，法官要调驾驶员来，我摸出驾照说我来。当我小心翼翼地将车开回法院时，我知道，前一年的汗水没白流。

8月12日早晨，去训练场报了到，见到了久违的王老师和其他几位教练，请他们吃了个早餐，也即表示我归队带训练了。

8月份的工资发下来了，手里又有了四百多元钱，中餐比较丰盛，一大份辣椒炒肉，煮了条鱼，还有两瓶啤酒。我实在想犒劳一下自己，一个多月了，比民工过得还差，比他们更辛苦。

吃着吃着，我又想起弟弟。我吃得如此奢华，他在那边过得还好吗？弟弟走了，赡养父母的责任，甚至家族的荣耀都靠我了，我能不思进取，贪图享受吗？！泪眼婆娑中吃完了那顿中餐。中餐吃完，我已经决定了：今年律考，我决不当看客！

从8月12日到10月6日，总共才五十六天时间，大概有二十六部法律，到现在我的自学考试科目才通过了十来门，也就是说还有十多部法律不曾接触。虽然也去司法局听了课，但那些老师讲得一般，他们中有的人甚至和我一样同为考生，听课收效甚微。我无法给自己制定一个周密计划，我只能对自己说，调动这五十六天一切可以动用的时间用于学习。

每天学习的时间必须有十个小时。我将吃饭、洗漱、上课、带训练全部当成了休息与放松。

我住在雅礼中学体育馆，五千余平米的体育馆就住了我和守传达室的刘嗲（嗲：长沙俚语，男性年老长辈）。他知道我要读书，帮我把住了门。那段时间，凡是来找我的，刘嗲都说我不在。在那五十六天里，我没有接待一个亲戚朋友，这些都是刘嗲的功劳。

开学后，体育馆要上课了，体育馆里有间音乐教室，就在我楼上，吵闹之声可想而知，我采取了一招——以闹制闹，将录音机声音开到极大，翻来复去，就一盒磁带。当房间里声音足够大到听不到外面声音时，我便可以安心学习了。

五十六天里，我看了两遍书，做了一遍习题，A8 的白纸，至少写了三百张。

10 月 7 日，律考开始了。这场考试，让我见识了考题量之大。四门考试，试卷分别是十九页、十七页、十五页、十一页。时间是三小时，之前已经听人说过律考题量大，根本做不完。但我都是提前交卷，最快的一堂提前了四十八分钟，最慢的也提前了三十分钟。

10 月份的自学考试，我报的两门都过了。

11 月份，我又考了一张三轮摩托车驾驶证。至此，机动车里，我只有大客车没有驾驶资格了。

12 月 30 日，我接到司法局的电话，告诉我通过了律考，而且还是高分。我真不敢相信，拿到成绩单时，我还恍然若梦。这一年全国律考通过率是百分之七，湖南是百分之六点九，我的成绩超过了律考合格线二十多分。

12 月 31 日，我独自坐在岳麓山中，回顾这一年，感慨实在太多：这一年我失去至亲的人，感受了撕心裂肺般的苦痛；经历了贫困，感受了因饥饿而无法入睡的漫漫长夜；经历了高强度、高节奏的生活，感受到了身体散架般酸痛……所谓"苦其心志，劳其筋骨，饿其体肤"，我全都尝遍了。但我绝对是强者，我从容、执着、坚毅，甚至大无畏。我战胜了它们，也战胜了自己。

我脑海中浮现四个人：对我网开一面的王老师，传达外界信息的张同学，送来五十元钱的曾琥，告诉别人"喻老师不在"的刘嗲。他们都是普通的人，但是没有他们，就没有我的壮哉1995。我要记住他们！

明年，律师，我来了！

## 第十七篇：不出钱、不出乱、不违法

这是市委统战部虢部长对我代理市民主党派综合大楼系列纠纷案提出的要求。"不出钱"包括两层意思，一是不出律师代理费，该代理免费；二是解决综合大楼遗留问题的资金，全部要我自行筹措。

## 附一篇：十年慈善路，万千红会情

有朋友问我："你看了那么多的社会阴暗面，心理总该会有些阴影，而你从事律师近二十年，历经风雨，但一直阳光健康，有什么秘诀吗？"我告诉他："我除了当律师外，还从事一份天底下最干净、最阳光的职业。"

# 第一篇

# 死缠烂打

这是我做律师起步的业务，没有经验，也没有技巧，但我如一块牛皮糖，死死地粘住对手⋯⋯

# 海龙威酒楼系列执行案件

## 第一单业务 >>>

1996 年，是我做律师的第一年，严格地讲，这一年我还是实习律师，不能单独执业。但当年没有现在严格，司法厅发给我的是律师执业证，而不是律师实习证，我便直接上岗了。

在帮其他律师做了两单小业务后，律师事务所主任见我悟性还可以，便交了一单诉讼业务给我，点名要王律师带我做。王律师比我早入行两年，算是我老师了。

委托人是西岸公司，对方是海龙威酒楼。案情比较简单：西岸公司为海龙威酒楼提供了一套厨房设备，海龙威酒楼只付了部分货款，尚欠货款十万余元。久催不付，西岸公司便决定打官司。

诉讼基本没有多少疑义。法庭上，海龙威酒楼认可欠款事实，双方便调解了，由海龙威酒楼一次性支付十万元给西岸公司，西岸公司稍微作了点让步，将尾款抹去。

王律师只参加了庭审，其他的工作都是由我来完成。倒不是王律师不负责，而是我主动要求这样。我和王律师约定：案子我具体承办，王律师指导，如果有困难我主动找他。

诉讼顺利并不意味着海龙威酒楼会主动履行调解书。过了还款期限，海龙威酒楼没有半点还款的意思，案件自然便进入了强制执行程序。

申请强制执行时，我找到审理案件的陈法官，请求他担纲执行。1996

年的法院，部门分工没有现在这么细，那时审理和执行可以不分开。陈法官基本没有推辞就接受了。

陈法官虽然是个小青年，但已经在法院工作五年了，是个经验丰富的法官。他是我律师生涯中认识的第一个法官，可以说是我做律师的引路人之一，我的很多律师业务知识都来自于他。后来，我们成了朋友，但我一直把他当成老师。

案件进入执行时，我尚处于懵懂无知状态，没有执行经验技巧，甚至连执行的程序、措施都不明白——我的律师资格绝对是真刀真枪拼出来的，但考试的内容在实战中，几乎无指导意义。

我明白，凭我一己之力，执行款哭都哭不回来，所以必须借助陈法官的力量，要陈法官把这个案子当成自己的事来办。我能做的自然是尽可能融洽和陈法官的关系。

那时我还在雅礼中学教书，只要不上课，就往法院跑，把自己当学生，而且是小学生，跟着陈法官学。我将一对一、人盯人的篮球战术用在了陈法官身上。

## 对付"老赖"之道 >>>

在陈法官去海龙威酒楼前，我已经对酒楼的经营状况有了些了解，酒楼生意不错，天天爆满，而且海鲜酒楼的利润很高。案件审理的顺利，让我对执行产生了错觉，以为只要法院出面，被执行人海龙威酒楼就会乖乖履行。很快我便发现，我错了。

陈法官去找海龙威酒楼的于老板，于老板一肚子苦水，欠了这个的钱，欠了那个的钱，税也没有交，员工工资也没发……言下之意很清楚，没有钱履行法院判决。

我提议去查海龙威酒楼的银行账户。陈法官却不认同，认为酒楼都是现金交易，不可能有钱存银行。查银行账户的结果，验证了陈法官判断。

我束手无策时。陈法官查封了海龙威酒楼大堂的空调。所谓查封，就是将盖有法院印章的封条贴在空调上。

当时我并不明白这样查封有什么意义？因为空调贴上封条后，还是可以正常使用。

陈法官解释说："酒楼正在营业，如果让顾客看到酒楼被法院查封了，他的名声肯定大受影响，生意也就大受影响。你不还钱呀，哼哼！那就让你生意做不下去。"

当时我便觉得这样做有些无赖，陈法官说："酒楼有钱不还岂不是更无赖！"

也是，对付无赖也只有这样，我想。

封条是下午三四点钟贴上去的，晚餐时，我特意跑到海龙威酒楼看效果。不想，封条居然全部被撕掉了。我当即就将情况报告给陈法官。

第二天一上班，陈法官便带了几个法警来到海龙威酒楼要抓人。法院动真格的，于老板慌了神，答应每天从营业款中抽二千元出来给西岸公司。

每天去拿钱的任务自然又是我的。并不是去了就有钱拿的，海龙威酒楼此时已经负债太多，每天要钱的人络绎不绝。这要钱还有技巧，要债的人多时，你不能开口，你一开口，于老板肯定说，这么多人都在要钱，没钱！没有其他人时，你又要不到钱，因为于老板无所顾忌。还必须看紧，于老板一开溜，那天的二千元准泡汤。于老板是才从监狱出来的，所以盯他也是个技术活。可惜好景不长，二十多天后，海龙威酒楼因为负债太多，关门了。在关门前，我已经要回五万四千元。

在要钱过程中，于老板讲了一幅对联，我觉得很有意思。上联是："拆东墙，补西墙，墙墙不倒。"下联是："借新账，还旧账，账账不清。"这恐怕是很多生意人的真实写照。

## 除夕执行

>>>

酒楼关门了，酒楼的开办人万顺公司还在，执行自然就转到万顺公司。

万顺公司宋总大腹便便，派头十足，坐的是奔驰 S600，一开口便是这里视察，那里视察——生怕别人不知道他是省人大代表。

但一提到还钱，宋总就来脾气。于老板是宋总的朋友，才从监狱出来，一贫如洗。宋总仗义，出钱为其开了海龙威酒楼。哪知酒楼经营不到一年，老本全部亏完，还负债二百多万元，所以宋总坚决不同意还钱。

宋总这么说，我着急了，法院可以用抓人来吓唬于老板，但这一招对宋总显然没用。

我问陈法官："对付宋总有什么办法？"

陈法官说："很简单，经常去他办公室。办公室总要谈生意的，如果一个穿制服的法官坐在他办公室要钱，这生意还怎么谈呢？他自然会要还钱的。"

我想，这比空调贴封条更无赖！但还是很佩服陈法官，能想出这么有效的办法。

我和陈法官去宋总办公室四五次，每次陈法官都是穿着制服（老式的法官制服有肩章，更像制服），而且去了就找宋总作谈话笔录，不急不慢，总要磨宋总几个小时。但宋总也好脾气，耐着性子陪你，就是不给一分钱。

这天是大年三十，基本上没有人做事了，我和陈法官都是光棍，所以，过年都是父母的事。上午，我们又跑到宋总办公室，这次并不是盲目来的。前些天，我们在宋总办公室听宋总在电话里约了一个人今天在办公室见面。宋总对这个人相当客气。这个人可能对宋总很重要。

对于年三十跑到办公室来要账的法官、律师，宋总哭笑不得。

当陈法官打开案卷又准备作笔录时，宋总没有了往日的悠闲，挺紧张地看了看表说："陈法官，今天能不能不做笔录？"

"既然来了，还是做个笔录吧。"陈法官语气似乎很随意，但很坚定。

宋总只能苦笑着答应。

我琢磨宋总想尽早结束这场谈话，因为他一直在看时间。

越是这样，陈法官越是不紧不慢。

　　四十分钟后，宋总终于熬不住了，主动提出拿一套房子出来抵债，并打电话叫人来带我们去看房子。

　　从带我们去看房的人口里知道，今天宋总约了一个很重要的客人，而且，客人马上就要来了……

　　房子在南湖路，万顺公寓，是万顺公司开发的房产，用来抵债的是一套七十四点一四平方米的两居室住房。

　　到目的地后，带路的人将钥匙交给陈法官便走了。我和陈法官又返回法院，取了些封条，将房子入户门贴上封条，这就算是查封了。做完这些，已经是下午三点多了，昔日人流车拥的马路已经空荡荡了，空荡荡的还有我和陈法官的肠胃——我们还没有吃中餐。

　　过了年，法院将查封的房子评估后变卖了，价格是六万九千八百元。卖房子的工作是我在陈法官的指导下完成的。那时候还没有一定要委托拍卖公司拍卖的规定。

　　西岸公司债权本来只有十万元，但加上诉讼费、利息等项，便达到了十一万二千元，我在海龙威酒楼已经拿了五万四千元，这里再拿五万八千元，西岸公司的案子就功德圆满。我将案款交给西岸公司邱总时，邱总主动给了我两千元汽油费。

　　这个案子，律师事务所收了五千元，按照律师事务所的规定，收百分之五十的管理费，另百分之五十就是给律师的工作报酬，我和王律师每人一千二百五十元。即使加上邱总单独给的两千元汽油费，如算经济账，这次代理还是亏损的，但我一点都不觉得亏，因为我学到了很多经验，而且财富马上就跟着来了。

## 风险代理

　　多年以后，我都认为于老板是个"人才"，酒楼只经营了一年，就欠下了二十多个债权人二百多万元的债务（还不算人工工资）。装修的、做厨房设备的、送海鲜的、送干货的、送烟送酒的、摆花的……甚至连送豆腐的都欠了一万多元，基本上做到了无所不欠、无人不欠。酒楼似乎不要本钱，只收钱。

西岸公司的货款通过打官司能连本带息一起追回，在海龙威酒楼的债权人中影响很大，因为海龙威酒楼倒闭时，其他债权人的债权无一追回。

西岸公司的案件刚完，便有四个人来找我。一个是徐记海鲜的老板徐总，一个是兄弟海鲜的老板张总，一个是做霓虹灯的杨总，还有一个是摆花的王总。他们找我的目的，都是要我帮他们追回海龙威酒楼的欠款。

现在酒楼倒闭了，对欠款能否追回，他们已经没有多少信心。所以在谈委托代理合同时，徐总提出要先追回钱再付代理费，哪怕多付点代理费都行。

这里有必要就律师的收费方式作介绍：当时律师事务所的收费只有一种模式，那就是"先收钱、后办事"的代理模式。这种模式的收费与事情办好与否无关，收费的标准是以诉讼标的为基数，按金额的大小，实行多级累进递加的原则，最高标准是诉讼标的的百分之五，最低是百分之一。这种收费方式对律师事务所是没有一点风险的，反正是坐赢不亏。

我认真考察过这种收费制度的根源，这是计划经济条件下的产物。在合伙制律师事务所之前，律师事务所都是国办所，是司法局的下设机构，所以在制定律师收费办法时，司法行政部门肯定过多地考虑了自身的利益，制定出这种对律师事务所单方面有利，而且没有制约的收费制度。

从我进律师事务所第一天起，我就觉得这种收费方式对委托人不公平。徐总提出的代理方式，当时没有。直到7年后的2003年，司法行政部门修改律师收费办法时才第一次明确律师可以用这种方式代理业务，取名叫风险代理。我认为这种代理方式是很公平的，便问徐总："如果我接受这种代理方式，你愿意给多少代理费？"

徐总不假思索地说："百分之四十。"

这个比例，当时把我吓住了——从不足百分之五到百分之四十，跨度也太大了吧！

好在律师有相当大的自主权，律师可以自己接业务，自己谈收费，自己办理。我非常爽快地接受了徐总的条件，而且还非常大度地说："诉讼费都不要你承担。"

我的大度让徐总同样吃惊。在签代理合同时，涉及案款利息分配的问题，徐总也大度地说："利息都归你，但要先本金后利息。"

其实我明白，徐总认为本金都很可能收不回，还谈什么利息？

于是，新模式的代理合同一签就是四份。

这批案子是我个人接下来的，由于西岸公司的案子是王律师带我完成的，所以这批案子我还是和王律师合作。王律师很放权，任我去谈合同。但合同签订后，王律师便傻眼了。签了四份合同，不但没收一分钱，还要帮委托人出一万多元的诉讼费，哪有这样签合同的？

委托人不出诉讼费，难道就一定是律师垫付吗？选择风险代理，我还是有考量的。

万顺公寓的房子不是卖了六万九千八百元吗，支付了西岸公司五万八千元，还剩下了一万一千八百元。我预料后面还有官司，就有意要求法院不将此款退给万顺公司。现在这四个案子一起诉，承办法官都是陈法官，正好将这笔钱交了诉讼费。

四个案子的事实都简单，欠款是事实，被告都认账。但在法律关系上有点复杂：海龙威酒楼的房产是万顺公司租赁了大华宾馆的，该房产在租给万顺公司前，也是做酒楼用，办了营业执照，万顺公司租了该房产后，继续沿用原来的营业执照。依据法律规定，这是一种名为租赁，实为承包的关系，所以发包人大华宾馆要对酒楼的债务承担连带责任。

彼时海龙威酒楼已经倒闭，再找他，已无任何意义。万顺公司万顺公寓的房产已经全部处理完毕，再也找不到其他资产了，所以要找开办方大华宾馆。但大华宾馆不是那么好找的，因为他还有一个名称——省人大招待所。

一审判了万顺公司和大华宾馆承担还款连带责任。大华宾馆不服，上诉，二审改判大华宾馆承担百分之三十的还款责任。

判决生效后，自然没有人主动履行法院的判决，又只能向法院申请强制执行。

此时法院已经审执分开，执行法官不能再是陈法官。执行法官手中案子多，肯定不可能像陈法官一样经常带着我坐在宋总办公室，所以很多工作都得靠我自己了。

法院的执行程序是：先发执行通知给被执行人，要求他在几天内将案款归还，如果不归还，法院就要采取强制措施。

事实上，没有几个被执行人会按照法院的要求去履行的——要履行早就履行了。万顺公司、大华宾馆自以为是有背景的大佬，自然更加不会理睬法院的执行通知。

法院的强制措施挺多，拘留、查封、冻结财产等等手段都有，但对万顺公司和大华宾馆，法院只有一种手段——到银行查他们的银行存款。

法官和我忙活了一天，查了万顺公司和大华宾馆在银行的所有账户，都没有钱。这是中国企业的一大特色，一旦有纠纷了，公司账户的资金便千方百计藏起来，银行为了揽储，往往会想尽一切办法帮客户。所以好好的一家宾馆，天天都在进钱，你就是查不到。

在银行查不到钱，法官也没办法，四个案子就立马停摆了。

四个案子同时停摆，我便听到了一些声音：小喻坏了律师的规矩，哪有不收钱也去代理案件的！这几个案件恐怕是难得执行回来了咯！

## 情感策略 >>>

陈法官虽然不是承办法官，但他还是我老师，我求教于他。

陈法官说："想尽一切办法找到被执行人的银行存款，找到了，马上要执行法官将款划到法院账户，这可能是最好的办法。"

"被执行人知道法院查了他的银行账户，难道还会将资金转入该账户?"我心存疑虑。

"一般当事人会认为，被法院查过的账户会比较安全。本案大华宾馆、万顺公司都在运行，应当会有资金进出，很多资金进出必须通过基本账户，所以如果能盯住基本账户，案款执行应当没问题。"

"怎么样才能找到被执行人的银行存款呢?"

"通过被执行人的财务人员或银行工作人员……"

但被执行人的财务人员或银行工作人员，我一个都不认识，即使认识，她们又怎么会提供信息给我呢? 我还是忧心忡忡。

如果搞定财务人员和银行工作人员成了案子能执行到位的必经程序，我思忖，如果搞定被执行人的财务人员，两家公司说不定要搞定好几个人，而银行工作人员只要搞定一个。我决定紧盯银行。

律师资格考试并没有教你怎么去找银行存款。但困难是最好的老师，困难都是可以克服的。那些天，我经常去东塘某银行，万顺公司和大华宾馆的基本账户都开在那家银行。柜台里有个女孩似曾相识，我调动我所有的影像记忆，终于找到了! 去年夏天我在游泳池当救生员时，这个女孩经常来游泳，她还请教过我蛙泳的手脚配合。当时是素面，现在化了妆，漂亮多了，难怪一下认不出来。

我把目标锁定在这个女孩，制定了一个接近她的行动计划，我要她在两分钟内对我产生好感!

这天下午五点四十分，我"正好"从东塘某银行走过，那个女孩正好下班出来，"正好"碰着。她自然对我没什么反应，我却很"惊喜"地和她打招呼。

她莫名其妙地看着我。

我故意埋怨道:"要我教蛙泳，不交学费就算了，连我是谁都记不起了，真没良心!"

女孩稍作停顿，很迟疑地说:"你……你是那个救生员吧?! 你怎么在这里?"

"我去社区调查取证,正好经过这里。"我说得很随意。

"调查取证?你不是救生员吗?"

"我是律师,律师不就是经常调查取证。"

"啊!你是律师呀!"女孩更加惊讶。

"不像吗?难道律师还有什么特殊标志吗?"

"你通过律师资格考试没有?听说那个考试很难考过,是中国第一考!"

"那肯定通过了噻,要不怎么做律师呢!"

"那你怎么又在当救生员呢?"

"我本来是雅礼中学的老师,学校游泳池开放时,没有深水区救生员,我有救生员证,所以硬要我当了一个假期的救生员。"我不急不慢地解释。

"啊!你还是雅礼中学的教师呀!"女孩显然惊讶到了极致。

也难怪,偶遇一个几面之交的男人,两分钟内,救生员、中学老师、律师,三个风马牛不相及的职业,是有点理不清头绪。

我适时地夸奖她:"其实我刚才也不敢断定就是你,一年时间,你漂亮了好多!"

女孩一脸绯红。

为什么要在两分钟内让女孩对我感兴趣呢?因为从银行门口到公交车站只有一百五十米左右,步行就是两分钟。如果她不在这两分钟内对我感兴趣,第二步计划就无法实现,整个计划就会泡汤。"邂逅"这样的游戏只能玩一次,总不能今天"邂逅"明天又"邂逅"吧。

第一步的目标已经实现,因为女孩没有半点排斥我陪她走完这一段路程。

第二个程序立马开始,我的摩托车就停在公交站边。

我问:"教了你游泳,还是要请我吃顿饭吧?"

女孩显然没准备:"今天啊?"

我说："算了，算了，今天你请客我还没时间，干脆以后我也请教你一些银行业务方面的知识，我们便两清了。你家在哪？你是回家吗？"

"左家塘，回家。"女孩有些犹豫。

"那你上车，我要去火车站接人，顺路。"我显得很随意。

女孩居然没有推辞就上了我的车。

从东塘银行到左家塘，十分钟都不到，按设计，接下来该是我问她要电话了。但我和自己打赌，既然她没有推辞就上了车，女孩会主动找我要电话的，我再顺理成章要她的电话好了。

下车时，女孩真的问我要名片，我自然便要了她的电话，这时我才知道女孩姓宁。

女孩走了，我对自己今天的表现非常满意，我还真怀疑，我就是搞特工的料。

后来我们便经常互相"请教"，见面、吃饭、爬山、看电影……

案子终于可以动了，我弄到了准确无误的信息，法院从银行账户划走大华宾馆和万顺公司四笔钱，三十多万元。

那段时间我和王律师很高兴，因为经常可以进钱，我们的收益已经超出预期好几倍了。

但我没有王律师的那份单纯的高兴，因为宁姑娘一天至少三个电话，天天要见面。显然，宁姑娘已经坠入了情网。

原来我的设想是尽量将宁姑娘坠入情网的时间延长，三个月内将案子执行完，送一份礼物给她就两清了（礼物我都已经看好，一块浪琴女表，我要宁姑娘试戴过，效果很好）。

宁姑娘坠入情网的时间大大提前了，这我也有责任，和她在一起的时光确实感觉很好。有时下定决心，要隔几天再和她见面，控制控制节奏，但是她一个电话，晚上又在一起吃饭。

看着宁姑娘越来越迷离的眼神，我总有一种负罪感。我明白我是在利用宁姑娘那份纯真的感情，我在欺骗她，这样做不道德！终于决定抽身走人，虽然案款还有十几万没有执行回来。

我想先一个星期不见面，也不接她的电话，冷冷火，然后再见面作些解释，然后……

三天没有接她的电话，三天后的晚上，一脸凄惶的宁姑娘把我堵在了雅礼中学的大门口，被堵住的我也一脸凄惶——我真的不知怎么开口和她解释。

两个人默不作声的走了一程，宁姑娘说："你是在利用我。"

我嘴巴蠕动了半天，缓缓的吐出三个字："对－不－起！"

宁姑娘抽噎起来，但没有哭出声，把一张小纸条塞在我手里，头也不回就走了。

我打开纸条一看，万顺公司账户今天下午到了六十万元。

那晚我在雅礼中学体育馆内静坐了一晚，满脑子是宁姑娘。

第二天我并没有通知法官去划款，虽然这是这几个月等来的最大一笔款，这笔钱一划，四个案子都功德圆满，而且划回去的钱基本上是代理费了（利息占多数）。

现在我才知道，我根本就不是当特务的料。我要了个小聪明，换来了长时间的内疚。在我律师生涯中，后来还多次碰到非常棘手的问题，有些也可以用这种方式解决，但我坚决不用。那是我心中的一块痛。

八个月后，宁姑娘结婚了，我托她的姐妹给她送了那块浪琴手表，宁姑娘收了，但在我的银行卡上多了六千八百元钱。

## 智破金钟罩

宁姑娘这条线一断，案子的执行又归于平静。前段时间被奉为神人的喻国强律师又回到了人间。

这时案子已经没有压力了，委托人的钱基本追回，他们已经相当满意。而海龙威酒楼的其他官司，基本没有执行。

大华宾馆的连带责任已经履行完毕了，再要执行就只能执行万顺公司。此时要执行万顺公司更是难上加难。我做了很多努力，都没有任何突破，万顺公司似乎套上了金钟罩。怎么也奈何他不得。

宋总是省人大代表，而且还与一位有相当影响力的老领导关系好。而他的资金就更玄乎，他的银行账户被省建行管控，一是他欠了省建行一大笔贷款，二是他准备和省建行合作一个项目——建设一个住宅小区。

王律师觉得这个案子能做成这样已经很好，钱和名都赚了，劝我见好就收，对手太强大，搞他不赢。

我不去偷，惦记着总是可以的。你万顺公司不强大，可能我还算了，你越强大，越想挑战！挑战！！

我冷眼盯着万顺公司房地产项目地进程，这一盯，盯过了千年。2001年3月份，万顺公司和省建行合作的项目万顺家园开始销售。

但看着万顺公司大把大把地进钱，债权人也只能干着急。

万顺公司那么多官司，他早就考虑了这么一着：所有售楼款都进建行账户，建行会配合他将资金很快转到另外已经保护起来的账户，如果法院去冻结或划款，建行肯定会以万顺公司尚欠建行贷款，该款是用于还贷的为由，不配合冻结划拨。

很多债权人气得骂娘。骂娘肯定是不解决问题的，我分析了银行的操作流程，基本上是无缝对接，法院要去冻结划拨资金，确实有难度。但我有办法，银行必须配合。

这天，建行柜台上来了一个交购房款的，三十多万元现金，柜台里面的工作人员有条不紊地在点钱、开单，钱点完了，单也开出来了，柜台外却又递进来几张纸，工作人员一看，犹如触电一般。

纸上的内容是划走万顺公司账户上的三十万元。钱还堆在桌上，交款的人还没走，你总不能说万顺公司账上没钱。而且法官的态度很明了，不配合就抓人。

来了两个管事的，嘀咕了一会，非常无奈地办了划拨手续。

不用说，前面交钱的人是我做通工作配合法院的。

万顺公司欠款连本带息就十五万元左右，为什么要划三十万元呢？这是有意给领导留空间。果然当天下午就有领导给法院打招呼，法院很给面子，退了十五万给万顺公司。

收获最大的还是我，除了超出正常收费几倍的代理费，最重要的是通过这批业务，我又接了很多单。这一年年底时，我手上大大小小的业务有三十多件，这是很多老律师都羡慕的。这一年陈法官收了二十五万余元的诉讼费，本律师就贡献了二十万元。在那个诉讼费与奖金挂钩的年代，我也成了法官眼中的香饽饽。

该案一完，陈法官便对我说："你可以独步江湖了。"

# 第二篇

# 斗法诈骗"九段"

如果诈骗也和围棋一样评定段位，我遇到的这个对手绝对是诈骗"九段"，他的家庭堪称诈骗之家。我要讲述的是和这个诈骗"九段"及诈骗之家过招的事……

# 南山公司与万里实业公司借款合同纠纷案

## 空手套白狼 >>>

万里实业公司向南山公司借款三百五十万元，这不是简单的借贷。要说清这个借贷原委，过程挺长、挺复杂，要费些笔墨。

南方石油局在市侯家塘梓园路口有一块土地，万里实业公司老总伍显迪找到南方石油局，提出要和他们合作建房，条件是：南方石油局出地并出百分之二十的建房资金，万里实业公司出百分之八十的建房资金，共同建设一栋二十多层的商居大厦。为表明自己的实力，万里实业公司还出示了一张在深圳银行的两千万银行存款证明。

南方石油局觉得万里实业公司的建议可行，决定和万里实业公司合作建房，合作建设的房屋定名为宇阳大厦。双方合作成立了宇阳大厦建设指挥部，伍显迪任指挥长，指挥部有独立的财务、单独的银行账户。

宇阳大厦这样一个几万平米的基建项目，对建筑公司自然有诱惑力，伍显迪还在和南方石油局商谈合作时，便对外放风，说要建一栋几万平米的商居大楼，他是指挥长。

所以，宇阳大厦八字还没有一撇时，伍显迪已经成为了基建老板的座上宾。最后伍显迪同意将该项目交给南山公司来承建，但也给项目经理杨天余提了不少要求，诸如：要求南山公司交三十万元定队保证金（建筑行业的通常做法），要垫资建设到正负零以上三层等等。

在杨天余将三十万元保证金交给伍显迪后（正常做法是要交给项目指挥部），万里实业公司和南方石油局签订了合作协议。在完成相关报建手续后，指挥部和南山公司签订了建筑安装承包合同。按照这份合同的约定，南山公司既不需要打保证金，也无需垫资。但在这份建筑安装承包合同以外，伍显迪又私下和南山公司签订了一份补充协议，要求南山公司对他单方作出了一些承诺。

南山公司进场施工后不久，第一笔工程款一百五十万元就打到了南山公司的账户。但按照南山公司给伍显迪的承诺，这笔款只是出来"旅游"的，而且是一日游。该款一到南山公司账户，马上就被万里实业公司"借"走。第二笔工程款一百七十万元，"旅游线路"和第一笔如出一辙。

南山公司领到的工程款全部被万里实业公司"借"走，同时还要配合万里实业公司造假，比如：万里实业公司本来没有送钢材到工地（工地的钢材是南山公司自己购买的），但万里实业公司硬是要南山公司开出收到其提供的五百六十吨价值一百五十一万二千元钢材的收据……

宇阳大厦建到正负零以上四层时，南山公司的请款单，没有请来一分钱工程款，却请来一张停工通知。

工地一停工，南方石油局马上关注，但此时，作为项目的指挥长伍显迪已经不见踪影。南方石油局感觉情况不对，马上派人去银行查询项目指挥部的账户余额，发现账上二百五十六万余元资金已经被悉数转走。

账户是双控账户，财务章由南方石油局控制。按财务的理解，该账户的资金支出，必须要南方石油局同意才行，所以南方石油局认为只要死死地捏住那枚财务章，就可以保证资金高枕无忧。其实不然，财务章只代表公司财务一个部门，真正代表公司的是行政章，也就是说，通过行政章，可以变更财务章。项目指挥部的行政章由伍显迪掌控着，实际上，南方石油局掌控财务章没有多少意义。

指挥部账户上的资金被转走，就是伍显迪先以指挥部的名义向银行报告，财务章遗失并声明作废，然后又用另一枚自己刻制的财务章取代原来留存的那枚财务章，这样南方石油局掌控的财务章实际是枚作废的印章，之后转移资金就是顺理成章的事了。

至此，南山公司和南方石油局才如梦方醒，伍显迪是个诈骗犯，在这个项目上居然没有一分钱的实际投入，连前期费用都是杨天余的三十万元保证金，被他玩了场空手套白狼的游戏。

伍显迪消失了，一同消失的还有宇阳大厦的所有建设资料。

"高手"就是"高手"，诈骗时行云流水，撤退时干净利索。

## 小律师签大单

被骗的是南方石油局和南山公司两家，但傻眼的只有南山公司，南方石油局不是很急，因为在建的宇阳大厦搬不走。

留给南山公司只有一条路——打官司追债。

1997年，是我做律师的第二年，尚在雅礼中学教书，应该还是一个很"嫩"的律师。在这单业务前，我虽然也做了近十单业务，但都是些法律关系简单，标的比较小的业务。在当年，三百五十万元的业务，对任何一名律师都是一笔大单。由于海龙威系列案件办得漂亮，这枚幸运之果砸在我头上了——杨天余通过朋友找到我，要我帮其打官司。

在同行羡慕的眼神中，我签下了这个诉讼标的达三百五十万元的大单；在同行惋惜的眼神中，这一单应当收到十万元以上代理费的业务，我没收一分钱——又是做风险代理。

案子的法律关系非常简单，就是万里实业公司欠了南山公司的钱，万里实业公司开出了借条，南山公司有银行转款凭证，证据充分。南山公司赢官司是毫无疑问，但官司能否赢得顺利，执行能否到位这我还是要认真思考一番。

按照当年法院内部的分工，这个标的达到三百五十万元的案子，自然要由中级法院管辖。但我考虑该案的关键是执行，而执行的力度，基层法院明显要强于中级法院，所以，我说服杨天余，将案子放在基层法院 T 区法院。当年，法院的级别管理没有现在这么严格，T 区法院也没有请示中级法院就立案了。后来的事实证明这一着棋是非常英明正确的，如果一审放在中级法院，案子的结局很可能会改写。

## 费尽周折的副本送达

　　T 区法院立了案，接下来就是送达起诉状副本。这是诉讼的一个必经程序，也是最简单、最没有技术含量的一个环节。往往是案件的承办法官在原告的带领下，跑到被告所在地将起诉状副本及开庭传票、举证通知等交给被告；如果是外地的，邮寄送达也可以；如果被告实在找不到，在《人民法院报》上公告送达也行。

　　但万里实业公司的副本送达，我和承办法官陈法官真是历经千辛万苦、绞尽脑汁，这也是我律师生涯中唯一一次费尽周折的副本送达。

　　万里实业公司的母公司在深圳，这个公司完全是为宇阳大厦项目而设立的，工商注册的办公地点在本市劳动路十四号，办公房是租用的，注册完成后，房子就没租了。说穿了，万里实业公司就是传说中的"皮包公司"，所以起诉状副本只能送达给伍显迪本人。

　　肥头大耳、体态臃肿的伍显迪滑得像条泥鳅，要找到他，可不是一件容易的事。声名赫赫、运作着亿元大项目的万里实业公司却只有董事长伍显迪一个人，其办公方式还是移动办公。伍显迪的手机早就是单线联系了——他想找你时，他的电话就是通的；而你要找他时，他的电话就打不通了。

　　杨天余虽然和伍显迪交往了一年多，但对伍显迪的情况也知之甚少，只知道伍显迪是常德安乡人，有两个儿子，大儿子伍维，小儿子伍琼，都曾经在项目指挥部任职。伍显迪可能在冬瓜山有一套住房，其家很有可能就安在冬瓜山这套住房内。

　　找伍显迪的任务自然是我的。杨天余徒弟曾经开车送伍显迪到冬瓜山，他带我到冬瓜山伍显迪下车的地方，但我很快判断这里不是伍显迪住处。这里很杂、很乱，而且房屋档次也低——伍显迪应当不会委屈自己和家人住在这样一个地方。而且伍显迪成心诈骗，肯定不希望杨天余知道他的真实住址。

我将摩托车停在伍显迪下车的地方，沿着马路前后左右辐射两公里的范围走了一圈，寻找伍显迪可能居住的地方。

在和南方石油局谈合作时，伍显迪为证明自己的实力，曾经和南方石油局领导说，他在冬瓜山开发了一栋房子。如果伍显迪这句话是真的，那么我就找到了伍显迪的住处。因为在方圆两公里范围内，符合只有一栋房子的小区，且建设的时间是在 90 年代中期这两个条件的房屋，只有这一处。

接下来是守点。雅礼中学的晚餐很早，五点多就吃完了，晚餐一完，我便到那栋房子周围守点（虽然没有见过伍显迪，但工商登记中有他的身份证）。守了五六天，每天晚上从六点守到十一点，居然没有见过一次伍显迪。但我可以判断伍显迪一定是住在这里，期间他儿子伍维开了台牌照为湘J10867 的白色捷达车来过一次。通过旁边居民了解，证实他老婆和女儿住在这里，伍显迪并不经常回。他们还将伍显迪女儿指给我看——一个二十岁左右的女孩。

我知道这样守下去不是办法，便出了五百元钱给旁边的一个人，要他帮我看着，如果伍显迪回家，就电话告诉我，并答应他找到伍显迪后再给他五百元。

三四天后的晚上七点，我便接到了线人的电话：伍显迪刚回家。

我一方面要线人盯紧，另一方面马上通知陈法官。

陈法官这一段时间都将案卷随身带着，随时准备找伍显迪。我接了陈法官到伍显迪家，敲门、拍门、捶门，反正里面就是不开门。刚开始，里面还有动静，一敲门，里面就音信全无，而且亮着的灯都灭了。

明明知道里面有人，他不开门，你就拿他一点办法都没有。我和陈法官在门口静悄悄的站了近半个小时。外面静悄悄，里面也静悄悄。

我在这之前已经探明，这栋房子只有一个出口，我和陈法官便从伍家悄悄地撤走，在离房子出口不远的地方观察守候。

开始，还有个路边小店给我们避一避寒，九点以后，小店关门，我和陈法官就只能在马路上等。当时是12月份，一年中最冷的时节，亏得我们年轻，抗得住。冻得瑟瑟发抖时，我对陈法官说，有了钱，第一件事就去买台小车，要是坐在车内守点，就不至于遭这样的罪。

十点钟时，对面马路上走过来一个姑娘，我一看，是伍显迪的女儿。我便和陈法官商量，怎么办？

陈法官开始说："不打草惊蛇。"后来又自顾自地说："已经是醒壳子了（即'都知道了'），什么不打草惊蛇？还不如去碰碰运气。"

我和陈法官拦住那个姑娘，问她爸爸伍显迪在哪？她居然一脸茫然："伍显迪是谁？我不认识，我也不姓伍。"然后径直往前走了。

陈法官望着我："是不是伍显迪女儿咯？"

"百分之百！肯定！一定！"

我们撤走的时间是十一点多钟，那个姑娘始终没有回家。真的应了中国那句古话：龙生龙，凤生凤，老鼠生来会打洞。

那晚我和陈法官都冻得不行，陈法官感冒了好长一段时间。我回家围着电炉子烤了一个多小时，才觉得身上暖和。至今，我都觉得欠了陈法官什么。

冻了一晚，还是有点效果。第二天伍维打电话给陈法官，说是要和陈法官见面。陈法官约他在法院办公室见面，同时通知我到法院和伍维一起见面。

我分析，伍维应当是来打探消息的。一个法官，在一个寒冷的冬夜，为送达一份副本，在当事人家门口守了大半夜，这不正常。作为伍显迪一方，探明一下情况也是有必要的。伍显迪会不会现身？不管怎样，我都要有所准备。我要杨天余找几个有车的朋友帮忙，在法院附近待命。

伍维和律师是走路进入法院的,在陈法官办公室,东扯西扯,反正不入正题。要他签收起诉状,他以没有得到伍显迪的授权为由不签,陈法官也没办法。

这回让我见识了伍维,一个年龄比我小,但油滑不知要超过我多少倍的小青年。

如果伍维是打的士到法院的,伍显迪可能没有去法院,我的下一个行动计划就没有可能实施;但他们是走路进的法院,我估计伍显迪很可能在车上或就在附近。只要盯紧伍维,就可能找到伍显迪。

伍维出法院大门后,并没有急着拦的士,而是步行走了。

我马上通知埋伏在法院旁的两辆小车跟上。伍维才走了三百米,一辆白色的捷达车便停在伍维旁边,伍维上车走了。

我们的两辆小车,一辆超过捷达车,一辆紧跟其后。捷达车走了不到一公里就被逼停了。

奇怪的是伍显迪并不在车上。车子被扣到法院,在车子的座位下搜出四万元现金,车尾箱有很多图纸资料,都是宇阳大厦的。律师说四万元现金是他的,伍维说车子是租的。

陈法官将四万元现金给了那名律师,但车子没有给伍维,要伍维拿车子租赁的手续来。

伍维走后,我对陈法官说,一定要想办法扣下那些资料,那些资料可能是伍显迪最关心的。

下午伍维拿来了车子租赁合同,车子是租了伍斯的,月租金四千五百元,车子的行驶证确实是伍斯的名字。

陈法官说,车子给你可以,车尾箱的资料要扣留,因为这些都是宇阳大厦的资料,所有权属于项目指挥部。

这下伍维急了。几经交涉,最后,伍显迪以配合法院审理作为条件要求拿回资料,法院同意了。伍维拿着伍显迪的授权委托书,拿走了车和资料,同时拿走的,还有起诉状副本等等。

南山公司的目的不是要车，也不是要资料，目的是要尽快结束这个案件的审理，尽快进入执行。几经周折，第一步目的达到了。

## 见招拆招　>>>

也许有人会问，干嘛要花这么大的力气去送这份副本？干嘛不公告送达？

这中间是有原委的：如果伍显迪只是空手套白狼，骗术只能算是诈骗"七段"，说他是诈骗"九段"，肯定还有更高明的在后面。一般的骗子，骗到手以后，肯定就是逃之夭夭。你看"伍大师"明明白白地把南方石油局骗了，他不但不跑，还请律师和南方石油局打起了官司，要求南方石油局返还其投资款三百万元及违约金二百一十万元。同时还申请法院冻结了南方石油局的银行账户。

哇！真有"大师范"！"大师派"！一个人如果有志于行骗这一"崇高"职业，一定要找伍显迪、伍大师、伍尊师来指点指点。

所以南山公司只有尽快结束审理，进入执行，才有可能去截留南方石油局将要给万里实业公司的工程款。如果公告送达，公告一次就是两个月，加上登报的时间（登公告还要排队等候），将近要耗时3个月，而且至少要登两次报。等这里判决生效了，真的黄花菜都凉了。

万里实业公司和南方石油局的官司在中级法院开打，万里实业公司虽然恶人先告状，但南方石油局也不示弱，提出了反诉，要求万里实业公司赔偿违约金二百万元。

按正常的法律程序，像这类合伙纠纷，如果要散伙，首要的是进行清算。具体到这个案子中，就是要对已经建设的宇阳大厦进行鉴定，查清宇阳大厦已完工程需要支付多少包括工程款、报建费在内的诸项费用，将宇阳大厦评估作价拍卖，然后再分清违约责任，最后才来分账。

但这个案子，在没有对宇阳大厦工程款进行鉴定时，法院却决定从南方石油局先予执行一百五十一万元给万里实业公司。

当时我便非常纳闷：这个案子有必要先予执行吗？能够先予执行吗？先予执行是法院在案件尚未终局裁定前，为解决权利人生活或生产的急需，裁定义务人预先支付一定数量的金钱或财务给权利人的一项制度。这项制度一般只适用那些追讨抚养费、赡养费、医疗费、抚恤金、劳动报酬或者是情况紧急需要先予执行的案件。

但万里实业公司和南方石油局的案件与这先予执行的概念及适用范围都风马牛不相及。万里实业公司为什么要这么做？

我仔细一想，明白了。

万里实业公司失手于T区法院，他估计T区法院的判决很快会出来，而万里实业公司与南方石油局在中级法院的判决肯定远远迟于该判决，所以赶在T区法院下达判决前将能从南方石油局拿到的钱先拿到手。等南山公司执行时，又白忙活了。

法院为什么会同意下达这份先予执行的裁定？不言自明！

如果是书生，肯定悲愤于法院的执法不公，然后写上一份长长的"关于什么什么不能先予执行的报告"，呈送给法院领导。结果：有可能是石沉大海——你连案子的当事人都不是，法院凭什么要答复你？也有可能法院会给一个"我们认为……"的答复，但有一个结果是肯定的，先予执行已经到位了。

我不是书生，在做律师之前我是体育老师，搞体育的思维开阔，不怎么受条条框框的约束，出手讲究快准狠，讲究实效。我知道这个信息后，没有太多的悲愤，而是马上见招拆招。

我马上以南山公司的名义向中级法院写了一份申请，要求成为南方石油局和万里实业公司案件的有独立请求权的第三人，请求将南方石油局付给万里实业公司的款转付给南山公司。这样，信息便同步了，不然先予执行到位了，自己都不知道。

为了保险起见，我同时向T区法院报告，要求T区法院给中级法院送达协助执行裁定，要求中级法院将要划拨给万里实业公司的案款划到 T 区法院账户冻结。

这两个工作一做，中级法院的先予执行裁定居然没有下达。在这个问题上，南山公司暂时赢了！

T 区法院 2 月份判决了，判决的结果自然是万里实业公司还南山公司的欠款。

直到案件判决，我还是没有见到传说中的伍显迪。

## 昏招 昏招 >>>

懵懵懂懂地玩了这么久游戏，直到现在，我才依稀看清楚伍显迪"伍大师"的局。

这个局有两部分，第一部分是骗，骗杨天余和南方石油局；第二部分是"抢"，通过法院从南方石油局再"抢"一些钱。第二部分的技术含量要比第一部分高得多。表面上看，"抢"的目的是要点钱，其实"抢"还有一个重要作用，那就是为"骗"正名，用"抢"来掩盖"骗"的事实。诈骗毕竟是犯罪的，如果打他一个民事官司，那就是告诉别人，我这不是骗，我们是有纠纷。

伍显迪虽然骗术了得，但能够布一个这么大、这么巧妙的局，显然伍大师一个人的能量是远远不够的。这中间应当还有一个很高的高手在策划，你想呀，骗了不跑，还来耍无赖"抢"钱，要多大的底气！

在高手林立的对手面前，我绝对是个小律师，虽然小律师没有大智慧，但小律师有大责任心。小律师看高手过招，虽然有点眼花缭乱、目不暇接，但始终把眼睛瞪得大大的，一招一式地学习，一招一式地揣测，分析每一个招式的用意，也判断下一招可能怎么出。那段时间，我的业务水平提高很快。

我虽然也猜想万里实业公司有可能会上诉，但真正上诉时，我还是颇感意外，因为像这样一个欠债还钱的案子，上诉有意义吗？

接下来，便有一件反常的事：陈法官尚未整理装订案卷时，中级法院民二庭的一个法官居然打电话到 T 区法院，问这个案子的案卷怎么还没送上去。

这就奇怪了，陈法官说：当法官五六年，还是第一次听说二审法院法官到一审法院要案卷的，要问也是立案庭问，怎么也不可能轮到审判庭室。

那些天，我反复在琢磨这件事。我判断，万里实业公司肯定还有一个未被我发现的计划。中级法院民二庭的法官主动到基层法院要案卷，说明万里实业公司已经在中级法院找好了法官。案情这么简单，法律关系这么清晰的案子，万里实业公司还要找法官，目的只可能是拖时间（一审起诉状副本送不出去也是这个目的）。拖时间的目的是为他的计划争取时间。

不管万里实业公司的最终目的是什么，反正不能让案件落到他希望的法官手中。

我和杨天余都开动了机器，寻找可靠的法官。这一步南山公司胜了，案卷最终没有落到万里实业公司希望的法官手中。

打电话到下级法院要案卷，是一个昏招，好昏好昏的招。感谢这个电话，如果不是这个电话，我根本不会太去在意这个案子的二审，那结果可能要改写。

二审在 1998 年 3 月份判决，南山公司又赢了，赢得干净利索，但没有什么可以炫耀的，这是一场本来要赢的官司。

## 局中局

>>>

能空手套白狼算诈骗"七段"，套得白狼而不跑，还要反咬一口算诈骗八段。我的对手是诈骗"九段"，肯定有比八段更了不得的本事——骗了一次不跑，就地再骗一次，骗个干干净净、彻彻底底，这才是"九段"高手所为！

1998 年 4 月 15 日下午四点钟，中级法院还是强行从南方石油局账户划走一百五十一万元，随后将一份先予执行裁定送达给南方石油局，裁定书的落款时间是 1998 年 4 月 2 日。该款没有按正常程序先划到法院，而是直接划到了万里实业公司在交通银行的账户。

作为案件有独立请求权的第三人，南山公司理应享受相应的诉讼权利，先予执行也应当通知南山公司，而且南山公司明摆着是利益受损方，法院就不能将款直接转给万里实业公司。而杨天余知道这个事竟然是南方石油局告知的，法院自始至终没有告知南山公司。

杨天余告诉我这个消息时，我真的不敢相信。南方石油局的资金确实已被划走，先予执行裁定书都拿在手上了，你能不信？这个时候你如果只是站在那里骂司法不公、骂法院黑暗，那又是书生之气，于事无补。最要紧的是赶快想办法补救。

4 月 16 日一上班，我和陈法官赶到交通银行，准备冻结该笔款，可情况让我目瞪口呆：该账户已经被 F 区法院于 4 月 14 日冻结了，冻结的金额是一百五十五万元。冻结的原因是万里实业公司当了常德民生工贸公司的被告，F 区法院立案的时间是 4 月 13 日，而这个账户是万里实业公司 4 月 3号开设的。

万里实业公司的注册所在地在 T 区，告万里实业公司的案子地域管辖应当在 T 区法院，一百五十五万元的诉讼标的，级别管辖在中级法院，怎么也和 F 区法院扯不上边。有那么巧的事情吗？4 月 13 号立案，4 月 14 号冻结账户，4 月 15 日往冻结的账户里划款，而且这里划一百五十一万元，那里冻一百五十五万元……

至此，万里实业公司的阴谋就彻底成了阳谋，万里实业公司也太贪婪了！宇阳大厦这个项目他已经赚了几百万，对剩下的、可能得到的一点点利益还不放过，而且是不惧险中求利，真是没有将法律当成一回事，也更没有把南山公司当一回事。但他能调动那么多资源为他谋取非法利益出力，甚至不惜违法，太恐怖了。

4 月 16 日晚，我一夜无眠，一直在思考对策。我认为常德民生工贸公司告万里实业公司的案子十有八九是假案，但怎么样找到证据呢？专业高手炮制出来的假案，会不会有漏洞？凭我一己之力，肯定不行。而且这笔钱随时有可能从万里实业公司账上转走，也许明天，万里实业公司和常德民生工贸公司和解了，F区法院解冻账户，一百五十一万元就会很轻松的转入常德民生工贸公司账户，然后就是提现，然后就是资金不知去向。南山公司近半年的努力便白费了……想到这些，我便不寒而栗！后果太严重了。

## 诈骗之家 >>>

想了一个晚上，想到了很多部门，党委、人大、纪委、检察院等等，也考虑了很多方案。天亮时，我决定还是找检察院。检察院的民事行政处就是管这一块的。其他部门，虽然也可以管，但他们只能管人，不能直接管业务，而且法律业务专业性强，领导很容易被糊弄过去。

17日，我一上班就到了市检察院民事行政处，处长姓谭，副处长姓唐，都很年轻，刚刚经过竞争上岗到处长、副处长这个位置。

他们认真听完我的情况介绍并审查了相关材料后，当即决定立案。立案后做的第一件事就是通知F区法院，已经被冻结在万里实业公司银行账户上的资金不能解冻。接下来就是去常德调查常德民生工贸公司的情况。

去常德是我陪唐副处长和F区检察院的干警杨警官一起去的，当年高速没有修，走319国道，长沙到常德开车要五个小时左右。我们去常德的第一站是常德市工商局，将常德民生工贸公司的工商档案调了出来。工商资料显示，常德民生工贸公司的股东是刘忠伟和章逸，公司申请成立的时间是1998年3月4日，申请成立公司申请人一栏显示的是伍威……

在获得工商相关信息后，唐副处长认为要回长沙汇报，商谈下一步行动方案。谭处长看完工商资料，更加相信这是一个假案，要我们再去常德，查清刘忠伟和章逸的相关情况。还是我和唐副处长、杨警官一起去的，通过工商信息找到了章逸的单位，常德市市政建设公司。市政建设公司证实章逸是他们的职工，4月22日与伍维结婚。

根据刘忠伟在工商局留下的身份证信息，我们找到了刘忠伟的户籍派出所，在派出所查到了他的老婆伍斯及其家庭住址。

当我一看到伍斯这个名字，马上就想到刘忠伟应当是伍显迪的女婿，伍斯应该是伍显迪的大女儿。

好家伙，原来是一家人在玩！

找到刘忠伟家，刘忠伟不在，伍斯正好在家，唐副处长就和伍斯做了一次谈话笔录。

还是那句话，不是一家人不进一家门，时年三十岁的伍斯以少有的冷静沉着和唐副处长大秀了一通谎话：她和伍显迪是同宗但隔了三四代的亲戚，章逸和伍维是什么关系她不清楚，丈夫刘忠伟开什么公司、做什么生意她也不清楚……不过在伍斯口中证实了伍维即伍威，常德民生工贸公司的工商手续就是伍维一手操办下来的。

到了这一步，其实每个人都很清楚了，所谓F区法院的官司，就是伍显迪一家人导演的骗局。但这还仅仅是合理怀疑，要确定这一定是一个骗局，必须还要有更直接的证据，那就是常德民生工贸公司负责人刘忠伟或股东章逸来证实这是个骗局。

5月中旬，我们原班人马又来到了常德，这一回的目的是找刘忠伟和章逸。考虑可能要带人走，第一站就找了常德市检察院，请求他们配合。常德市检察院民行处派了一位检察官随我们一同去了常德市市政建设公司。章逸不在公司，电话里章逸表示不愿意见长沙的检察官，也不愿意配合调查。

找不到刘忠伟，唐副处长就和常德检察官商量：想办法找到章逸。如果章逸不配合调查，就将章逸带回长沙调查。

常德检察官说："找章逸调查，这没什么问题。章逸如果同意和你们一起去长沙，也没问题。但如果章逸不同意走，要强行带走，那手续就蛮复杂了，要有正式的法律文书，而且还要当地公安来执行……"

这一回，我们无功而返。

市检察院的案子又搁置了，唯一让南山公司安慰的是，万里实业公司账户上的一百五十一万元，伍显迪也拿不走——没有哪个法官有这么大的胆。

中间我骑摩托车去过一次常德，想从外围再了解一些信息，但基本也是无功而返，只是将自己累得够呛，两天骑摩托车四百多公里，真的屁股坐痛了、腰也酸了，双臂酸痛了好几天。

不愧是九段级的高手，真相都已经大白于天下了，伍氏还念念不忘这一百五十一万元。检察院不动了，伍维居然主动找谭处长交涉。谭处长 告诉他，这个事只能是刘忠伟本人出面，来检察院说明情况就可以了，检察院也想早点结案……

没几天，刘忠伟还真的主动找到了谭处长，一脸的不在乎，一口咬定常德民生工贸公司手续合法，和万里实业公司的贸易是真的，欠钱也是事实……但承认了一个事实——伍斯是伍显迪的长女。

刘忠伟说完就准备走，但检察院将刘忠伟留了下来，还要继续询问。

我和杨警官被安排陪刘忠伟。在麓山宾馆开了个三人间，我们陪他吃陪他睡。他还是满不在乎，不止一次说，反正只能限制他人身自由四十八小时，四十八小时后检察院要无条件放人。

在这四十八小时中，他一直坚持他最初的说法。四十八小时到了，他便吵着要走。

他的吵闹见到了效果。下午五点多，检察院来了一位领导，但不是来放人的，而是给他换个地方，将他送到了一江之隔的市公安局，寄押在公安局的号子里。

第二天八点不到，公安局那边就打电话给检察院，说是刘忠伟要回检察院坦白。

这一回，刘忠伟倒是痛快，竹筒倒豆子般的交代了个一干二净。原来我的所有猜想，他都帮我证实了。

刘忠伟交代完后，检察院并没有让他走，而是要他在一间办公室呆着，要我看守他。我便调侃他："刘总，怎么在公安局呆一晚就受不了？"

刘忠伟倒也不忌讳："他妈的，那是人呆的地方吗？"

我心里暗笑不止。

有了刘忠伟的口供，并不是万事大吉，刘忠伟的口供只是一面之词，要形成证据链，还要找万里实业公司来映证。有了刘忠伟的口供，检察院便完全控制了主动权，要找万里实业公司就容易多了。谭处长通过相关人传话给伍显迪，叫他来检察院说明情况，否则，移交公安，作诈骗立案抓人。

在这个道上玩的都是绝顶聪明人，玩到这一步了，只有认输，一百五十一万元肯定是不去考虑了，关键是要将善后做好，到此为止！到此为止！如果案件到了公安，真以诈骗的罪名立了刑事案件，麻烦就大了。所以伍显迪一方面配合检察院调查了解 F 区法院假案，另一方面也在动用他的关系网积极协调不将事态扩大。

这个时候我自然是春风得意，忙活了大半年，终于见到了胜利的曙光，但我考虑得更多的是万里实业公司欠南山公司三百五十万元。这个一百五十一万元到手后，其余的钱怎么办？伍显迪将钱转走了，说明伍显迪手中肯定有钱还债。如果通过这个假案再逼伍显迪，要求其一次将南山公司的案款还清，否则就移送公安作诈骗处理。伍显迪就不敢不还钱了，因为这个案件中牵扯了他太多的家人，把这么多人一起抓起来肯定不划算，不如还钱算了。

我自认为这是一着妙招，但关键是要检察院愿意，我找谭处长谈了我的想法，请他帮忙。谭处长犹豫了一会，没有答应。站在他们的角度，没有必要再做下去了。他们的工作已经完成，而且还很漂亮，再做，似乎在帮我搞代理。

我明白谭处长的意思，他们能做到这个样子，我已经感激不尽，只是机会恐难再有。

F 区法院的案子撤了，交通银行的冻结也被解除，一百五十一万元划到了 T 区法院，然后又划到了南山公司。

1998 年 6 月 11 日的《三湘都市报》刊登了一篇这样的文章《赖账转移财产，自己起诉自己》，副标题是《长沙市检察机关查处一件虚假民事案件》。

一百五十一万元追回后，陈法官很认真地对我说："伍显迪这样刁钻的对手你都能搞得定，以后你做律师没有对手了！"

杨天余很高兴的给了我五万元代理费，这五万元在我办公桌里放了一个星期，我舍不得存银行。钱在银行里，就变成了一行数字，没有现金摆在面前直观，这是我有生以来赚到的最大的一笔现金。在雅礼中学一年只有几千元工资的时候，五万元绝对算是巨款了。我甚至晚上都会起来看看这厚厚的一叠人民币，看到它，就觉得冬夜在外守点冻得发抖还是很值，经常为案件夜不能寐也值……

自这五万元后，我对代理费便没有多少概念了。

## 单挑诈骗"九段" >>>

一百五十一万元的争夺战结束后，忽然就有了一种"干戈寥落四周星"的感觉。杨天余原来一天几个电话，现在几天也难得接到他一个电话；万里实业公司、伍显迪、伍维也似乎突然消失了。万里实业公司和南方石油局的官司虽然还没有结束，但官司双方好像都不怎么上心了。那种明争暗斗、你来我往的局面已经看不见了。

最不适应的可能是我。在这之前，我恨不得一天当作两天用。南山公司的人、南方石油局的人、万里实业公司的人、检察官、法官等等似乎全是我要去找的人。这个问题、那个问题、一堆的问题似乎都要我只争朝夕去解决。突然之间，一切都过去了，我成了闲人。

其实，我不可能成为闲人。万里实业公司还欠了南山公司近两百万元，追回这些钱是我的使命，虽然对杨天余支付代理费有些想法，但这不影响我去完成这项使命。在我看来，因为代理费斗气而放弃自己职守的律师是不讲诚信、不负责任的律师。特别是伍氏一家也太奸、太滑了，前面让我吃了太多的苦，我还想继续挑战伍氏一家。

案件的执行法官换成了彭法官。我和彭法官商量了执行思路，从三个方面下手：一是想尽一切办法抓住伍显迪，逼迫其将欠款吐出来；二是查深圳万里实业公司，因为他出资成立湖南万里实业公司的二百万元注册资金没有到位；三是密切关注万里实业公司与南方石油局案件，如果法院判决南方石油局还要支付款项给万里实业公司，T区法院就马上拦截。

## 一抓伍显迪

要抓住伍显迪，首先就要弄清伍显迪的行踪。要弄清这个狡猾老狐狸的行踪确实是件不容易的事。我在冬瓜山的那个房子守了几晚的点，确定那个房子没有住人，其妻女应当是已经搬走了。伍氏一家在外抛头露面的伍维也不知所踪，所有的迹象都显示伍氏一家应该已经离开长沙，去异地发展了。

但其后不久，我从法院获得了一条信息，伍显迪还在关心万里实业公司与南方石油局案件，还和某个法官见了面。

这是一条很重要的信息，说明两个问题，一是伍显迪还在长沙，案子不了结很有可能不会离开长沙；二是伍显迪对与南方石油局的案子还抱有希望，南方石油局应当还会要给一笔钱给万里实业公司。

在和南方石油局领导闲聊时，我又获得了一条信息：伍显迪的小情人出现在轻工业专科学校的菜市场附近。

关于这个小情人，我曾经听杨天余说起过，伍显迪五十多岁了，找了个十八岁的小情人，后来后院起火，没有办法，便把小情人送到湘潭去读书。

我分析，伍显迪应当是把妻女送回常德，自己耐不住寂寞，又把小情人召回来。现在伍显迪应该是和小情人住在一起，而且应当就住在轻工业专科学校附近。

找伍显迪的小情人肯定比找伍显迪容易些。南山公司和南方石油局的很多人都认识"小情人"。我安排南山公司的人在轻工业专科学校的菜市场守点，只两个上午，就弄清了"小情人"住的地方——一栋居民楼的四楼。

接下来就是守点。白天晚上守了几天，虽然看着"小情人"出出进进，但就是没有发现伍显迪。不知是伍显迪没有来还是漏过了（不是二十四小时不间断守点）。我看这样守点不行，就在"小情人"住的楼对面找了一个人，出一千元钱给他，要他帮我看着。

当天晚上，我就接到线报：一个五十多岁体态臃肿的男人和"小情人"一起进了楼。

我马上叫上南山公司的几个人，赶到"小情人"住的楼下埋伏。我和彭法官已经约好，我们发现伍显迪后，想办法拖住他，他会第一时间赶过来。

我们是七点左右上点的，上点前，我已经反复问过线人，确定伍显迪和小情人在房子里面。

到晚上十二点，伍显迪都没有出来。那些天可能是太疲劳了，我开始是坐在摩托车上守点，后来实在太困，便躺在摩托车上（摩托车带靠背），不想这一躺便睡着了。醒来时天亮了，感觉脚上一阵剧痛，不知道什么毛病？几个守点的人将我抬下摩托车，送我回家。后来到医院检查，说是痛风。得痛风的诱因是疲劳、受凉和右脚的大脚趾关节长时间卡在摩托车反光镜的立杆上，血脉不通。

这是一个惨重的代价。痛风后来时时发作，每次都令我痛不欲生。

据线人说，伍显迪是天刚蒙蒙亮的时候离开小情人家的，很有可能就是从我身边走过去的，只是我睡着了，不知道而已。

这次抓捕以失败而告终。杨天余并没有责怪我，还派人送些水果鲜花来慰问。

抓捕行动肯定被伍显迪察觉。老狐狸更加谨慎，一下子消失了。

## 深圳出击　　>>>

南方石油局和万里实业公司的官司，法院最终判决南方石油局还要给万里实业公司几十万元。伍显迪连骨头缝里的一点肉都不肯放过，又私下里和南方石油局个别人达成交易，要求南方石油局将这笔钱偷偷地划到他指定的账户。

对伍显迪的这一手，我早有防备，已经在南方石油局财务安置了线人，所以南方石油局的款一划出，我就掌握了信息。彭法官便等在那家银行划账，伍显迪此招又失败了。

8月份，我陪彭法官去深圳，调查深圳万里实业公司的情况，那里也是人去楼空。我们到房地产局、车管所等地方查了个遍，查到在深圳万里实业公司名下有两套房产。彭法官将这两套房子冻结了。我当时还很高兴，觉得没白跑一次。

房产位于莲花，我实地察看了房子，两套房子，可以卖一百多万元。两套房子都住了人，其中有一套住户姓曾，一问情况，我又傻眼了，这两套房子都已被深圳万里实业公司卖了，现在居住的就是买主，没有办理产权过户原因是深圳万里实业公司不作为。而且这些房子是政府委托深圳万里实业公司开发的安置用房，是定向卖给这些安置房户的，处理起来非常复杂。

打这两套房子的主意实在是有些流氓，那两个住户都是花了真金白银从深圳万里实业公司手里购买过来的，没有办产权过户不是购买人的责任。但为了委托人的权益，我也顾不了那么多了，我强力推动法院处理那两套房子。那段时间，我去深圳的频率何其频繁，一个月便去了四五次，为了节约时间、节约费用，我往往是晚上九点从长沙上火车，第二天一早到深圳，办了事，下午七点乘飞机回长沙。

很多时候，付出并不一定有回报。当我强力推进两套房子的处置，感觉有成效时，某军区给T区法院来了一份函件，内容大概是：深圳那两套房子中的曾姓住户的儿子是该军区的一名战士，该战士将房子要被法院处置的情况反映给军区领导，军区领导为此派人专门调查了此事，认为房子已经被住户购买，法院不能强行处置了，云云！

T区法院认为要慎重处理军地关系，房子不能处理，而且还要解除冻结。

至此深圳执行，除了丢了几万元费用外，什么都没有得到。

## 二抓伍显迪 >>>

我做梦都在想抓伍显迪，但这个老狐狸人间蒸发，音讯全无。同行觉得我要抓伍显迪简直是在痴人说梦。公安要抓一个人，在有技侦部门配合的情况下，尚且不容易，你喻国强，一个律师，凭什么在茫茫人海中去找到一个狡猾得如狐狸的老江湖？特别是费用都要自己承担，没有一个不劝我放弃这个想法的。

我的性格是那种轻言放弃的吗？至于钱，我认为律师不能太多地去考虑，太多地考虑钱，会让律师束手束脚，做不成事。我一直努力，想了很多办法，都没有奏效。

真应了那句话：踏破铁鞋无觅处，得来全不费工夫。1999年1月份，有个朋友准备去接手一座酒楼经营，向我咨询这方面的法律问题。当他说到酒楼老板时，我感觉像传说中的伍显迪。我便把杨天余叫来，朋友将那人的身高相貌口音一描述，杨天余便确定是伍显迪无疑。

真是艺高人胆大，伍显迪所开的酒楼在离宇阳大厦直线距离只有一公里的广济桥西端，在这里他居然开酒楼半年了。

我要朋友继续和伍显迪谈酒楼转让事宜，自己则赶快通知彭法官。在酒楼的办公室内，法官将伍显迪逮了个正着。办公室还有我那个正和他谈合同的朋友。

我第一次见到了传说中的伍显迪。

伍显迪被带到 T 区法院。彭法官也懒得和他啰嗦，下了个拘留裁定将他送到公交看守所关押了。

当晚气温骤降，下起了大雪。我在想，这么冷的天，够伍显迪受的了。

第二天，我陪彭法官去提审伍显迪。在看守所办公室，差点没把我气死，伍显迪居然穿一双棉拖鞋，围着电烤炉在烤火，根本没有关在号子里。办公室黑板上还有一行字：伍显迪，土鸡一只，老姜煨，六十元。

我知道完了，这样的环境，别说关十五天，就是关十五个月，伍显迪一分钱也不会拿出来，换了我也不会。

比较有意思的是我正陪彭法官在办公室问伍显迪的话，外面却有几个女人在打架，一个老女人和一个姑娘合力打另一个姑娘。被打的是伍显迪的小情人，出手的是伍显迪的原配，另一个是那晚我和陈法官见到的自称不认识伍显迪的那个姑娘——伍显迪的小女儿。

花了半年的努力，好不容易才将伍显迪抓到，但眼前这个架势，他是一分钱都不会拿出来的，十五天后，法院就要放人。所以我建议杨天余不妨学学民工的做法——看牛！

但杨天余不愿意干。此时，宇阳大厦恢复开工，建设方只有了南方石油局一方。施工方还是杨天余担任项目经理的南山公司。杨天余堤内损失堤外补，万里实业公司的一百多万元追不回，能把宇阳大厦这个项目做完，还是可以赚大几百万元的。在杨天余心里，可能已经把那一百多万元就当成前期费用或工程结算时下浮了几个点。

十五天后伍显迪没有还一分钱，释放了。我白忙活了大半年。

## 三抓伍显迪

>>>

其实，杨天余并没有催我去再抓伍显迪，也许杨天余已经看透了，这是一场不能再给他带来好处的博弈，还不如省省心，去干点别的事。但我觉得，我和伍显迪就是在玩一场游戏——猫抓老鼠，我是猫，他是老鼠，而且我玩上了瘾。从伍显迪放出来的第一天起，我便发誓，还要抓到他。

再抓伍显迪，谈何容易。万里实业公司和南方石油局的官司已经了结，从南方石油局和法院方面都不可能得到任何消息了。没有了信息源，又怎么下手呢？特别是按照杨天余的做法，所有这些费用都要我自己承担，无异于是拿自己的钱和伍显迪玩。

我分析伍显迪敢于办假案虎口夺食，敢于在离宇阳大厦只有一公里远的地方开酒楼，在看守所能得到特别的优待……这一切说明，伍显迪在长沙有比较大的关系网。他经营这个关系网肯定花了不少成本，现在让他放弃这个关系网到其他城市去发展，可能性不大。

伍显迪是开酒楼起家的，现在没别的事干，他最有可能做的还是开酒楼。于是我便要求朋友出去吃饭时，留心酒楼老板，特别是有常德菜的酒楼。

我都几乎成了巡警，一有时间，我就去各酒楼寻找湘 J10867 的捷达车。我相信，只要伍显迪在长沙开酒楼，这台捷达车总会出现在某个酒楼门口。

冬去了，没有发现伍显迪，春天又去了，还是没有发现伍显迪。就在我怀疑自己的判断时，居然在火车站附近的兴兴大酒店门口发现了这台捷达车。我又连续五天到兴兴大酒店，其中两天发现了这台车。我安排几个朋友到兴兴大酒店吃饭，要求他们找个理由和酒店服务员吵起来，尽可能要酒店老板出面。

朋友从酒店出来后，描述老板的相貌特征、口音。我一听，是伍显迪。

第二天中午，兴兴大酒店又有几个顾客和服务员吵了起来，领班赔礼道歉都不行，最后，一个体态臃肿的男人出面了，说他是这里的老板。正要赔礼道歉时，我和彭法官站在他的身边。我说，伍总，你让我们找得好苦啊！

这次，伍显迪的去处还是看守所，但不再是公交看守所，转到了铁路看守所，彭法官一再交待了看守所，伍显迪不能享受任何特殊待遇，任何外人不能接近。

彭法官提审伍显迪是他被关进去的第三天，伍显迪被带进讯问室时，已经不再红光满面了，灰头土脸、无精打采。但要他说明案款去向、归还欠款时，他又无赖劲十足。

我将伍显迪送归号子时，正好赶上开饭，铁门下方一个不到20厘米×20厘米的小门，里面的人将饭盆子从小门里伸出来，开饭的人就在饭盆子里放上一坨饭，菜就只有一个，水煮的青菜，看不到一点油花，用一个大桶盛着，每人一瓢。一个号子关了二十来号人，睡大通铺。

习惯了锦衣玉食的伍显迪，在这里是一种何等的煎熬。

我每天都在想，伍维今天应当会找彭法官，父亲在看守所过着如此生活，作子女的能熟视无睹吗？不一定将所有欠款全部还清，但总要还一些，或者，不管怎样，也应当找彭法官求求情。

但没有，一次都没有。我怕看守所情况有变，期间我还去看守所看过两回，亲眼看了伍显迪享受的待遇和其他人一样才放心。

大概在第九天，彭法官电话告诉我，看守所说伍显迪在里面不行了。

我和彭法官火急火燎赶到看守所，发现看守所谎报了军情，伍显迪并没有达到不行的程度，伍显迪只是说他胸口痛得难受。于是我和彭法官将其带到医院进行检查。

检查来，检查去，伍显迪血压正常，心率正常，心电图也正常，没有什么毛病。在送回看守所的路上，我和彭法官都知道了伍显迪得的是什么病——馋病，饿了这么久，想出来改善改善生活了，因为他反复的请求彭法官带他在外面吃顿饭再进看守所。这个要求自然被拒绝了。

十天过去后，彭法官没有接到任何求情的电话，也没有见到伍显迪的任何家人。我知道这次又完了，又做了无用功，而且这个招术都完了，再用也不一定会灵。妈呀！真服了这一家人，钱就是命，命就是狗屎。

## 没有结果的结局

>>>

对付伍显迪，我的方法已经用到了极致，除了在第三次抓捕时，从他身上搜出五千元外，便一无所获（酒楼都是以别人的名义开的）。而为了抓他，我用去的钱还不止五万元。

伍显迪受了铁路看守所的那一刺激，再也不敢玩艺高人胆大的游戏，成了惊弓之鸟，逃离长沙，无影无踪了。后来听说伍显迪死了，但真假无从证实。

案子执行到现在，状态虽然还是执行未终结，还可以再执行，但既无财产可执行，也没有人可执行，实际上已经是"脑死亡"了。

由于所有的费用都是我承担，到最后一次陪彭法官去深圳解除房子冻结，我的代理费可能正好支付这个案子的费用。经济上我是白白辛苦了几年，但我不后悔，因为这几年是我律师业务能力突飞猛进的一个时期，这个案子有很大的功劳。特别是我两次抓到伍显迪，在建筑业界和法律业界都小有影响，有时被人演绎，还小有传奇。

和伍氏玩这场游戏，很有意思，也很刺激，伍氏一家还都是"技术型"的，招来招往，都是"技术活"，玩得也还精彩，不像后来我和南北公司的一场七年争斗，对手从头到尾就只晓得找领导，没有一点技术含量，枯燥得死。

# 第三篇

# 魔术师

一场几无证据的诉讼，一场实力悬殊的对决，最终出资的血本无归，出地的寸土难回，毫无胜算的包工头，一波几折，却是最大的赢家，期望300万元，却收回1300万元。

此官司，破了"官司止损"的魔咒。

此官司，成了律师"大变活人"的舞台……

# 南山公司与格利公司建筑承包合同纠纷案

## ● 逼出来的一桩官司 >>>

1994 年，沿海的房地产风潮劲吹内地，长沙城也俨然成了一个大工地。韶山路市啤酒厂大门东边的土地被围挡着，一栋大楼正从围挡内拔地而起。工程标牌显示，该楼叫格利大厦。大厦地下二层，地上二十六层，建筑面积三万余平方米，由格利公司开发，南山公司承建。

1995 年，时任国务院副总理的朱镕基亲自兼任中国人民银行行长，顿时房地产市场冰火两重天。正在快速拔高的格利大厦，在完成地下两层、地上六层后，就像一列失去动力的火车，越来越慢，越来越慢，最后定格在地上第七层。

工地上，先是不见了塔吊，后来围挡拆除了，再后来工棚也拆除了，一栋未完工的建筑物在凄风冷雨中一站就是 6 年。直到 2001 年，某水鱼城的彭老板给它穿上一件衣裳，才使它完成了由水泥构筑物到房屋的蜕变。

我要讲的就是格利大厦在这六年中的嬗变。

格利大厦奠基时我还没来长沙，停工时，我还没考取律师证，但格利大厦的涅磐重生，我却是首勋。

格利大厦的施工方是南山公司，但其真正的基建老板是项目经理杨天余。这是中国建筑市场的惯例，项目经理与建筑公司之间通常只是一种挂靠关系，接项目、做项目都是项目经理的事，盈亏自理。建筑公司只提供建筑资质、银行账户、公章，然后就是收取一至两个点的管理费。

作为一个从农村走出来的建筑人，1994 年，绝对是杨天余的辉煌年。这一年，他有格利大厦、招商大厦、开泰大厦、宇阳大厦四栋高层相继开工，总建筑面积十几万平方米。但仅仅风光了一年，1995 年，风云突变，四栋高层全部停工，原因都是开发商的资金出了问题。

基建老板要为开发商垫资，这是建筑行业的惯例，垫资只有小部分来自于基建老板自己，大部分却是拖欠了民工工资和材料供应商的材料款。所以工程一停工，杨天余便傻眼了——他欠了一大堆民工工资和材料款。

不到迫不得已，基建老板是不会和开发商打官司的。一是要考虑自己在业界的名声，一场官司打下来，不管输赢，都可能获得一个为人"不地道"的名声，从此再难接到业务；二是打官司的成本太高，拖的时间也长；最关键的是，打官司的风险太大——即使官司赢了，执行不到位的情况比比皆是。

杨天余决定和格利公司打官司，确实是迫不得已。1997 年，长沙市迎国检，城管将格利大厦的临时工棚当成违章建筑拆除了。这下把民工和材料供应商逼急了。有工棚在，他们相信工地停工只是暂时的，还有开工的那一天。工棚拆除了，他们便没有了耐心。杨天余再没有好日子过了，咬牙一权衡，与其天天被这些人穷追猛逼，动弹不得，还不如去打场官司，对他们也是个交代。

杨天余选择打官司，还有一个不为人知的原因：格利大厦停工后，格利公司和南山公司达成了一个以房抵工程款的协议。双方匡算出工程欠款大概是二百五十万至三百万。格利公司拿其开发的另一住宅小区的十七套房产和一车库作抵。但南山公司拿到该房产后，房产便被法院冻结，然后被处置，所得款项还了格利公司另外的账。

格利公司认为，房产被法院处置，责任在南山公司。

两头受逼的杨天余便只有一条路了——打官司。

## 基建老板的中秋节

我给杨天余做的第一单业务是因建筑承包合同纠纷派生出来的借款纠纷,他很满意。格利大厦要打官司时,他又找到我,但我拒绝了,因为他的所有证据只有一份六页纸的施工合同——所有施工资料在拆违时被铲车铲走了。

显然这个官司是无法打的。

我给他解释证据的问题,他不能理解,于是我说:"基建施工,你们要求建设方有规划许可证、施工许可证,施工现场还要求'五通一平';打官司,我们也要求有基础的证据材料,而且还要基本判定能赢官司,我们才会承接。"

杨天余只能望天长叹。

1999年的中秋节前几天,我接到杨天余的电话,他要我去他办公室帮忙维持秩序。我去了。办公室来了一屋子的人,黑压压的一片,都是来要工资的民工和要材料款的供应商,喊叫、咒骂,甚至拍桌子的都有,现场一度失控。

杨天余早就躲起来了,出来应付场面的是他亲戚和徒弟。

我想为杨天余做些解释,但我的声音很快被愤怒的声浪吞没。我不欠他们的钱,也没有钱给他们,便没有人理我。刺鼻的尼古丁及震耳欲聋的声浪将我掀了出来。

杨天余还告诉我,他为格利大厦这个项目付出了很大的代价。当年为了承接这个项目,借了基金会的钱。后来清理基金会,他还不起钱,还被职能部门抓去关了几天,凑足了钱才被放出来。

现在民工一闹,可能比职能部门找上门更麻烦。民工的做法很简单,用他们的话说是"看牛",直接将你抓起来,不弄死你,也不弄伤你,但你也别想过好日子。你报警也没用,警察来了,反而会做你的工作:"你把他们的钱还了不就没事了，他们的钱都是血汗钱。"

"如果还不了钱，被'看牛'是迟早的事。"杨天余不无焦虑。

看着有些颓丧的杨天余，我心情也很沉重。我似乎又看到了黑压压的人群、愤怒的声浪、烟雾缭绕中一张张因愤怒、无奈而扭曲变形的脸。这些在强烈地刺激着我。

在读大学之前，我当了一年农民，能真切地感受到农村的贫困、农民的艰难。我知道，如果杨天余在近两年内收不回工程款，被拖垮拖死的不只杨天余，一些民工家庭也可能会拖垮。

我决定把官司接下来，为了杨天余，也为一百多号农民兄弟。

## 懵懂律师

我和杨天余合作的第一单业务是风险代理，所以在谈这单业务时，他想都没想就提出风险代理。

就算我再没经验，也知道该案风险代理风险太大，但风险到底在哪里，当年我并不知道（幸亏不知道，不然肯定要与该案失之交臂）。我实在不好意思和杨天余谈条件，他当时已经很困难，要他拿出太多的钱来打官司，可能不现实，而且，案子能否胜诉？能否追回钱？他没信心，我也没信心。于是我全部接受了他提出的条件，签下了这份无法评估风险的代理合同。

合同签了，我便听到了同行的众多评议：连证据都没有，官司怎么打？律师又不是魔术师，可以变出一些证据来。喻律师真是个懵懂律师。

在我的律师生涯中，第一次出现手足无措。我看不懂建筑安装施工合同，也听不懂杨天余说的定额结算、机械台班、全框架结构等等建筑专用名词。虽然我知道打官司需要写起诉状，但我连诉讼请求都提不出。

杨天余只知道要多少钱，其他的，他也不知道。

我想找相关的案例，但当年，网络基本上没有。书店和图书馆找遍了，就是没有找到相关的资料。

我请教一位资深同行，他直接告诉我："我不会玩'大变活人'的魔术。"

没办法了，我只能凭感觉起草了一份起诉状。法院立案的时间是 1998 年 12 月。

那时新《证据规则》还没有实施，没有一个月举证期限的规定，所以十五天的答辩期过后，法院便开了第一次庭。

几百万的标的，我认为事关重大，要求杨天余出庭，杨天余拒绝，所以，杨天余这方的出庭人员就只有我一个人。对方老板谭友西也没出庭，出庭的也是一名律师。当时我有些纳闷，这些当老板的真非常人，大几百万的事，居然可以这么放心交给律师来处理。

被告律师的经历和我差不多，也教过书，后来才做律师，但我们还是有点区别，区别就在他做律师前还做过法官。这区别，我们便相去甚远了。被告律师很悠闲地拿出专用水杯，掏出烟点上，很随意地和法官打招呼，那样子，很像一个大佬，一个胜券在握的大佬。

而我很有些局促不安，倒不是被对手气势镇住，也不是没有庭审经验而怯场，是因为在证据方面没有底气——除了一份六页纸的合同，基本上没有其他证据。确实，我没有玩"大变活人"魔术的本事。

此前从来没有承办过这类案子，这场庭审，我绝对是跟着感觉走。幸亏杨天余没有参加庭审，不然他可能会提前解除我的委托。

好在当年的庭审方式是"纠问式"，法庭上，法官是主导。法官的职责是要查清案情，所以法官会主动找当事人了解案情，甚至还会主动调查取证。现在很多应由当事人（律师）完成的工作，当年是由法官完成的，自然我方证据不足的缺陷便由庭审方式弥补了。

杨天余运气真好！如果这场庭审放在《证据规则》颁布后，庭审的方式变成了"辩控式"，法官只是一个居中的裁判，律师成了庭审的主角，举证、质证都是律师的义务。我方连证据都无法提供，要赢官司，自然是天方夜谭。

被告格利公司对该项目是南山公司施工的这一基本事实还是认可，但认为欠工程款五百五十万元和停工损失一百八十余万元没有依据。

其实，我也知道没有依据，本来就是一个估计的数据，杨天余说是三百万元，我做工作要他多算一点，就变成了五百五十万元，停工损失也是估计的。

拿估计的数据用于严肃的诉讼，并不是我的错，一个基建工程，在没有最后结算前，谁也不知道工程款是多少？特别是这样的烂尾工程，所以只能用一个估计的数字进入诉讼程序。工程款到底是多少？这个问题只能在诉讼中解决。

庭审结束时，法官问我，要不要申请司法鉴定？

司法鉴定能解决工程款多少及停工损失多少的问题，我自然要申请。

法官便要我组织材料提交给鉴定机构。

## 六个月学徒 >>>

要提交给鉴定机构的材料是格利大厦已完工程的结算材料。结算材料到底是些什么？我一头雾水。

我请教承办法官。法官说：建筑施工图、竣工图、设计变更图、签证单、材料单、设备租赁合同等等。法官见我不明就里，知道我对这行不熟悉，便说，你们最好找一个懂预决算的，否则会扯不清。

这是对的，必须要找个懂行的。我把这个意思和杨天余说了，他也认可。找人的任务自然是杨天余的。

找来的人叫姜哆——一位六十岁左右的老头。姜哆边听我介绍边皱眉头，听我介绍完，说："很困难，没有资料怎么可能做出结算呢？"

"资料都是人做的，您老应当可以想出办法。"

"很多资料都要甲方签证，现在双方打官司了，甲方肯定不会配合。"

"总是可以想办法的，到了那一步再说吧！"

姜哆嘟噜了几句："我做了几十年结算，这样的结算我还没做过。"

"您就试试吧！反正，成功了，功劳是您的，不成功，责任在我。"

"这个工作量太大了。"

"您能形容工作量到底有多大吗？"

"就等于建筑物从土方开始走流程，直到现在这个样子。"

我倒吸了一口凉气："工作量是不小呢！"

"我年龄大了，跑不动。"

我知道，此时只能鼓姜嗲的劲，赶紧说："我拜您为师，您安排，具体由我办。"

犹犹豫豫中，姜嗲答应试试。

打官司，一般都是委托人将证据提交给律师，律师仅仅是对提交的证据进行甄别、组织、装订、提交。即使律师调查取证，也是已经有证据摆在那里，律师利用其身份去取来。一般是去房地产管理局、工商局、公安局等地调取些资料。像这种要为委托人做证据（结算资料）的案子，我没经历过，也没有听说其他律师代理过。

一名律师，不跑法院，每天却跑到建筑工地去看呀、量呀、画呀、算呀，从事的都是与法律不搭界的工作，这似乎与传统律师大相径庭。我这个律师玩得太新鲜了，以至于得到了很多同行的关注：喻律师变成了魔术师，开始玩"大变活人"的魔术了，以后不叫你喻律师了，叫你喻大魔术师好了。也有好心的同行提醒我：量力而行、适可而止。

调侃也好，善意的提醒也罢，开弓没有回头箭，我已经抱定撞破南墙也不回头的决心。

姜嗲开出的第一张处方是找图纸。图纸于建筑是相当重要的。所谓按图施工，没有图纸就不能施工。图纸的重要性于结算也很关键。也所谓按图结算，没有图纸，结算也是无法做的。当然，按图施工的图是施工图，而按图结算的图是竣工图。按照姜嗲的指引，我找设计院花了几千元晒了一套施工图。至于竣工图，倒是费了几番周折。工程本来就没有竣工，水电消防也没有做，所以竣工图要自己做。虽然竣工图就是施工图加一点设计变更，但没有了任何施工记录、签证单等资料，便只能去现场测量。完成这套竣工图花了很多时间，光在工地上测量，就花了我和姜嗲两个多星期。

材料单、设备租赁合同等等，都要补做，也费了很多时间。最艰难的是签证单。按常理，签证单必须要有建设方签字。但现在都打官司了，格利公司的工作人员又怎么会给你签证呢？想了很多办法，最后，该签的都签了。怎么签下来的便不多述。

本来是迫于无奈来做这件事，一段时间后，我居然产生了浓厚的兴趣。"我拜您为师"，本来只是安抚姜嗲的一句话，不想还真的言中了，我还真心想拜师学艺。

姜嗲的工作室设在开泰大厦——一栋正在施工的建筑物，这里便成了我的教具。我一名律师，经常也是一顶安全帽，在开泰大厦爬上爬下。那时绝对没有人会认为我是一名律师。我更像一个施工员，或者说就是民工。我已经完全融入了民工的工作和生活，我在工地上和他们一起挑过水泥砂浆、背过架管、吃过他们两元一餐的饭菜……

我体验了民工赚钱的艰辛，了解民工、同情民工，多少次发誓，一定要帮这些社会最底层的劳动人民主张这份权利。

我是一名合格的助手，姜嗲要我找的资料，我全部收集齐了。有些资料的收集，姜嗲对我还由衷地佩服。同时，我也是一名优秀的学员，我不但态度好，虔诚得像一个小学生，每天陪着姜老师；而且悟性高，不但很快理解了满堂红脚手架、女儿墙等建筑专用名词，并对施工过程、施工工艺等都有了一些了解。更让姜嗲吃惊的是他做的结算书，我不但能看懂，而且还可以和他讨论一些问题。

## 预期利益 >>>

1999年3月，新的《合同法》颁布了，生效实施的时间是1999年10月1日。新的《合同法》中首次引入了"预期利益"这一法律概念。姜嗲开始做结算时，新《合同法》还没有颁布，结算做完了，新《合同法》还没实施，所以姜嗲的结算自然是按合同约定的价格条款。

"预期利益"是指合同得到履行后可能获得的利益。本案中，合同所对应的标的物是南山公司为格利公司承建近三万平米的格利大厦，也即格利大厦全部建成后，南山公司能获得的利益。现在因为格利公司违约，只建了一万多平米的框架就停工了，我觉得杨天余主张预期利益，完全符合新《合同法》的规定。我算了算时间，这个官司再次开庭的时间也许正好是在新《合同法》实施后。

我觉得杨天余很幸运，很高兴把这个信息反馈给他，但他没有我想象中的欣喜，反而对我说："喻律师，这个官司，你能把我的本金要回来，我就感激不尽了，莫羊肉没吃着，反惹一身骚。"

杨天余所说的本金是三百万元。

我理解杨天余，杨天余也是从建筑工地上的小工做起来的项目经理，说穿了，他曾经也是一个民工。他们普遍胆小，权利被侵害时，常常会认为是自己"背时"，所以很多时候宁愿选择"打折"维权，打官司是迫不得已的事。我相信，如果这时格利公司给他二百五六十万元，他保证会选择撤诉走人。

我是律师，认知和杨天余有些不同。我认为既然法律赋予给你的权利，你都要去争取，而且我作为杨天余聘请的律师，理当对他的权益负责。我知道，杨天余并不是不想得到这个利益，而是怕得不到，所以我只好多担当一些，说：你就别管了，我来作主，尽量争取。

我请姜嗲将格利大厦建成后南山公司可能获得的利润计算出来。姜嗲不干，说算不出来，并将算不出来的原因和我详细解释了一通。

姜嗲说的有道理，他们的施工合同签得太不严密了，很多要等施工完了才能确定，现在还没有施工的，是无法计算的。加之利润本身是个动态的东西，管理得好，成本节约了，利润就高，所以，要算出格利大厦建成后南山公司有多少利润，自然是不可能的。

但"预期利益"这几个字在我脑海中挥之不去,这么好的机会,难道放弃?

我又变着法子和姜嗲提要求,要他按国家 94 定额再做一套结算——在这个过程中,我已经知道按定额结算和按合同结算金额差距还是蛮大。

姜嗲还是不愿意干,反而劝我:"伢子,心别太大了,这个案子,杨天余要是能按合同拿回工程款就很不错了,我做了这么多年结算,还没有哪一个工程完全是按定额结算的。"

在给姜嗲当助手的过程中,和姜嗲的关系很融洽,姜嗲总是说,杨天余请我做律师是非常正确的,他还没有遇到过一个律师可以和他整天泡在工地上的。他对我的称呼也不知什么时候变了,刚开始,叫我"喻律师",后来便经常叫我"伢子",还振振有词的说:"你比我儿子还小了十岁,叫你'伢子',没有占你便宜。"

但我还是坚持,姜嗲拗不过我,答应看在我的面子做,但要求是我算,他来指导。

我受宠若惊,知道这是姜嗲在有意培养我,居然没有掂量自己的能力就接受了。

姜嗲做结算不用电脑,全部手写,所以我便要将姜嗲按合同做的结算全部抄一遍,只是在计算金额时按定额标准……

看着凝聚了自己心血的结算书,看着由一份合同变出的一大堆的结算资料,我还真有点"大变活人"成功的感觉。

结算书交到法院后,案子便进入了司法鉴定程序。

司法鉴定的目的是通过专业技术人员将结算书中的水份去掉,得出一个较为真实客观的结论。

对于司法鉴定的过程,律师一般可以不管。律师的职责是对司法鉴定的结论进行审查,有异议就提异议。但为了鉴定结论能早点出来,也为鉴定结论对杨天余更有利,我基本上天天和鉴定人员泡在一起。鉴定资料是我一手准备的,情况自然我很熟悉,当鉴定人员有什么不明白时,我马上能回答他们，所以他们并不讨厌我的存在，甚至很喜欢这个懂得工程结算的律师当他们的助手。

不到 3 个月，司法鉴定结论出来了，而且依据合同和定额做了两个鉴定，格利大厦已完工程的工程款，依据合同约定的结算标准是一千一百零五万余元，而依据 94 定额是一千三百三十二万余元。

杨天余对司法鉴定的结果很满意。

我有点迫不及待想开庭了，我想"报仇"——半年前，我坐在法庭上犹如一根木头。

## 明传电报 >>>

我想法院马上会准备第二次庭审，所以当法官通知我去法院拿通知时，以为是开庭通知，但拿到的却是中止审理通知。

中止审理的起因是一份"明传电报"。

"明传电报"是省高院发来的，"电报"内容是：格利公司是挂靠在公安厅的企业，按照中央政策，挂靠在军队、政法机关的企业要与军队、政法机关脱钩，现在正处在脱钩的过程中，所涉案件都中止审理。

我问法官："要中止多长时间？"

答："不知道，要等上面通知，也许三五个月，也许三五年。"

这不是个好消息，但消息后面的消息更不妙。杨天余告诉我，格利公司本来是任由南山公司打官司的，毕竟欠了工程款是事实，但南山公司要求按 94 定额结算工程款，将格利公司激怒了，格利公司老板找了公安厅的一个领导出了个公函给省高院，这个案子就搁浅了……

说这些时，杨天余明显有些抱怨的情绪。最后，杨天余非常焦虑地说：年前要是拿不到判决书，这个年可能就过不去了！

我好心办砸了事，顿时后背有了种凉飕飕的感觉。

## 民工的力量 >>>

不行，不能坐等，我当天就以南山公司的名义起草了"紧急报告"，要求恢复案件的审理。

"紧急报告"送到了省政法委、省高院、市中院等相关职能机构。虽然"紧急报告"中一再声明案件已经关乎社会稳定，甚至还夸大了严重的程度，但报告送出后，却是石沉大海。案子没有一点启动迹象。也难怪，这是中央政法委、最高院、最高检、公安部等联合部署的，谁敢违反？

案件停摆时，我经常会听到一些调侃：喻大魔术师，大变活人不是那么好玩的吧！

我有些哀叹自己太"背"，做律师，接的第一单建筑承包合同纠纷就这么艰难，没有结算资料就有蛮离谱了，居然还碰上一个这样的政策性事件。

其实，案件被中止审理，也不是我的错，杨天余也不能怪我。我完全可以心安理得地按部就班，等法院重新启动审理的通知。但几百个民工兄弟愤怒而焦虑的脸，杨天余的绝望与无奈时时浮现在我面前，我知道责任重大，但也只能痛苦与无奈——我这个小律师能量实在有限。

我虽然痛苦着、无奈着，但没有绝望，还在寻找破解之策。后来，有高人指点：可以借助民工兄弟力量。

从 11 月份开始，杨天余和一些民工兄弟到法院反映情况。

这一来，法院便坐不住了，终于有领导过问这个案件了。我又配合做了些疏通协调工作。案件恢复了审理，并决定在 12 月 21 日开庭。上次开庭时间是 1998 年 12 月 23 日，中间相隔了近一年。

## 梯级战术 >>>

对于这次来之不易的庭审，说我踌躇满志，甚至迫不及待，都不为过。

在庭审前,我做了很多准备,自认为已经准备得很充分,万无一失。我想在杨天余面前展示我的功课,特意要求他参加庭审,但他还是拒绝了。

庭审很快就结束了,结果是我黯然走出法庭。

第一次庭审时,被告承认欠了工程款,只是因为没有结算,不知道欠了多少,所以,我把所有的工作都放在结算上,以为只要算清了账,一切都好办。

这次庭审,被告律师一改答辩方向,不再提欠工程款的事,而是拿出了《用地许可证》、《规划许可证》、《施工许可证》,说格利大厦的建设方是格利置业公司和北亚扎啤公司,而被告是格利房地产公司。上述几个公司都是独立法人,被告仅仅只和南山公司签了份施工合同,履行合同的并不是他,所以他不应当承担责任。

我立马头就变大了,马上意识到,对方是在采取"梯级战术"。这种战术是层层阻挡,步步消耗。对手在第一次庭审时提出不知道欠了多少钱,司法鉴定后提出政法机关挂靠的问题。这次庭审又提出主体的问题,就是层层阻挡。层层阻挡的结果,消耗的不但是对手的时间精力,更多的是委托人对律师的信任和对官司的信心。往往不要等官司打完,对手就会主动投降或解除对律师的委托。运用这种战术一般是在对手不对等的情况下,即对手有"梯级"时。此案中,对手显然认为我的律师水平和他不是同一档次。

但对手的答辩确实有道理。现在对手已经将我逼入了死胡同,如果被告不承担责任,那我一年多的努力肯定白费了;如果被告承担了责任,但格利大厦与被告无关,杨天余还是一分钱要不回来。因为被告早就是一个空壳,杨天余之所以选择打官司,目标就是格利大厦,这是格利公司唯一的资产了。

虽然我按照合同上的公司名称起诉并没有错,而且起诉书也经杨天余仔细审查了(杨天余至今都不知道格利公司还有房地产公司和置业公司两个主体)。但如果我仔细审查了,这个错误可能不会发生,这是一个让我铭记终身的错误，这样的错误，在我律师生涯中仅此一回。

再次受益于当年纠问式的庭审方式，也非常感谢法官对基建老板、民工兄弟的关心。正当我手足无措时，法官主动提出：原告方是否申请增加被告？

我自然立马回答：申请。

法官便说：鉴于原告提出了追加被告的申请，休庭！休庭后原告向法庭提交增加被告的书面申请。

杨天余听我讲庭审的情况，越听越急，开始脸涨得通红，后来变得铁青，但终究没有说出指责我的话来。

## 找"地雷"

>>>

我以南山公司的名义，起草了追加格利置业公司为被告的申请，但没有马上交到法院。我反思官司的整个过程。直觉告诉我，对手的"梯级战术"还没有用完，已经用过的都不构成致命伤，应当还有爆炸力相当强的"地雷"埋在前进道路上。"地雷"必须排除，否则会是致命的。

我重新将案卷认真梳理了一遍，又去国土局查了这块土地的相关信息，再找杨天余核实了所有情况，才了解了格利大厦所占用的这块土地的前世今生：

这块一千七百多平方米的土地原来是市啤酒厂的。啤酒厂是国企，原厂长谭广西退休时，给自己创造了一个发挥余热的机会：以啤酒厂的职工作为股东，成立了一家民营公司——北亚扎啤有限公司（简称北亚公司）。退休后的谭广西出任北亚扎啤公司董事长，北亚公司所做的业务基本上是啤酒厂的配套业务，还廉价从啤酒厂购得了一些资产，其中就包括这块土地。

谭广西在啤酒厂当厂长时的司机叫谭友西（虽只一字之差，并无亲缘关系），谭友西活动能力比较强，开了一段时间车后，便独闯江湖，成立了格利公司，而且还挂靠在公安厅，红火一时。有出息了的司机又重新找到老上级，提出由北亚公司出地，格利公司出资，共同修建格利大厦。

所以格利大厦的《国有土地使用证》、《规划许可证》、《施工许可证》等等手续上标明的建设方都是格利置业公司和北亚公司。

杨天余能接到这个工程，完全得益于他的师傅和谭广西是老朋友，既然是老朋友，便一切从简，连施工合同也简单得不行，两个人坐在茶楼里喝了杯茶就谈妥了。建设部规定的合同范本有密密麻麻的二十来页，而这份合同只有稀稀疏疏的六页。

至于和南山公司签合同的是格利房地产公司，而履行合同的是格利置业公司，这是个"套"，还是一个误会，便不得而知了。

如果是现在，找这样的"地雷"自然不在话下，但在当年，就我的修为，"地雷"摆在面前，也许我也不一定知道。周围的人都反对我承接这桩官司，我也不好意思请教他们（他们也不一定知道）。就这么一个问题，我居然摸索了一天。从房产共有人这方面入手，终于找到了隐藏得很深的"地雷"——北亚公司。

北亚公司似乎与南山公司没有关系。既没有签合同，也没有发生资金往来，所以在案件审理时，确实可以不牵扯北亚公司。但案件执行时，关系就大了，格利公司只有格利大厦这一资产，要执行格利公司，无疑就是要处理格利大厦。从报建资料可以看出，格利大厦是格利公司和北亚公司共同所有。处置格利大厦，北亚公司肯定不会同意，北亚公司不同意，格利大厦肯定处理不了，等于前面的工作全部清零。到那时，南山公司真的欲哭无泪了。我不由得惊出了一身冷汗，难怪对手律师能气定神闲地坐在法庭。

"地雷"找到了，排"雷"就相对简单了——将北亚公司作为第三人追加进来。

## "野狼"计划

>>>

《曹刿·论战》有"一而再，再而衰，三而竭"的说法。此时，我应该是

"三而竭"的阶段了。但相反，我不但没"竭"，而且愈战愈勇。我不但没有倒下，而且还要进攻，我制定了周密的攻击计划。我已经发现了对手的软肋，要狠狠地咬对手一口，以雪前耻。我发现我已变成了一头"饿狼"、"恶狼"，所以把这个计划命名为"野狼"计划。

第三次庭审是 2000 年元月 18 日，杨天余照例没有参加庭审，南山公司又是我一个人单枪匹马出阵。对方现在是两个被告、一个第三人，两个律师，三四个当事人，阵容显得很强大。对手律师虽然还是点着烟、喝着茶，但不像前几次那么优雅。

基本上没有客套，也没有多少过程，法庭马上就变成了"血雨腥风"式的战场，对手猛然发现坐在他对面不是被他们打得满地找牙的"病猫"，不但不是"病猫"，而且还虎虎生威！

"野狼"计划"咬"对手四口。

"野狼"第一口是"要"。我要求按定额结算工程款，理由是：合同对应的标的物是近三万平方米房屋的建设，现在完成的工程量还不到五分之一，因为被告违约，合同被解除，而且基础施工的利润要远远低于主体，这是一个建筑常识。法律依据便是新实施的《合同法》第一百一十三条关于预期利益的规定。

这个要求似乎有些过分，但我要得有理有据。如果这一口能得手，要为杨天余"咬"回两百多万元。

对手律师对此有些不屑，认为我是强词夺理，不懂法。他的理由是：合同是双方合意的结果，所以结算方式只能按合同算。

"野狼"第二口是"抢"。工程停工完全是格利公司造成的，停工给南山公司造成了损失，我提出了一百多万元的停工损失赔偿。

要赔停工损失，对方没有异议，但我提出一百多万元的赔偿，还是刺痛了对手的神经。对手说：还没有看见哪个项目赔了一百多万元停工损失的，你们这是"抢"啊！

你说"抢"就"抢"吧，我"抢"得理直气壮。虽然法院没有判决，我相信

"野狼"这一口"咬"下去，为杨天余"咬"回一百万元是没问题的。

"野狼"第三口是"赖"。在格利大厦建设过程中，格利公司已经支付了六百多万元工程款给南山公司，其中有一笔一百七十余万元不是现金支付，而是格利公司提供了价值一百七十万余元的钢材给南山公司，用材料款抵工程款，这是个双方均认可的事实。

第二次庭审受了大刺激后，我仔细核查对方提供的财务资料时，发现了一个小秘密，这批钢材送货单上显示的送货单位是格利实业公司。"实业"和"置业"，一字之差，加上皱巴巴的单据，一般很难看出。

我去工商局查了"实业"公司的工商档案，证实了"实业"公司和"置业"公司是两个不同的有限责任公司。我便心里有谱了，我想为杨天余"赖"了这笔钱，报我前面屡次被打击之仇。

我征求杨天余的意见。杨天余有些担心，怕即使在这个官司中"赖"了，"实业公司"还会另案起诉。我说：这个不担心，"实业公司"起诉，诉讼时效方面有问题。杨天余同意后，我便决定再狠"咬"格利公司一口。

这是个新问题，有些突然，对手显然没有心理准备，有点猝不及防，法庭上有些小骚动。等对手交头接耳完了，我提出"置业公司"不是"实业公司"，就和"置业公司"不是"房地产公司"是一个逻辑。南山公司和置业公司是建筑承包合同关系，而与实业公司之间是买卖合同关系。

虽然是"赖"，但我还"赖"得义正词严，干净利索。而对手的回答，有些含糊其辞，毕竟上次庭审，对手用同样的方式攻击了我一回。

"野狼"第四口是"咬"。将北亚公司"咬"进来，要求其和格利公司一起承担连带责任，为将来执行格利大厦扫清障碍。

北亚公司显然没有想到自己会成为案件的当事人，所以，愤愤然的陈述了很多不要承担责任的理由。

庭审，七八个回合下来，我已经明显占上风。但法庭不同于拳击台，对打一结束，法官不会拿起一方的手宣布赢了。双方的招数用完后，法官还问一句，你们愿意调解吗？在得到否定答复后，法官宣布闭庭，定期宣判。

在离开法庭时，有个法官和我一起走出，他轻声地冲我说了句"判若两人"。我心里也很爽，我料想结果不会很差。

这个定期并没有多久，在离春节还有 3 天时，法官就通知我去拿判决书。

这是一份大快人心的判决。判决支持了按定额结算，支持了一百七十万元材料款属另一法律关系，支持了一百零六万元的停工损失，支持了利息，还判决北亚公司应负连带责任……

我的"野狼"计划得以全部实现。如果判决能得到履行，杨天余总共可以拿回一千三百余万元，这与起诉时三百万元的期望值不知高出了多少！

但这一千三百余万元，对杨天余来说，还是个画饼，能不能拿回来？什么时候拿回来？还是个未知数，但有一点很实用，那就是今年的年会好过些。人心都是肉长的，人家都欠你一千多万，你只欠我几千块钱，我还好意思盯着你要？等你的钱一回来，自然会还给我的。

我调侃杨天余说：别人过年都在门上贴财神，你就干脆把这份判决书贴在门上，当成一个招财辟邪的神符好了。

## 北亚公司出手了 >>>

北亚公司被我拖入了战场，被迫出手。其实，北亚公司作壁上观是最好的，你们去打吧，最终的结局是要处理格利大厦，若如此，到那时，我再站出来。真如此，到那时，谁都拿他无可奈何。

法院一审判决其承担连带责任。所谓连带责任，其实就是全部责任。如果判决得到履行，北亚公司投入到格利大厦的土地很有可能会血本无归，怎么对股东交代呢？

只能上诉，不但要上诉，而且还要另外起诉格利公司。北亚公司和格利公司有合作建房协议，他出地，格利公司出资，共同建设格利大厦，建成后的格利大厦，北亚公司拥有其中四千三百余平方米房产。格利大厦建不上去，是格利公司违约，给北亚公司造成了很大的损失。

上诉在省高院。一过完年，我就开始跑省高院了。3月、4月省高院并无任何动静。但我从各种渠道听到北亚公司的进攻很密集，措施手段也多样有效，甚至还有不小的野心。

我不能和他们硬拼。我的"武器"没有他们先进，也没有足够多的"子弹"和"粮草"，只能紧紧地和民工兄弟站在一起，利用民工的力量来抗争。于是我又以拖欠了民工工资，恐激发民工闹事为由，给省高院多个领导及承办人员发了几个紧急报告。

到了5月30日，省高院的判决下来了，维持了原判。当然，北亚公司组织的二审浩浩荡荡，决不是我的几个紧急报告就能解决的，故事太多，很多上不了台面，就省略好了。

北亚公司诉格利公司的案子在市中院。这个案子，南山公司没有参与其中，也就不知详情。据说没有多少阻力就判决了，格利公司要赔偿北亚公司大几百万元。

格利公司和北亚公司好像是达成了默契，搞轮流值班，格利公司"战天斗地"时，北亚公司作壁上观；等到北亚公司风风火火时，格利公司又偃旗息鼓了。

其实，可以理解格利公司的偃旗息鼓，北亚公司和南山公司同时出手，针对的都是格利公司，具体说是格利大厦。格利大厦经过南山公司和北亚公司的口，恐怕骨头都没得剩了，反正是这个结局，随你们去玩好了。

## 弹(谭)棉花

虽然终审判决了，但要格利公司主动履行，几无可能——如果格利公司真有那些钱，格利大厦也不至于停工。

格利公司不主动履行，就只能申请法院强制执行。强制执行的标的物就只有尚未完工的格利大厦。

所谓的格利大厦，其实还只是一水泥构筑物，要达到居住使用条件，尚需一大笔资金，在当年银根紧缩、房地产市场不景气的情况下，有谁愿意拿出几千万来投资到一个前景不甚明了的项目？

这还不是最大的障碍，最大的障碍还是北亚公司，北亚公司虽然上诉没有达到目的，但并没有放弃——在积极申请再审，目的还是要推翻判决。对于北亚公司来说，推翻判决是必须的。虽然北亚公司赢得了与格利公司的官司，格利公司要赔偿北亚公司几百万元，但格利公司的赔偿有个先后，即先南山公司，赔了南山公司，北亚公司可能就颗粒全无了。

申请再审不同于上诉。上诉，法院必然受理，而申请再审法院并不必然受理，中间多了一道审查程序，审查程序也没有时间限定。所以必须争取时间——如果等案子已经执行完了，再审便没有多少意义了。为争取时间，北亚公司一方面找领导延缓执行，另一方面就是主动找杨天余谈判，用谈判来争取时间。

其实，我和杨天余都知道北亚公司谈判的动机，也知道谈判是不可能有结果的。杨天余现在已经掌握了战争的主动权，根本就不想谈。他只有一个要求，尽快执行到位。我坚持谈，谈判有什么关系呢？并不影响案件进程。

杨天余采纳了我的意见，又顺势将谈判的事全部交给我。

此时的我，已经不是刚接手这个案件时的那个懵懂律师了，经过几年的磨练，还是长进了不少，这得感谢杨天余。杨天余将案件交给我后，基本上就只了解案件进程，其他的基本不管。这样，我虽然工作量和压力陡增，但能力也陡涨。

来到谭广西的办公室，我便明显感觉有压力。谭广西是鏖战商海几十年的长者，还是全国五一劳动奖章获得者，办公室墙上挂着他和省委书记的合影。而我还只是一个刚三十的毛头小伙子，显然，这与谈判对手有些不搭调。

北亚公司出价是八百万元，理由是拿八百万，杨天余至少还赚了五百万。我的要价是一千三百二十万元，依据是法院判决书。然后我们就是讨价还价，手一伸，五指张开，加价减价就是五十万。要一名律师作如此大的担当，太刺激了。

我们虚虚实实的谈了一轮又一轮，始终没有形成最终意见，但谈判桌以外的功课，双方都没有停止。

在这场谈判中，我学到了一个新词"弹(谭)棉花"。用这个词来形容这场谈判，实在是形象！

## 虎口夺食 >>>

杨天余不止一次地对我说："喻律师，今年无论如何都要执行回钱，否则过年肯定会被'看牛'。"

一年之内要拿下一个案子的二审判决，还要将一个案件执行到位，时间很紧。更何况还有北亚公司在"虎视眈眈"，这无异是"虎口夺食"。

我明白，杨天余说的是实情，让民工等一年，还算民工耐性好。

所以在谈判的同时，我一直以农民工索要工资为由向法院打"悲情牌"，请求法院尽快执行，尽快将格利大厦拍卖变现。

北亚公司也是三手准备，这边谈判，那边却在积极申请再审，同时并没有忘记腾出一只手来阻止执行。

在谈判过程中，我用民工工资的事终于说服承办法官，法官决心将格利大厦拍卖。市物价局价格认证中心作出了格利大厦的评估报告。格利大厦建筑物被评估了一千三百余万元，土地被评估了六百八十九万元，为了快速变现，评估值显然偏低。

北亚公司的再审路不怎么顺利，当然有他们自身不足的原因，也有我方力量抵消的原因——我在强力推进执行的同时，也给他们一些阻力。北亚公司知道，如果格利大厦拍卖了，他的再审路就毫无意义了。所以阻止格利大厦的拍卖，成了他们迫在眉睫的大事。

　　这个案子好就好在拖欠的是民工工资，虽然法院惧怕领导，但更怕民工闹事。我将"民工工资"这一"悲情牌"发挥到极致，所以，虽然有些阻挠，拍卖之路走得摇摇晃晃，但终究还是走到了拍卖程序。这一回，让我见识了"一个锤子，两块牌子"的营生。我一直认为律师是个赚钱的好职业，不要多少成本，接到业务即赚到钱，哪想还有一个比律师更赚钱的行当。拍卖，真的是"锤子一响，黄金万两"。《拍卖法》规定，拍卖成交后，拍卖公司可以从拍卖委托人和买受人处各收取不超过百分之五的佣金，而拍卖公司要做的工作仅仅就是：登一个拍卖公告，举行一场拍卖会。

　　拍卖公司管发布拍卖公告叫招商。招商本来是拍卖公司的事，律师完全可以不管，但我认为这也是与律师业务相关联的事，所以也很愿意参与其中，可以说格利大厦的招商是我和拍卖公司共同完成的。当年有能力拿出一两千万的人不多，我和拍卖公司冯总将长沙可能有钱的老板拨弄了半天，觉得还只有某水鱼城的彭老板拿出一两千万应当没问题。

　　找彭老板是对的，他确实有这个实力，而且也有购买意向。最终彭老板以一千四百万元成交。这个金额刚好是南山公司的案款加拍卖公司拍卖佣金。

　　拍卖公司从接受拍卖委托到拍卖成交，总共都不超过两个月，事情并没有做多少，一百多万元的拍卖佣金进账，让我真地羡慕嫉妒恨！

　　随着拍卖款进入法院的账户，我便喜笑颜开，这么多年的努力终于可以分享胜利成果了。喜笑颜开的还有承办法官，因为这是当年法院执行回现金最多的案件。

　　拍卖成交款打到法院账上时已经是农历12月中旬，又是年关将至，一百多号民工巴望着这钱回家过年。但这钱还不能给南山公司。按照法院的规矩，必须等到格利大厦过户给彭老板以后，才能发放这笔拍卖款。

　　杨天余又急傻了眼，一方面格利大厦的报建费还没交、规划还要调整，过户不知是猴年马月的事；另一方面彭老板和拍卖公司扯上了纠纷，怕还有变故。而今年，民工再拿不到钱，杨天余这年无论如何过不去——十有八九会被民工"看牛"。

又是民工工资起了作用，我以民工工资的名义拟写了一份报告，直接找到法院院长，在离过年只差 3 天时，院长特批将案款发放给南山公司。

我、杨天余、民工都过了一个好年。大年二十九，杨天余办公室，又是黑压压的人群，但这次，尽是欢笑，尽是感激。我也满心欢喜，觉得这才是做律师的价值。我也当了一回民工，也从杨天余处领了工钱，不过比一般民工还是多一些——我用一个装康师傅方便面的箱子装了一箱子现金抱回家。直到此时，我才有"虎口夺食"成功的感觉。

至此，格利公司出资，北亚公司出地，请南山公司来承建房屋，一场官司下来，出资的颗粒无收，出地的寸土不见。当时建筑界的人士都不怎么相信有这样的官司：只是打官司嘛，又不是玩魔术，建设方的投入怎么会全部归基建老板呢？

期望值三百万元，拿回一千多万元，这个案例成了建筑行业的佳话，打官司能赚钱，颠覆了打官司只能止损的传统观念。很快，便有十多位基建老板找我打建筑方面的官司……

这个案子，我是赢家。我除了收获了以前想都不敢想的一笔代理费外，还学到了很多建筑方面的专业知识，特别是还获得了一个"魔术大师"的称呼。这个称呼中，不再有调侃，更多的是敬重。

当然，最大的赢家还是杨天余。房地产、建筑市场经历了 90 年代中后期的萧条后，2001 年又慢慢复苏，这个时候，劫后余生的基建老板手中的"余粮"并不多，而当时大大小小的基建工程都需要垫资，很多基建老板只能望工程兴叹。此时的杨天余意气风发，他手里有钱呀！大几百万的现金。他一出手就承接了两个大项目，赚了个盆满钵满，成了南山公司的老大。后来杨天余便干脆将公司的股份买过来，自己成了董事长，南山公司便成了杨氏南山。朋友说，是我成就了杨氏南山，杨天余应当感激我。但我更感激他，他是我在建筑领域的第一个老师；也是他，让我赚到了人生中的第一桶金。其实我和杨天余之间后来还有很多故事。

# 第四篇

# 代理费是三栋别墅

这是一个执行"烂"公司的经典案例，这是一名律师从配角到主角的过程。

# 市政工程管理处征地纠纷案

## 缪主任的烦恼 >>>

1998年7月份，市政管理处缪主任非常烦。市政管理处还是1992年支出的一笔七十八万元的征地款，最近又被"婆婆"——市城市管理委员会（简称城管委）提及，而且城管委的态度非常明确：该款系财政拨款，希望市政处配合有关部门迅速追回。

缪主任已经是五十好几的人了，离任就是这一两年的事，如果这笔钱收不回，离任审计肯定通不过。如果因为这样一个事弄得自己晚节不保，那很不值。但要收回这笔钱，又谈何容易！

该七十八万元征地款到底是怎么一回事？还得从1992年说起：1992年市政管理处想在马王堆乡渔场村征一块土地建办公楼，因为政策有规定，用地单位不能直接征地，只能委托城建开发公司统一征收。所以市政管理处便与北区城建开发公司（简称北开公司）签订了一份代征土地的协议书，委托北开公司征用渔场村的九亩多土地。市政管理处先期付给北开公司三十八万元，后来渔场村要求市政管理处支付四十万元征地押金，在征得北开公司同意后，又向渔场村支付了四十万元。

前期征地工作进展比较顺利，市国土局的调查红线图已经划出，正常情况下，土地征到市政管理处名下是不成问题。但后来情况突变，土地被其他单位征用搞了开发。为什么会出现"一女二嫁"？我也不甚了解，只知道当年市国土局左局长流亡美国，"红线女"（划红线图的）肖令等工作人员被判刑，在他们的犯罪事实中有"一女二嫁"的问题。

征地失败了，市政管理处自然会要求北开公司和渔场村退回这笔钱。可是北开公司认为他们没有责任，钱已经作为前期费用开销殆尽；渔场村则告知：四十万元已经给了村民作为鱼塘补偿等等。反正就是不退钱。

市政管理处请领导协调了多次无果，时间一久，便没有人来关注这个事。从1995年到1998年，该问题被搁置。现在城管委突然又重提此事，所以缪主任很着急。

"钱要不回来就去打官司呗!"缪主任也想到了这一点，所以他找了几个律师咨询。不咨询还好，一咨询，缪主任就更烦了。律师认为：北开公司确实没错，错在国土局，所以找北开公司要钱没有道理，而且已经过了诉讼时效……

# 咨询 >>>

1998年是我从事律师职业的第三年，还是律坛的一无名小辈，能够坐在缪主任办公室，听缪主任讲述他的烦恼，完全得益于一位姓陈的律师前辈。

陈律师早我出道好些年，算是律坛名腿了，所以被缪主任请来咨询。陈律师来时顺便带上我。我算是他的小跟班。

陈律师和缪主任侃侃而谈，我就在一旁边听边看材料，陈律师也说到了诉讼时效的问题，认为市政管理处从1995年到1998年这一期间没有找北开公司催要，诉讼时效已经丧失。

当时我便觉得陈律师的这个观点可能有错，诉讼时效只针对债权，这是个合同纠纷，双方又没有结算，没有形成债权债务，应当不存在诉讼时效的问题。但我只是一名小跟班，没有发表意见。

陈律师给缪主任出了些主意，其中一条就是补时效。

"时效该怎么补?"缪主任已然焦头烂额。

"补时效很简单,请领导出面召集渔场村负责人开会,然后形成会议纪要,这样解决四十万的时效问题;至于三十八万的时效问题,你们自己找北开公司领导协商,形成会议纪要。"陈律师建议。

"放心吧,这个事能解决好。"临走时,陈律师不忘宽慰缪主任。缪主任情绪便好多了。

发现问题,还要想到解决问题的方法,这才是一个高明的律师。多年以后,我还能记起陈律师说案子有难度时,缪主任紧张的神情,而当陈律师说有解决办法时,缪主任又神情舒缓。所以我后来做律师,一直秉承一个原则:在没有找到解决问题的办法前,一般不会答复当事人的。我深知,律师的一言一行都牵动当事人的神经。

案子很快接了下来,是以陈律师和我两个人的名义接的。陈律师是老师,他指导,我实施。我的领悟力和执行能力应当还可以,陈律师只和我谈了他的思路,我便执行得有板有眼,陈律师开始还会经常关注过问,后来,他就放心让我去做。

## 走秀

两次协调会我都以市政管理处工作人员的身份参加了。而且每次协调会都主要是按我的设计完成,如:提哪些问题,对方提出的问题怎么解答,哪些话可以讲,怎么讲等等。

和渔场村的协调会无惊无险,因为区委李副书记参加了会议。李副书记在会议记录上签了字,渔场村书记李京刚虽然犹豫,但还是签了。

和北开公司的协调就有些难度了。缪主任亲自出面会唔北开公司总经理郭雄。郭雄对市政管理处的到来显然作了准备,他还叫了一位基建老板来参加协调会,郭雄已经表明了不还款的态度。

这个基建老板参与了所征土地的一些建设,北开公司并没有将他应得的工程款付给他,没付给他的原因是市政管理处支付的三十八万元不够。

这个基建老板还小有些故事，五十来岁人，一头白发，无一根青丝，走路不稳，是他女儿将他扶到会场来的，一看就知道是中风后遗症。而他的一头白发和中风，完全拜开发商所赐，开发商跑了，他的三百万元工程款打了水漂，他便先是一夜急白了头，接着就是中风。他女儿强调："他的头发真的是一夜急白的，先天晚上还是一头青丝，第二天一起来，头发便全白了。"

郭雄总是顾左右而言他，反正不入正题。谈到三十八万元征地款时，他便忙不迭的诉苦——这个征地项目我做亏了，又不好问市政管理处再要钱，只好认亏。

缪主任就是低调低调再低调，一再说这是城管委所逼，目的不是要钱，只是交差，他也是没有办法。

架不住缪主任的左磨右磨，郭雄最终在会议记录上签了名。

我认为，没有上述两个会议纪要，官司也可照打不误。但这场秀下来，市政管理处对陈律师和我的能力毫不怀疑了。

## 当小学生的一审　>>>

接下来就是起诉。审理法院是北区法院，北开公司是被告，渔场村是第三人。北开公司的委托代理人是戴志坚。

一审交锋很激烈，庭审各方的分歧很大。北开公司认为自己没错，不应承担责任。市政管理处认为不管怎么样，反正地没征回，钱就必须要退，而且北开公司还必须对渔场村的四十万承担连带责任。渔场村李京刚倒好，好像置身事外，甚至有点坐山观虎斗的味道。不是他不明白自己到底需不需要承担责任，而是一种"流氓"心理——反正村上没钱，随你怎么样！

一审判决拖了蛮久，案情确实也不简单，从三月份立案，到九月份判决，把六个月的审限全部用完。判决的结果令市政管理处十分满意：北开公司要归还市政管理处三十八万元，渔场村应归还市政管理处四十万元，北开公司对渔场村的四十万元承担连带责任。

一审开庭及后来和法院去协调沟通都主要是陈律师完成的，我认认真真、扎扎实实地当了一回小学生。

我从陈律师身上学到了很多东西，比如分析问题的不慌不忙、解答问题的条理清晰、对待当事人的善解人意等等。我的法律是完全自学的，没听过一堂专业课，也没一个专业导师。所幸，摸索前行道路上碰到许多长者指路，陈律师便是其中之一，我一直心怀感激。

## 明修栈道 >>>

北开公司上诉在意料之中。要承担七十八万元的还款责任，他们肯定觉得很冤。因此市政管理处在拿到一审判决书时，便要我作好二审的准备，估计二审才是一场真正的恶战。

移送案件的过程是艰难的等待，这个艰难不只是两三个月的时间，而是在等待过程中的种种传闻，如北开公司找了某某领导啦(郭雄的老婆是副区长，找领导自然方便)，戴志坚和中院领导关系很好啦……反正没有对市政管理处有利的消息。

我听到这些不利消息时，并没有太多的惊慌恐惧，而更多的是在思考对策。陈律师虽然还是该案代理人，但他早就没管案子了，所以二审拿对策就是我一个人的事。

我分析了双方的情况，北开公司二审找领导出面可能性很大，如果这样，市政管理处也必定会找领导出面，这样一来，双方势必会斗得天昏地暗、鱼死网破。如果北开公司和市政管理处找的关系旗鼓相当，案件就会拖下去。拖得越久，诉讼成本就越高。虽然该案的办案费用是由市政管理处承担，但为委托人节约办案费用，也应当是代理人(律师)的职责。

就代理人层面而言，如果真如市政管理处所说，戴志坚有很强的关系网，在这方面我肯定比不上他。我斗不赢戴志坚，市政管理处输官司的可能性就大了。

　　我一直认为律师帮委托人打官司，不能只追求热闹，更应当注重实效，戏台上的刀来剑往、拳打脚踢那不是功夫，那是表演。律师与律师的比拼，往往是真刀真枪，容不得花拳绣腿，因为胜利的只有一方，很残酷。鉴于我和对手的实力悬殊，要赢得这场诉讼，最好是一招制敌，不可恋战，特别是不能持久战。

　　市中院是市级单位，北开公司、市政管理处的眼光都盯在市级领导层面。市委、市政府、市人大的领导都是他们可能要找的对象。找这些领导，不需要我插手，我也插不上手，只能看着他们"摩拳擦掌"。

　　大战将开，阴云密布，我作为一方主将，并没有"磨刀霍霍"，那些天我又在"悠闲"地看《三国演义》。这本书我已经看了十多遍。我认为做律师，首要读的就是《三国演义》，他于律师的作用，胜过任何一部法典。《三国演义》里有太多的智慧，基本上可以解决律师工作中碰到的所有困难。

　　看到第九十八回"追汉军王双受诛，袭陈仓武侯取胜"时，我便有了启发。这一回有个有名的典故，即"明修栈道，暗渡陈仓"。明动暗也动，以暗动为主是"陈仓"之计的精髓，此计可用。

　　《三国演义》中"栈道"是诸葛亮在修，"陈仓"也是诸葛亮在渡。我用此计，"栈道"由市政管理处修，"陈仓"由我来悄悄渡。互不通气、互不干扰、相得益彰、相铺相成。

## ●　精准一击　　　>>>

　　我准备用此计，是因为我发现了无论是北开公司还是市政管理处，都着眼在领导，他们都忽视一个小细节，案子是法官在办，并不是院长在办。

　　我拿着案子的材料，找了中院的一个法官，问他一审法院判决是否恰当。法官认真看了材料，认为一审判决没有问题。于是我便请他关注这个案子，案卷到中院时尽量主动承办，并尽快结案，该法官答应了。

　　12月6号，案卷到达中院立案庭，7日案卷便到了那位法官手中，8日法官阅了一天卷，9 日找北开公司和市政管理处谈了一次话（那时并不要求二审案子一定要开庭，也就无需举证、答辩的时间了），10 日法官就把结案报告和判决书都写了出来，11 日、12 日是双休日。13 日上午，我就拿到了判决书。

判决的结果是八个字：驳回上诉，维持原判。

下午四时，法官电话告诉我，院长电话找他，要求这个案子要向他汇报。但当知道案子判决书都已经发出时，院长也只好作罢。

好险，时差只有几个小时。

在北开公司和市政管理处要大干一场时，我"暗渡陈仓"成功。

"暗渡陈仓"，我没有告诉市政管理处，两个原因，一来这毕竟是投机，而且这个投机能取巧的机率并不大，我不是诸葛亮，不能很轻松地吐一句"山人自有妙计，要是不成功"，还可以给自己留点面子；二是，市政管理处一旦知道我在"暗渡陈仓"，其修"栈道"的积极性就要大减，我成功的机率就要减小。

我承办过几百单诉讼业务，这单是历时最短的。法律规定二审审限是不超过三个月。像这样的案子，法院一般在两个月左右结案，7 天时间结案的情况很少。

我很得意于这种效果，感觉自己犹如一名精准的狙击手，任凭战场枪林弹雨，炮声隆隆，我却静静地潜伏在草丛中。瞄准，瞄准，然后果断的扣动扳机，一弹击发，枪林弹雨、隆隆炮声瞬间消失。最小的代价，最短的时间，就将一场喧嚣的战争静静地解决了。

市政管理处对二审判决自然是相当高兴，特别是缪主任，有了这判决，了结了他的心头大患——他可以对财政交差了。至于这笔钱能不能执行回来，已经不很重要，财务凭这份判决书就可以将这笔钱挂应收账款，缪主任没有责任了。

## 一意孤行

>>>

自然，要北开公司主动履行判决的机率几乎是零。申请法院强制执行是该案得到履行的必经程序。

陈律师明确表示不代理该案的执行了，也建议我见好就收。

我知道陈律师的建议是善意的，也是理智的。在案子的审理过程中，我对被执行人渔场村和北开公司有太多的了解，要从渔场村执行四十万元回来，简直是天方夜谭。按李京刚的话说，村里除了债务，什么都没有，即使有，法院也拿不走，因为村民不同意。说这句话，明显有挑衅的意思，但法院、政府怕村民闹事，这是一个公开的秘密。所以，从一开始我就没有想过要从渔场村执行一分钱。

北开公司是政府所属企业，曾经红火过，现在非常不景气，看上去还有些资产，但在法院里尽是官司，当原告的没有，尽是当被告的。

像这种情况，不接自然是最明智的，但喜好挑战是我与生俱来的性格，陈律师不干，我决定单干。

此时，市政管理处对我已经非常信任，觉得不讲多话的喻律师套路还是挺足的。所以市政管理处便毫不犹豫地将案件委托给了我，时间是2000年3月份。

按照法院的分工，强制执行应该由法院执行庭来完成，但在2000年前后，基层法院的法警队也会承办少许执行案件。法警队的干警一般是部队转业的。很多时候，法警队的执行力度比执行庭要大。我考虑对付北开公司这样的企业，如果执行力度不大，也许难以执行到位，便想办法将案件放在法警队。

北开公司在市中心有一栋大楼，叫北开大厦，还有几台车，注册资金也是大几千万。但随着调查的深入，心便慢慢地凉下来了。先是查银行账户，查了六个账户，总共才四千余元，到车管所去冻结车辆，唯一一台车况较好的本田车已经被中院冻结，到房地局冻结其房产，也被其他法院捷足先登了……

能查的地方查尽之后，承办法官姜法官便把北开公司负责人找去，要求其申报财产，北开公司负责人表示无财产可以申报，同时还气冲冲地说："已有近十家法院来查过了，是地皮也刮去三尺了……"

此言非虚，光在北区法院便有二十多个被执行的案件。真想不到，当年政府的"钱袋子"，会落到今天这样一个凄惶景象。原想瘦死的骆驼比马大，结果在死骆驼身上，连一根毛都没有找到。

执行案在忙活了两个月后便嘎然而止了，我已经将北开公司的财产梳理了两三遍，实在没有任何办法了。在这个过程中，我还和律师同行探讨过北开公司的情况，没有一个不摇头的，他们承办的执行北开公司的案件没有一件执行到位了的。执行已经陷入了困境。

陷入困境，虽然不是我的责任，但我还是觉得对不起市政管理处，对不起缪主任。缪主任倒是大度，说："有什么关系？陷入困境的又不只这一个案件，执行北开公司的所有案件都陷在困境中。"

缪主任这么说，我的心情稍许好些，但我并不想就此罢手，认输不是我的性格。但是我很茫然，不知道从哪里下手。

## 一根稻草

>>>

律师界通常的做法，这样的案子，基本上是摆在那里，不会再徒劳费一些时间精力了，除非哪天有彗星撞地球这样的事出现，否则案子执行到此实际上已经结束，反正，执行难是全国性的问题。

我还是经常去法警队，找姜法官谈案子、想对策，虽然知道基本上是做无用功。

所谓天道酬勤，皇天不负有心人。有一天，我在法警队彭政委的办公室，看到了一份调查笔录。在该笔录中有这样的内容：东方复印机服务公司经理陈新华在淡水购买了别墅。陈新华是和北开公司的吴远征一起去淡水的。

线索，线索，一丁点线索。我马上判断，北开公司可能在淡水还有房产。

淡水是广东省惠州市惠阳县淡水镇。远隔千里，兴许还有漏网之鱼。

我马上把这个线索报告姜法官。他便沿着这条线索，找东方复印机服务公司继续了解情况，证实北开公司在淡水有四栋别墅。

我和姜法官兴冲冲来到淡水，找到北开公司的别墅，心又凉了半截。

淡水镇其实就是惠阳县城，离大亚湾核电站十二公里，90年代初，这里是一片房地产热土，北开公司的四栋别墅购买的时间是1991年，当年单价九百八十元每平方米。在大家还在追求独立厨卫套间房的90年代初，这些别墅绝对算是高档住宅，独立的一栋，二百平方米左右，两层半（三楼带露台）。当然放在现在就有损别墅这一称谓了：十多年来无人居住也无人管理，房子已经破旧不堪，连门窗都被收废品的收走了，小区有八十几栋，住了人的只有八栋，住的都是当地人。其他的房子谁也记不清是谁的了，只知道这栋是上海人的，那栋是天津人的。

我们找到该小区的开发商——惠阳县城市建设投资公司（类似于北开公司），一方面了解情况，另一方面想通过他们将这几栋别墅卖掉。该公司经理李国雄连连摇头，无价无市，根本卖不掉。

抱了巨大的希望去淡水，垂头丧气地回来，没有为市政管理处追回一分钱，反而用了几千元差旅费。案件执行依然在困境中。

## 堡垒从内部攻破 >>>

从淡水回来后，我又得到了一个信息：北开公司领导换届了，财务科长对新领导有点意见。

这是一条似乎与执行不相干的信息，但通过这条信息，我有了一个大胆的设计。

我和姜法官商量，能否将北开公司的财务科长叫来谈一次话，然后如此这般……

姜法官接受了我的建议。

北开公司财务科长便到了法警队办公室。问北开公司的财产，财务科长自然又将那些已经被冻结的说了一遍。

姜法官不动声色，问："还有没有？"

财务科长斩钉截铁地说："没有了。"

接下来，姜法官便宣讲法律，隐瞒财产不报就是不配合法院办案，是妨碍民事诉讼，法院可以拘留。

法律宣讲完了，财务科长气便没那么硬了，但还是说："没有了。"

突然，姜法官拿出一份拘留决定书要财务科长签字。财务科长大惊失色，连问："为什么要拘留我？"

姜法官厉声说："你故意隐瞒财产不报，就可以拘留。"同时出示在惠阳城建投调取的别墅购买合同。

财务科长支支吾吾了老半天，手足无措。

姜法官这时口气缓和了一些，劝道："你都是要退休的人了，何苦呢！莫搞到要退休了还要进一次监狱，只要你将北开公司隐藏的资产报告法院，法院便可以不拘留你。"

财务科长沉思了一会，似乎下了决心："丝毛冲朱家花园正在建四十六套住房。"

## 强悍作风

>>>

这就是找法警队执行的好处。这些亦真亦假、半恐半吓的攻心手段，只有那些有着军人经历的人才可以演绎得惟妙惟肖，高大的身材，冷峻的面孔，干净利索的动作，时时给人一种威压。而从象牙塔里出来的学子是很难做到的。

财务科长刚离开法警队办公室，我和姜法官便来到朱家花园。这是一栋即将竣工的多层建筑物，确实有四十六套房子。工程标牌显示，这是区政府的安置房，从工程标牌及现场的其他资料都无法显现出这栋建筑物和北开公司有任何关系。

我们找现场施工的了解了一些情况，后又去规划局、建设局多个部门了解情况，关于这栋房屋的信息大致是：区政府为解决部分拆迁户的住房问题，也为连工资都发不了的北开公司解决一点实际困难，委托北开公司建设了朱家花园这四十六套房子。这四十六套房子中有二十多套是用来安置拆迁户的，另外的房屋，北开公司可以对外销售。

一个这么大的建筑物，要在无数律师锐利的眼睛里形成一个共同的盲点，北开公司这个障眼法玩得着实漂亮！但不能怪我的律师同行，如果不是从内部攻破堡垒，即使站在这栋房子面前，我也不可能知道它和北开公司还有渊源。

法院将四十六套房子全部冻结了。

只欠了七十八万元，冻结四十六套房子，是否属于超值冻结？肯定属于。但法院有法院的理由，因为北开公司不配合法院甄别哪些房子是拆迁户的，哪些是北开公司的，所以头发胡子一把抓了——这又是典型的军人作风。

冻结四十六套房子，这中间还有个小技巧在里面，别看法院冻结吓人，但如果没有北开公司的配合，法院拿了这些房子也没有任何办法。因为这些房子的报建手续不齐，根本无法处置。如果北开公司不去完善相关手续，恐怕没有人会来买这种住着不安心的房子。全部冻结，拆迁户闻讯后肯定会去北开公司吵闹，北开公司可以不怕法院，但他绝对会怕拆迁户。拆迁户一吵闹，北开公司就会来找法院，这时主动权就在法院了。

市政管理处对能查封冻结北开公司的四十六套房子自然很高兴，我在冻结的第二天和缪主任见了一面，告诉他案子进展情况，汇报我下一步的思路，同时我把一份报告交给缪主任，告诉他：也许这几天你们要去找市人大反映该案执行的情况。

我分析北开公司的战术，拆迁户找麻烦时，它应当不会直接去找法院，而是会以冻结的是拆迁安置房屋为由，去找区领导，通过区领导给法院施加压力。所以市政管理处必须为法院分忧解压，你找区里领导，我就找市里领导。

果然如我所料，北开公司找了区领导给法院打招呼，但同时，市人大也为市政管理处打招呼，这种情况下能否执行，很大程度上就取决于承办法官的办事风格了，如果承办法官是那种前怕狼后怕虎的，或者处事拖泥带水的，这个案子都有可能会停摆。

这一回又是军人的果敢、嫉恶如仇（北开公司欠钱不还）起了作用，姜法官犹如一辆步兵战车，无所顾忌地推了过来。北开公司怯兜了，主动找姜法官谈条件。

## 喜洋洋的缪主任 >>>

开始北开公司只同意拿出两套房，每平米作价还要二千元，显然他只准备偿还三十八万元。后来我谈成了要六套房，价格是一千三百八十元每平米，总价是八十四万多元。能谈成这个效果，很大程度上是北开公司想尽快结束这场谈判——这个信息一旦公开，这些房子不但连骨头、甚至连渣都会没有了。

在将房子出售变现，还是直接拿房子抵款这件事上，市政管理处很快就形成了高度一致的意见，要房，不要钱——拿了钱要交财政，拿了房可以解决职工福利分房。傻子才会要钱呢！

官司打赢了，也许还只帮了缪主任个人的忙，但到这个时候，我就成了市政管理处全民拥护的功臣。一百多平米一套的三室一厅房子，六套，在那个住房普遍紧张的年代，这该多有诱惑力啊！领导换了新房子，有房的职工可以换大一点的房子,无房户也有了盼头……

那天我拿了六套房的钥匙送到市政管理处时,整个市政管理处都乐开了花,缪主任笑得如一尊弥勒佛。他可以笑,他可以大声地笑,律师是他选定的,事实证明这个律师选对了。不但七十八万元完璧归赵,还因祸得福,为职工解决了最大的民生问题,临退休了,还做了一件功德无量的事……

当时在缪主任的办公室还有很多人,给了我很多溢美之词。做律师这些年,溢美之词听多了,所以也就淡然处之。但有一个声音,让我很是心动:喻律师年纪轻轻,能力超强,缪主任呀,我们要请喻律师担任我们的法律顾问,充当我们的保护神。

马上就有很多人附和。缪主任接过话问我:"喻律师,你愿意当我们的常年法律顾问吗?"

"当市政管理处的顾问肯定是件很愉快的事。"

接着就是费用的问题,我提出三万元一年。

都说:值!值!这样,我就成了市政的法律顾问。当年市政的职工一年的收入也就一万五千元左右。

## 别墅抵代理费 >>>

七十八万元的本金,我拿回了六套房子,八十四万多元,但案子还没结束,算上利息、诉讼费、执行费等,这个案子的执行标的已经将近百万元了。谈判时,我为什么同意了北开公司的六套房子,而不是七套(七套就一百万元了)?因为淡水还有三栋别墅(本来是四栋,后来证实有一栋已经卖给了他人),北开公司已经明确了将淡水的别墅抵作市政管理处的剩余案款。

我又去了淡水几次,委托拍卖公司将别墅拍卖,仅两家拍卖公司到现场看了看,便偃旗息鼓了。去一次差旅费大几千甚至万把块钱。

市政管理处也派人去看了那些所谓的别墅。派出的人回来后,市政管理处找我协商，将那三栋别墅抵我的代理费和所有差旅费用。我想也好，同意了市政管理处的提议。

最终我发现自己还只是一名律师，不是商人。2001 年，在房地产黎明前最黑暗的时候，我委托惠阳城市建设投资公司将三栋别墅卖掉，买家就是惠阳城市建设投资公司，每栋五万元，三栋十五万元。要是放到现在，也不知道有好多个十五万元了。

这是一件傻事，不提了。

# 第五篇

# 神探律师

侦查，不是公安的专利，也应是律师的一项基本技能。

这是我收到的最小的一笔代理费，但它却是最感人的一笔。

# 李泰仁交通事故案

## ● 跪求委托 >>>

1997年5月的一天，我和欧阳法官到交警队办事，见到一名中年妇女正围着交通事故科长哭闹。科长显然已不胜其烦，见到我们俩，便指着欧阳法官说："这事你跟我闹也没用，这位是法官，你找她吧。"

欧阳法官正忙着，便顺手朝我一指说："这位是律师，你有什么事就咨询他吧。"

这名妇女便向我述说了这么一件事：她丈夫李泰仁于2月15日下午1时许，骑电动单车在湘雅附一医院附近的芙蓉路被一辆农用车撞了，当时人事不省。肇事司机孙老七把他送到湘雅附一医院，医院急救了十几个小时才将其抢救过来。李泰仁是省建六公司的下岗职工，妻子也没有工作，两个儿子虽已成年，但都没有工作，家中还有病重的父母，经济上的困难可想而知。而孙老七在派人送来三万元钱后就音信全无了。随着治疗的进行，三万元很快花光。李家人十多次找交警队要钱，没有着落。在拖欠医院七八千元治疗费用后，被迫出了院。而被交警队扣押的肇事车辆最多只值三四千元。

李泰仁虽出院，但治疗费用还是每天要发生，所以他家人还在不停找交警队。交警队还在为此事发愁，李泰仁拖欠医院的七八千元是交警队担保的。孙老七一去杳无音信，医院也正在找交警队要钱。但面对可怜兮兮的李家人，交警队也没办法，只好动员李家去打官司。李泰仁老婆便去找了法院。法院告诉她可以打官司，要她提交起诉状，交纳诉讼费……

"我一个家庭妇女，哪懂得这些啊？法院建议我找律师。我们家如今这状况，哪还有钱请律师打官司？"李泰仁老婆说着又哀嚎起来。

我觉得此案棘手，不想接，但在她的索要下，还是留了一张名片给她。

没想到第二天一上班，她就按着名片上的地址找到我们律师事务所。

她将昨天陈述的情况再次陈述，我问了一些细节问题后，意识到，这是一桩吃力不讨好的业务，便决定不接。

1997 年，机动车并没有强制险的要求，一台破破烂烂的农用车肯定没买保险，这样的官司，即使打赢了，执行又是一天大的难题；何况当时我手里有二十来件业务，已经忙得不可开交。

我沉思斟酌着语言，想把拒绝的理由说得充分些。但我还没开口，她竟然"扑通"一声跪在我面前嚎啕大哭："喻律师，求求你，一定要救救我们家。"

这时，我才仔细打量这个女人，五十岁左右，体态臃肿，头发花白散乱，脸上写满了沧桑与无助……

我鼻子酸酸的，她和我母亲年龄相仿，她也是个有儿女的母亲，却用下跪的方式来求比她儿子大不了多少的我！我没有理由拒绝了，我同意接受她的委托。

当时律师事务所代理案件的最低收费是一千元每件，含了两百元交通费。此案我们约定只收八百元，两百元交通费就免了，而且是案件办完后再收。我能做的只有这些了。

## 平淡的诉讼

准备起诉材料时，在李泰仁家中，我见到了他。

我至今还清晰地记得当时的情景：李泰仁非常烦躁地躺在一张破旧的竹椅上，颈部食道被切开，用纱布简单地遮盖着，赖以生存的流质食物竟是通过切开的食道灌流进去。他老婆拿几根棉签沾着紫药水在伤口来回擦拭，这就是消炎……

如果这样一个病人，躺在医院的病床上，你也许不会觉得残酷，但仅仅是因为经济困难，而只能躺在家里，遭受着病痛的折磨，甚至是等待着死神的降临。当时我便感受到了社会的悲凉与不合理，感受到一个社会底层家庭的孤苦与无助！

从李泰仁家出来，我对自己说，不管付出什么代价，不管用何种方式，一定要帮他讨回这个公道！

案件并不复杂，法律关系也相对简单。我去交警队拿了道路交通事故责任认定书，到湘雅医院做了法医鉴定，确定了李泰仁的伤残等级和后续治疗费用。其他的材料，李家都准备好了。

李家实在太困难了，要他交两千多元的诉讼费非常困难，我主动找省建六公司为他开了一张特困证明，拿了证明，又到法院找主管领导批示，立案时诉讼费得以减半收取。

案件审理进行得蛮顺利，孙老七没有出庭，委派了一名律师。庭上律师也没有太多的纠缠，完全是走了一个程序。承办法官对弱势的李泰仁一方给予了足够的同情，基本上能支持的都支持了。特别是从立案到判决书下达，只用了一个多月，尽最大努力尽快结案，为执行赢得时间。

李家对判决结果很满意，自然对我又说了一通感激的话。李家在传阅判决书时，一个个脸上都挂着希望，好像手里的几张纸，立马就可以变成一叠厚厚的钞票。

被告孙老七没有上诉，但也没有履行法院判决，这些都是意料之中的。案子便进入了强制执行阶段。

## 初探孙家

案件一进入执行，我就找不到北了。被执行人孙老七犹如人间蒸发，不但找不到人，甚至连一点音信都没有。从见到李泰仁老婆的第一天起，我便知道有孙老七这个人。但两个多月后，我对孙老七的认识还仅仅停留在李家人的描述：个子不高，单单瘦瘦的男青年。庭审时，我知道他二十五岁，家住益阳南县农村。

执行的承办法官李法官同样也为这个案件很伤神，别说执行，连执行通知都送不出。

8月，我按照孙老七身份证上的地址，找到了孙老七位于南县农村的家。孙家是一栋四间屋的土砖房，我去时，房子锁了门。我围着房子转了一圈，从窗户看了看房间里面，便有了两个判断：一是孙老七确实很穷；二是这房间确实有一段时间没住人。周围的村民说，孙老七出去打工好几个月了。再问孙老七的其他情况，村民便闪烁其词，很明显孙家已有防备。

当年我的交通工具是摩托车。第一次去孙家，我对长沙到孙家的距离没有概念，所以下午一点钟才从长沙出发，摩托车骑了四个多小时才到，在孙老七家附近呆了一个多小时，往回走时已经是七点钟，没走多远，天就黑了。乡里的路，纵横交错，又没有指示牌，所以走着走着便迷了路，也不知走了多少路，问了多少人，回到长沙时，已经是次日凌晨三点多了，我还没吃晚餐，饥肠辘辘，疲惫不堪。

第二天，我把去孙家的情况向李法官作了汇报。李法官有些悲观，连连搓手："这样的案子怎么执行？这样的案子怎么执行？"

我非常理解李法官，这个案子怎么执行呢？被执行人孙老七的房屋一来不值几个钱，二来农村房子因为土地属集体所有根本就处置不了，可以说被执行人可供执行的财产基本没有。当然，依据法律规定，执行不到他的财产，可以将其拘留，可是连人都找不到，又怎么去拘留他呢？毕竟法院不像公安局，可以满世界去找人。何况法院的拘留只有十五天，有些被执行人被抓了，任法院拘留，钱还是一分钱都不还，十五天后便扬长而去。

李泰仁的老婆和两个儿子经常来找我，他们对我都很客气，每次都会说上一大通感激的话，然后很小心地问案件执行的情况。

多少次我都想将了解的情况和对案件的分析告诉他们，但每次面对那张卑恭的脸和满怀希望的眼神，只能违心地告诉他们："正在抓紧执行，应当没问题。"

安慰天使当一段时间还可以，久了就不行。执行案件是 7 月份立案，8 月份没执行回钱，9 月份也没执行回钱，10 月份还是没有执行回钱。

李泰仁家人找我的频率越来越高，基本上三天两头就来找一次。连律师事务所办公室的工作人员都被李家人找烦了。

李家人脸色越来越难看，有一回，李泰仁小儿子发飙了："喻律师，我们是相信你才请你，案子搞了这么久，一分钱都没搞回来，我们交的那一千块钱诉讼费都是借了人家的。"

李泰仁老婆便马上呵斥她儿子。但我一看，便知道这是双簧。

脸色难看的不只是李家人，我知道自己的脸色也越来越难看，那段时间，我也背上了沉重的包袱，原想做件好事，积点德，不想搞得自己里外不是人。

我和经验丰富的律师商量探讨这个案子，结论是能执行的可能性渺茫，他劝我赶快放手，脱身走人。

是啊！我背包袱干嘛？我和李家的委托代理合同写得很清楚，只代理诉讼阶段，并没代理执行。我已经把诉讼做完了，而且非但没拿李家一分钱，反而为其垫付了不下两千元，执行不到位又不是我的错……

我选了一个星期天，将李家人叫到办公室来，故意冷冷地告诉他们我去孙老七家中看到的一切，也把其他律师的分析意见对他们说了，同时告诉他们法律不是万能的，执行难是个全国现象……

看着李泰仁老婆越来越绝望的眼神，我担心我的话讲完后，她可能会崩溃。我最终将准备的最核心的一句话咽了回去，说出来的却变成了："你不要太着急了，我还会给你想办法的。"

我和李法官又沟通了多次。李法官倒是态度很好，但也没办法，这我非常理解，能有什么办法呢？李法官也很气愤，表态："只要找到孙老七，一定要拘留他。"

其实，我明白，到此时，这执行案怎么看都已经是死局。拘留孙老七的希望太渺茫，即便拘留了孙老七，要将几万元案款执行到位的希望同样渺茫。

"但渺茫并不等于完全没有可能，也许运气好，会有转机。"我一脸苦笑安慰自己。

## 再探孙家　>>>

我知道，这个案件能否执行到位的关键是找到孙老七，而能找到孙老七的关键是知道他在哪？在干什么？这些情况，只有再去孙老七家。坐在办公室，这个案子一万年也执行到不了位。

去孙老七家，正常的做法是和法官一起去。如果孙老七不在家，对李家也是一个交代；如果孙老七在家，法官可以将其带回法院拘留。

但我知道，这是理想状态，甚至是一种很外行的想法。一来孙老七在家的可能性很小；二来即使孙老七在家，能找到他的可能性同样很小，因为法官和我一样，同样没见过孙老七，就是孙老七站在我们面前，他说他不是孙老七，法官也拿他没办法——法官没有权力查他身份证；三来假设在孙老七家找到了孙老七，法官还是带不走他，法院异地抓人，手续复杂得很。相反不管孙老七在不在家，只要法官去了，势必会打草惊蛇，再要找到他，就难上加难了。更何况，法官去的费用还要我承担呢！

我决定再探孙老七家，而且还和上次一样，隐名私探。

第二次去孙老七家已经是立冬过后，早晨七点我从长沙出发时，凉风透骨，骑摩托车很冷。

上次去孙家，周围村民躲闪的眼神告诉我，要从他们的口中了解孙老七的情况，可能很困难。这次，我不准备找他们了。

在离孙家还有三四十公里时，我就把摩托车的牌照卸下，放在尾箱中。

在离孙家还有一公里左右的小商店内，我买了些糕点，要了一小瓶白酒，不紧不慢的小饮起来。当时是十二点左右，一看就像个过路客在中餐。

1997年，铃木太子摩托车绝对抢人眼球。没多久，摩托车旁就围了三四个男青年，评头品足，羡慕不已。

我故作矜持，专心享用我的中餐。不一会，围着摩托车的几个人便围到了我身边。于是有了下面这段对话：

青年："您这车是日本原装进口的吧？"

我："嗯。"

青年："这车新的要二万多吧？"

我："嗯。"

青年："这车是从长沙来的吧？"

我："嗯。"

"是这样来的吧？"青年两手在空中做了一个"剪"的手势。

"你还蛮懂套路呀！"我故作惊讶。

1997年前后，农村很少有买新摩托车的，基本是二手车，而这些二手车又很多是从城市偷来的。当时，这是一个公开的秘密。

青年听我称赞他，便得意地嘿嘿笑了。

青年显然是受到了我的鼓励，大着胆子问："你这车卖吗？"

我装着很紧张的样子，看了他一眼，但不说话。

我"适时"地吃完了我的午餐，故作随和地对那青年说："这车好呀！我带你去遛一圈。"

青年显然求之不得，马上屁颠屁颠地坐到摩托车的后座。

"你想要台车啊？"

青年赶紧说："是的，是的。"

"你也是个明白人，怎么能当着那么多人的面问买车的事呢？"

青年便"呐呐"了几声，显然是不好意思。

"这台车别人已经要了，你需要一台什么价位的车？我搞到了和你联系。"

"好，好，帮我搞台八百块左右的。"

"这个容易，贵了的不好搞，太便宜的不想搞，就这个价位最合适。你把你的联系方式告诉我，你这里是什么地方？"

"我们这里是南县青石塘乡花林村。"

我马上接过话说："咦，青石塘乡花林村，你们这里是不是有个孙老七？"

"是的是的，你认识他啊？"

"原来还见过几次面，现在大半年没音信了。"

青年便马上接过话说："这个家伙呢也是背，今年刚过年就在长沙撞了一个老头子，撞得蛮惨，要赔十几万块钱。当时他们家还做负责任的搞，把被撞的送到医院，送了几万块钱，但现在医院太黑了，几万块钱进去，几天就没有了。孙家人一看，情况不对，这样搞下去，岂不成了无底洞，于是就赖皮，干脆不理不睬，一走了之。听说被撞的一方还打了官司，那又有什么用？人都找不到！"

我装作恍然大悟："难怪！我说怎么就突然消失呢？"我接着说："找不到人，可以找到他家呀！"

"找到他家有什么用？孙老七又没结婚，家里只有几间土砖房子，只要人一跑了，拿他有什么办法？"

我故作漫不经心地问："孙老七家情况怎么样？"

青年谈兴很浓，便口无遮拦了："孙老七在家里是老幺，有三个姐姐。三个姐姐都已经出嫁，有一个在广东做事，有一个在长沙做鸡鸭生意，还有一个在我们这里收些鸡鸭，孙老七就负责将收的鸡鸭送到长沙。孙老七母亲去世了，父亲去年才做的六十岁。他父亲也很少在家里，一般都在他姐姐店里帮忙杀鸡。撞人后，孙老七就跑去广东那个姐姐那里做事。可能是撞人的事已经摆平了，前些天又回来了，又在帮他姐姐运送鸡鸭……"

青年滔滔不绝了好久，完了，青年说："孙老七现在应当在家睡觉，他家就在前面，去他家吗?"

"大白天的，睡什么觉?"

"他都是白天睡觉，晚上开车。"

我强忍着激动，不紧不慢地说："到他家去看看可是可以啊，但你要买车的事，最好还是晓得的人越少越好。你最好不要和孙老七提我来过这里，这样你安全，我也安全。"

"是的! 是的! 大哥，还是你考虑得周到，我绝不会和他提的。"青年忙不迭地答应。

"倒是真想见见孙老七的，但要见也只能在长沙见，你知道他姐姐在长沙什么地方做生意吗?"

青年给了我一个失望的回答。

分手时，青年问我贵姓，怎么联系我?

我反问他："道上的规矩你难道不懂吗?"

青年便唯唯诺诺不做声了。

这次来南县，收获挺大，我知道了孙老七还是经常来长沙，而且知道，孙家做鸡鸭生意已经好些年了，履行法院判决应当没问题，而且还知道，孙老七是家里老么，三个姐姐都很疼他……这些都是积极的信息，我有了一种感觉，李泰仁这个案子应当能执行到位了。

也许是乐极生悲，在返回长沙时，先是摩托车胎被扎了。农村很少有修理店，为找一修理店，我推车居然走了三个多小时;后来在319国道，迎面来的车灯太亮，刺得我睁不开眼睛，摩托车开到路边的沟里去了，幸亏沟不深，也没撞到路边的树，人没受伤，摩托车也没事。但为了把摩托车推上来就费了老大的劲。一个人，想了很多办法都无法弄上来，最后，还是出了十块钱，请来当地一农民，挖了一个小斜坡弄上来的。

那农民说，你也是命大，如果再往前五六米，你就完蛋了。我一看，惊出了我一身冷汗，前面是个五米左右的深沟。要跌在那里面，那比李泰仁更惨，不死也重伤。

回家时，我在想，要是公安干警执行任务碰到这种情况，肯定会评为烈士，律师能不能评呢？可能工伤工亡都算不上。全国好像还没有律师被评为烈士的。想想也后怕，舍死忘命地工作，可能连个名份都没有。

到家时，又是凌晨三点。第二天居然腰酸背疼起不了床！

我并没有将二探孙家了解的情况告诉法官，也没有告诉李泰仁家属。因为知道孙老七经常来长沙送鸡鸭，并不等于已经找到了孙老七。长沙这么大，要找到他具体的位置还很困难，即使找到了具体的位置，要确定什么时间送货也还是个问题。所以这个情况，和法官及李家讲了也是白讲。相反，一旦信息泄露，孙老七一警觉，又将会前功尽弃。

这个案件中，孙老七跑得这样干脆、彻底，我相信是得到了明白人的指点的。那个明白人，很有可能就是该案审理时的律师(同为律师，我完全能理解她，受人之托，忠人之事)。法院是律师的主要工作场所，哪个律师又没有几个法官朋友。说不定，在李法官的周围就有那名律师的朋友，李法官这里的信息就会有意无意地传到那名律师耳中。这个案子，抓孙老七不一定能解决问题，能不能抓到孙老七也并不一定，但如果要抓孙老七，机会很可能只一次，所以一定要珍惜这难得的一次机会。

李家人还是三天两头来找我，脸色越来越难看，甚至有些出言不逊。但我淡然了很多，我相信，总有一天，他们会将这些恶言冷语收回去的。我始终没和他们说我再探孙老七家的事。

## 横坐标，纵坐标　>>>

看上去我很平静，其实内心在苦苦思索：孙老七的姐姐到底在什么地方？只有找到孙老七姐姐，才有可能找到孙老七。

这方面的信息实在没有。孙老七没见过面，总算还见过他一张不太清楚的身份证复印件。孙老七的姐姐不但没见过面，连年龄、长相一点都不清楚。这样一个人，就是站在你面前，你也不认识，何况还要满世界去找。

　　她既然是做鸡鸭生意，自然在菜市场。1997 年的长沙，虽然只有现在的一半大，但菜市场少说也有三百个。一个个去排查，自然能解决问题，但我不是能调动几十上百号公安干警的领导，只是个小律师，除了自己，调不动别人。排查，对于我太过于奢侈，不现实。我不能端着机关枪扫射，只能瞄准射击，当优秀的狙击手。

　　案情，虽然早已烂熟于心，我还是一次又一次地梳理，希望能从中找出孙老七姐姐的生意场所，但始终没有发现端倪。我想，光看案卷肯定是不行的。一天，我叫上李泰仁的儿子，来到芙蓉北路，要他指认李泰仁出事的具体位置。

　　李泰仁儿子所指的位置正好是芙蓉路与湘雅路交叉点上。我问他，出事时，车子是怎么摆放的？李泰仁儿子边说边比划：车子是斜停的，车头靠非机动车道，车身在马路……

　　1997 年的芙蓉北路，没有现在这么宽，也没现在这么规整，双向车道、机动车道与非机动车道之间没有栏杆隔离。我便有了一个判断：孙老七是从湘雅路开车左转弯上芙蓉路经伍家岭大桥回南县老家，由于车况或技术不是太好，在左转弯时，没有及时转过来，所以车头撞倒了非机动车道上的李泰仁。如此说，孙老七的姐姐很有可能就在湘雅路两旁做生意。

　　湘雅路——横坐标！

　　湘雅路是条东西向的马路，好在它不长，只有一公里多。于是我又沿着湘雅路走了两个来回，湘雅路两旁车辆进出方便的菜市场只有湘雅路南边的二马路菜市场。于是我的目光锁定在二马路农贸市场。

　　二马路——纵坐标！

　　我在市场转了一圈，发现有四个做鸡鸭生意的。

　　我没有贸然行动，将被我弄得莫名其妙的李泰仁儿子打发走了之后，叫来一个朋友，要他去市场四个鸡鸭摊位询价，如果是益阳人开的店子，就在那里买一只鸭。利用鸭子屠宰脱毛的时间和店家沟通。

　　朋友半个小时后提回一只屠宰干净的鸭子，告诉我市场里确实有一家益阳人开的鸡鸭店，称秤的是个三十多岁的妇女，屠宰的是个六十多岁的老头，都是一口益阳话，旁边摊位的人叫老头"孙嗲"。

我长长地吁了口气，缓缓的吐出几个字：横坐标，纵坐标。

朋友莫名其妙看着我，不知道我要干什么。

那晚，请朋友吃晚餐，喝了些酒。朋友不下五次问我找益阳人干什么？为什么自己不去找？我始终没说。朋友有些生气，我只好反复强调，不是干坏事，过一段时间再告诉你，事情办成了，再请你喝酒。

## 三个问题　>>>

孙老七姐姐的具体位置确定了，这是一个很大的进展，但并不等于就一定能找到孙老七。我连续在孙老七姐姐店子周围守了四个晚上的点。孙老七只来送了一次鸡鸭，凌晨一点左右到达，卸了货三点左右离开。

新问题又来了，第一个问题：你又怎么晓得孙老七哪天送货呢？要四五个法官在这零度左右的夜晚守个通宵，抓到了人还好，抓不到人，下次就很难请动了。

第二个问题：凭什么法官听你的？你一个小律师一声召唤，四五个法官就要在非工作时间，在寒冷中待命一个晚上？

第三个问题：抓到了孙老七，孙家不拿钱怎么办？

我把这三个问题写在纸上，反复琢磨。刚开始几天，头都想痛了，还是觉得三个问题都没有办法。

我又一次来到了二马路，站在孙家鸡鸭店不远的地方观察。我不怕孙家人发现我，这几次来，我都是和同事换摩托车来的，带着全盔，没人能看得清我的脸。

一到孙家店子门口，我不禁乐了，要知道孙老七来不来送鸡鸭，只要看看孙家店里鸡鸭笼里关的鸡鸭就知道啦，如果只剩几只，当天晚上孙老七肯定要送货。真是踏破铁鞋无觅处，得来全不费工夫。我直骂自己傻，白白愁苦了这么多天！

第二个问题，要法官在寒冷的冬夜去守一晚的点，这个要求确实有点过分了，不好提出，但这个案子，除此别无他法，我还是想试一试。在找李法官前，我要李家人找李法官几次，让他也有点压力。李法官是个比我还年轻的小青年，在这个案子前，我们并不认识，在这个案子中，李法官给了我很好的印象。所以我准备斗胆去和他提这个看似过分的请求。

再探孙家及在二马路找到孙家店的事我还是没有告诉李法官，我只问他，如果要晚上去抓孙老七，可不可以？李法官居然非常爽快地答应了。看来小李法官的责任心是蛮强的。

剩下的第三个问题才是最大的问题。抓孙老七，拘留并不是目的，目的是要钱。如果孙家硬是赖皮，随你去抓，随你去关，就是不给钱，蹲十五天监牢，能赖几万元账，也还划算。反正关几天，孙家人不说，外人也不一定知道，也不存在没面子。而且这一次放了，下一次再要抓就太难了。

但有什么办法呢？能有什么办法呢？换了我也会选择去坐十几天监牢，毕竟在当时几万元可以在乡里建一栋楼。

农历12月初十左右，有人问我："是在长沙过年还是回乡里过年？"我说："自然只能回乡里过年了，家里老人都在。"那人说："那是，那是，乡里是最注重过年的，你看那些农民工，不管多远都要回家过年……"

我突然灵光一现，第三个问题解决了。

是啊！"乡里是最注重过年的"，要是孙老七在监牢里过年，孙老头和孙家三姐妹面子往哪搁？要是平时，孙老七在监牢里呆十五天，撒个谎就过去了，但过年，你老孙家唯一传宗接代的孙老七去哪了？这个谎可不好圆啊！

离过年不足20天了，我将"收网"行动推迟10天。

我有些得意，觉得自己好阴险，但一想到食道开着口子的李泰仁，一脸无助、可怜兮兮的李家人，还有推着破了胎的摩托车艰难走了三个多小时的自己……便坦然了很多。

# 决战小年夜 >>>

我给这次行动定名为"猛虎洗脸"。意思是猛虎出击，势不可挡。

"猛虎"是在小年夜"洗脸"的。欢乐祥和的小年夜，家家户户都沉浸在团圆的气氛中。晚上十二点，六个年轻人悄悄地走进了离孙家鸡鸭店不远的一家夜宵店，还有一个年轻人在二马路菜市场的入口处的路边摊有滋有味地喝着小酒。

不用说，六个年轻人，是李法官带领的法官和法警，而路边摊的年轻人就是我。我们已经约好，法官去夜宵店隐藏好，我守在入口处当哨兵。

还不到一点钟，孙老七就来了。显然孙老七没有任何警觉，径直走到门店前喊开了店门，里面便出来两个人抬鸡鸭笼子。才抬一个笼子，他们便发现了不对劲，在他们旁边围了六七名汉子……

在孙家人还处于惊愕状态时，孙老七已经被带到法院车上，同时带走的，还有店里的一个保险柜。

人带走了，保险柜抬走了，留下的只有李法官硬邦邦的一句话："明天上午你们不把案款送到法院来，孙老七就在监牢里过年。"

十点不到，李泰仁老婆就接到了我的电话："你现在就来法院领钱，记得将你的两个崽一起带上，安全些。"

要说简单又太简单了，九点多钟，孙家就将案款连本带息一起交到了法院。和孙家人来的，还有审理时代理孙老七出庭的那名律师。她对法院能抓获孙老七大为疑惑。

李泰仁老婆从李法官办公室拿了一大包钱出来了，一脸喜悦。身后跟着他两个儿子，也一脸喜悦。见到我，马上拿出一叠钱给我，连声说谢谢！谢谢！她那几次对我出言不逊的小儿子，一脸不好意思，忙不迭地给我道歉。

这个案子，我早就没想代理费的事了，只想早点结束，自己少垫点钱就行。虽然我们有合同，李家要给我八百元代理费，并且我已经为该案垫付的费用有近三千元了，但我不忍心从李家拿走一分钱，我知道，遭此劫难的李泰仁一家太需要钱了。

李泰仁老婆拿钱给我，我很真诚地告诉她，我不要钱，我做义务，钱留给老李治病。

推来推去，推了好多个来回，我是决意不收这笔钱。突然李泰仁老婆当着她两个儿子的面，就在法院走廊上又跪在我面前，几乎是哭着要我收下。

她两个儿子此时也一个劲地说："喻律师，收下吧，你帮了我家的大忙，这点钱都不收下，我们心里也不好受……"

我的眼睛也有些沙沙的感觉了，多少不被理解的委屈，两次去南县的艰辛，多少寒夜漫漫的难熬，顷刻间荡然无存。我理解李家人的艰难，甚至觉得，李家人对我还算大度。去孙家的艰辛，漫漫寒夜的守点，这本来就是律师的工作。

我扶起李泰仁老婆，很郑重地收下那叠钱。这是信任，这是肯定！我在这个案件中的所有付出都得到了回报。甚至后来遇到困难时，我都还会想起这笔代理费，它给我直面困难的勇气，给我做人的方向。

后来，我收过无数笔代理费，每一笔都要比这笔多，但再没有这种感觉。

李家人走了。我从法院出来，又想病中的李泰仁，于是在超市买了些米和油，要去看看李泰仁。李家刚才给了我一千元，买米买油去了四百多元。米和油装了整整一摩托车。

我赶到陡岭李家时，李家门口已经围了一些人。李家住的是单位房，所以左邻右舍都是同事朋友，追了这么久的救命钱终于追回了，自然是喜事，所以大家都来祝贺。

李泰仁还是只能躺着，见到我来，露出了笑容，哎哎哎了好多声。李家人说，这是受伤以来的第一次笑容，他哎哎哎的声音是在感谢我！

腊月二十八,李家人跑到律师事务所去送感谢信。可惜律师事务所已经放假了,李家人就将感谢信贴在律师事务所大门旁的墙上,放了一挂鞭炮。

这些是律师事务所的邻居在年后告诉我的。

## 不是尾声

>>>

2010 年,李泰仁案结案十二年后,我有了自己的律师事务所,有了自己的律师团队。我 和李律师在讨论案子时,知道李律师的一个案件承办法官是当年的小李法官,如今的李庭长,我便要李律师代我向李庭长问好。

没几天,李律师挺高兴地告诉我:提到你时,李庭长好高兴,主动说你是个很好的律师,当年办了一个很小的案子,肯定也没赚到钱,但骑摩托车去南县好多次,冬天晚上冷得要死,只穿两件衣,骑摩托车在外面守点,看着都感动! 有时间很想和你见见面,坐一坐……

李律师挺纳闷:他和我共事已经好几年了,从来没有听见我提到过李庭长这个人,更别说交往,为什么李庭长一提到我,会那么高兴,像是一个很想见面的老朋友一样。

我对李律师说:李庭长是个好法官,小年夜为一个最弱势的当事人去守点抓人,最后将当事人的救命钱追回。没吃当事人一餐饭,没抽当事人一支烟。好法官呀! 好法官!

# 第六篇

# "阴"招维权

　　这是一起城管打死人的事件，死者家属维权路何其漫漫！我一个律师，理当通过正道维权，无奈阻力重重；如果没有"三讲"，不用"阴招"，也许打了折的公平正义还不会到来。

# 王鑫人身伤亡赔偿案

## 推不掉的业务 >>>

王鑫，一个身高只有一米四六的男人，市石棉制品厂的下岗职工，为生活所迫，在一个临时菜市场门口摆米粉摊。

1999年9月10日，迎国检，某区城管来阻止其摆摊，产生争执，城管将其米粉摊打翻。王鑫找城管理论，引发斗殴，致重伤，送市三医院抢救，不治身亡。法医鉴定王鑫有二十五处外伤，死亡的原因是：全身多发性损伤诱发冠心病急性发作而猝死。由此，引发了王鑫亲属与某区政府关于王鑫死亡赔偿的一场纠纷。

王鑫的直系亲属只有他的女儿王芹，当年才十岁，读小学四年级。王鑫虽与妻子陈某已经离婚，王芹也判归王鑫抚养，但陈某还是王芹的法定监护人，所以，来处理王鑫后事的还是陈某。

王鑫去世几天后，陈某通过一个熟人找到我。

"你刚和政府干了一架，被打得灰头土脸，难道还想重蹈覆辙？"律师事务所同事都不赞成我接。想想也是，我当时刚代理完一起破坏选举案，铩羽而归，尚有余悸。尽管对王鑫的死深表同情，我还是婉拒了她要聘我当律师的请求。

第二次见到陈某时，是次年的元月份，一脸无助的陈某坐在我办公桌对面，很小心地诉说这几个月和区政府协调的情况：和区政府协调了几个月，区政府只同意赔四万六千元。想找个律师打官司，咨询了十多位，收费都在五千以上，有的甚至要价二万元，陈某根本就拿不出这些钱……

看着一脸无助的陈某，我长叹一口气，接下了她的委托，代理费是律师事务所的起点收费——一千元。

## 协调 >>>

上午收了案，下午就要出席协调会。区政府出席协调会的是信访办的李主任。

因为我的突然出现，协调会并没有涉及任何实质内容便草草收场了。

一个半小时后，我便接到了我当时任职的律师事务所张主任的电话，他让我到金帝大酒店喝茶。

在金帝大酒店除了张主任外，还有下午才见面的李主任、区委李副书记和区政府一名主管副区长。

我明白，今天这茶烫嘴，不好喝，最好是尽快脱身。一年前，代理的破坏选举案，也是这个组合请我吃饭，最后没有按政府的意思办，关系搞得很僵。

他们向我介绍了王鑫死亡的一些情况，但和陈某介绍的有些出入。然后他们要求我配合政府将这件事处理好。为了表示诚意，他们主动将赔偿款增加一万一千元，好让我在陈某面前交差。

依据法律规定，王鑫的死亡赔偿，应当适用《国家赔偿法》。按照《国家赔偿法》的规定，王鑫的死亡赔偿金应当赔偿当地上一年度人均收入的二十倍。市社保部门公布的1998年的人均收入是七千多元，所以，仅死亡赔偿金一项就有近十五万元，加上其他的赔偿，总赔偿金额在十七万元左右。区政府只同意赔偿四万六千元，显然是套用的《道路交通事故处理条例》，因为按《道路交通事故处理条例》的标准算，王鑫的死亡赔偿正好是四万六千元。

"可是正常的赔偿标准应当是按照《国家赔偿法》，赔偿金额应是十七万元左右。"我冷静地指出。

现场陷入一片死寂，气氛显得有些凝重。但没有人给我解释王鑫的死亡赔偿为什么不适用《国家赔偿法》，而要去套用《道路交通事故处理条例》。

"喻律师啊，您这么辛苦做代理，代理费是多少啊?"

"一千，扣除律师事务所管理费，五百元。"

"什么? 只有五百? 你的付出和收入不成正比"，李书记为我"忿忿不平"，并当即表示，"区政府不能亏待你，事成之后，我们会补偿代理费一万元"。

"我是陈女士请来的律师，不能拿对方当事人的代理费。"

"是的，是的，这个我们会处理好的，区政府将这笔钱转到市司法局，通过司法局转到你所在的律师事务所，指定作你的报酬，且律师事务所连管理费都不收，这样你便没有任何顾虑了……"

"这钱，我不能要。"我连连摇头。

当年我已经执业五载，和法院打交道，已经比较老练，而和政府打交道，还显得青涩。李书记的话还没完，我便有人格被侮辱的感觉。所以我也顾不上礼仪，直接冷冰冰、硬生生地将李书记的"好意"顶了回去。

这次见面，王鑫的死亡赔偿被增加到六万七千元。后来增加的一万元，李书记明显带情绪了，似乎是给了我天大的面子。但我不领这份情，几乎不假思索就拒绝了。

区政府没有达到他的预期效果，我也没有达到我的预期目的，虽然最后都还能握手道别，但都已经互存不满了。

之后几天，李主任不再找我，也不找王鑫家属，似乎一切就没有发生过。

我只好主动去找他们，约李主任见面倒是很容易，但作用不是很大，六万七千元僵持了近一个月。

4月中旬，我再次找李主任时，李主任"喜滋滋"地告诉我，领导看在我的面子上同意增加一万元，已经七万七千元了。在李主任看来，是我帮王鑫家属争取了三万一千元，我这个做律师的完全可以交差了，甚至王鑫家属还要感激我才行。

遗憾的是李主任的"喜悦"并没有感染我，在我看来，王鑫的死亡赔偿就得是十七万元，没有达到这个数，就是律师的失职，正义就没有得到维护。

自然，李主任觉得我是狗咬吕洞宾，不识好人心。他便给我上了一堂"思想政治课"。无奈，我"冥顽不化"。

接下来就可想而知了，李主任也不愿见我，用他的话说：你接受是这个数，不接受也是这个数。

## 告状无门 >>>

我当时天真地认为，区政府不理睬我没关系，大不了我去法院打官司。5月份，我准备了《国家赔偿申请书》，要求某区政府支付王鑫死亡赔偿金，丧葬费等项及王芹生活费共计二十三万多元。

到市中院立案，市中院要我找区法院。莫名其妙，法律明明规定，国家赔偿案件的受理法院是中级法院。我找到区法院，区法院也不同意立案，我又找到市中院，市中院又将我推到区法院……

在两级法院间奔波了四五次后，有好心人告诉我，该案上面有交代，法院不能受理。我感觉自己是只猴子，傻傻地被别人戏弄了一番。

至此王鑫的死亡赔偿被我弄成了僵局。当然，如果愿意，也可以退回去接受区政府的七万七千元。但我做不到。

我能接受陈某的委托，陈某对我已经很是感激，从四万六千元谈到七万七千元，陈某对我已是无比信任，现在事情陷入僵局，我很无奈，甚至觉得对不起陈某，但陈某还好，没有半点怨恨，一如既往地相信。她的理解更加让我羞愧。

陈某是从农村嫁到城里来的，没有工作，经济状况很差，所以除了支付了一千元的代理费外，就无钱支付其他费用，所有工作费用都是我自己支付，到我手里的五百元早已用完，还倒贴了近二千元。

案子陷入僵局，陈某着急，我比陈某更着急，甚至有些寝食难安。

## "阴招"维权　>>>

做律师十多年来，有一点感受很深：机会有时是在一瞬间，能抓住，就是机会；抓不住，再多的机会也是白搭。

2000 年 6 月 2 日中午，我和几个朋友在一起喝茶，大家聊的话题是正在进行中的"三讲"。"三讲"这个活动主要是针对领导干部，市委正组织市管干部进行"三讲"，要求每个干部都要过关。明天就是某区干部过关的时间……

我突然有了灵感，马上电话联系陈某，把我的想法和她讲了。取得她的同意后，我又打通李主任的电话，告诉他，明天上午陈某和王芹会一人背一个写了"冤"字的牌子跪在市政府门口，请求市政府领导为她们做主。

这是一个阴招，一个很阴很阴的招，但有什么办法呢？正招已经用尽了，不管用。其实政府根本就不怕你正招，阴招也许更管用。

李主任此时或许正咬牙切齿地骂我"流氓"。不管如何，今天下午他应该会主动找我，也许问题马上就能解决了。

不到一个小时，李主任果然主动打电话来了，意思很简单："不超过十万元解决王鑫的问题，如可以，今天下午即可来区政府领钱。"

我电话告知陈某，并要她考虑清楚——毕竟合法的权益没有得到全部维护。

陈某认为可以，陈某有自己的想法，十万元钱，她拿七万元买一套房，然后将剩的钱做点小生意，日子也能过得下去了。

我便要她来区政府拿钱，同时我告诉李主任，陈某同意该方案，不超过十万元，就九万九千八百元怎么样？李主任同意，我便要他准备办手续。

我们赶到时，李主任已经准备好了一份《关于王鑫后事处理协议书》，甲方是某区城市管理办公室，乙方是王芹；甲方已经在协议书上盖了章，但签名却是"组织"两个字。协议书有两条让我发笑：第一条依据《中华人民共和国刑法》的有关条例，其执法人员的行为不构成刑事犯罪，但鉴于外来暴力（二十五处皮外伤）的诱因，执法人员应当负一定的民事赔偿责任"；第二条，"王鑫死亡事件，某区各级领导高度重视，尽全力处理，整个事件是依法，公正，及时的"。

认定是否犯罪的权利在法院，凭什么在这样一个协议中来确认城管不犯罪？人都被打死了，还不构成犯罪，还要有什么行为才是犯罪？真是笑话！一件严重损害公民生命健康权利的命案，拖了这么久得不到处理，本来要赔偿二十余万元，结果只赔了一半都不到，行凶打人者没有一个绳之以法。还不忘写上"依法，公正，及时"。

无耻！无耻！相当地无耻！

我将协议内容逐条解释给陈某听，其实内心是希望陈某不要接受这个协议。我总认为这个协议是对法律的亵渎，是对公民权利的蔑视。

但陈某只要九万九千八百元能到手，其他的已经不在乎了。既然当事人都表示同意，我这律师自然也就不必多言。最后陈某代表王芹签字，我和李主任作为见证人签名。

在办手续时，还有一个小插曲，因王鑫死亡时区政府已经支付了五千多元丧葬费，李主任认为这五千多元应包含在这九万九千八百元中。

我没有征求陈某的意见，坚决不同意。

李主任几乎是用怒眼审视我。僵持了一会，李主任让步了。

## "肩担道义"

>>>

一条生命就这样被我们这样一群好心、无心、歹心的人划上了句号。

一条生命随着一叠可怜的金钱的转移，便再也不会有任何澜漪。我都不知道我是好心人还是帮凶。虽然一条生命在我接手时，已经是一缕青烟，但我接手后，这缕青烟渐行渐远，最终会消失殆尽，直至没有人还记得起它曾经的存在。

两天后陈某给我送来了一块让我哭笑不得的铜匾，铜匾上四个字"肩担道义"。

原来陈某不知怎么感谢我，便去请教别人，别人要她给我送个匾，写上"铁肩担道义"五个字。碰上做匾的没有多少文化，做匾时，生生的把一个"铁"字给丢了，陈某也没有多少文化。这样，一块"肩担道义"的铜匾便新鲜出炉了。

想想，也是对的，我本来就不是铁肩。要是铁肩，陈某也就不只是拿区区十万元了。

虽然所有知道这个案子的人都认为我做了一件功德无量的事，但我对这个结果并不认同。我总认为，王芹的权利没有得到及时充分的保护。这个案子办完后近一年，我心情都不怎么好。多年以后我也会想起从未谋面、背着丧父之痛的王芹，她长大了吗？还好吗？

# 接力马拉松

第七篇

　　如果有人问我：你做律师这么多年，哪个案子最艰难，我会毫不犹豫告诉他，天成公司和南北公司房地产系列案。同时告诉他，那不是艰难，是惨烈！是律师实战中的上甘岭、松谷峰！更是一场接力马拉松！

# 天成公司与南北房地产公司系列纠纷案

## ● 找上门的大单 >>>

2000 年 10 月底,我接到一个号码和声音都很陌生的电话。电话里说:你是喻律师吧? 我是老龙呢,龙希云,天成公司龙希云。我公司有个事想找你,你到我公司来一趟好吗?

那时,是我从事律师职业的第五年。这样的电话接得多,也就平常了,问了他的地址,约了个见面的时间。

天成公司办公室在芙蓉中路的南北大厦 14 楼。老龙是天成公司的党委书记。天成公司是省监狱管理局的下属公司,还有一个名称是省监狱管理局物资采购中心。出电梯时,我已经注意到墙壁上的招牌有这么两个名称。

龙书记找了几份资料,慢慢的和我说开了。在说的过程中,他根据说的内容将手中的资料递给我。我便边听边看。龙书记说完,资料我也看完。我已经清楚了他所说的事:

1994 年,一个姓赵的老板看中了天成公司的土地,于是便找省监狱管理局领导,提出合作建房的要求。合作的方式是:由天成公司出地,赵老板的南北公司出资,共同建设一栋商居大楼。

监狱局领导同意后,天成公司便于 1994 年 9 月 30 日与南北公司签订了一份《关于合作兴建商居大楼合同书》。该合同书约定,天成公司提供五点零八亩土地,南北公司出资,共同建设一栋约四万平米的商居大楼;大楼建成后,天成公司分得其中的八千平米的房产及七百平米的车位;约定交房时间是 1998 年底，并对违约责任等作了相应约定。但南北公司并没有按时交付房屋，直到 1999 年 11 月 19 日，双方才签订房屋分配协议，明确了天成公司房屋的位置，但没有明确交房的具体时间。

协议签订后，南北公司将属于自己的房产全部竣工，出售或出租，而属于天成公司的房产就是不完工，不交付。到现在为止，南北公司仅交付了天成公司现在办公的这一层楼和另外两套住房，总共才一千七百多平米。天成公司找其协调了无数次，但南北公司就是不理不睬。迫不得以，天成公司只好找律师，准备打官司。

我有些纳闷："你们是怎么找到我的？"

龙书记说："想找个业务能力强、认真负责的律师，便去市中院找王法官，要他帮忙介绍。他推荐了你。"

我心想：王法官怎么会推荐我呢？我和他并不怎么熟，只是在市中院案子办得多，所办的案子效果也还好。

当年并没有禁止法官推荐律师的规定。

我粗略地估算了一下诉讼标的，怎么也有几千万元，心中窃喜，这可是桩大买卖！这种找上门来的大买卖在律师实务中可是不多见。

## 风险代理　>>>

谈委托代理合同时，龙书记提出：我们想先采用不给钱，事情办好了再给钱的代理方式。

龙书记所说的这种代理方式叫"风险代理"，但当时并没有风险代理这一说法。三年后，律师收费办法修订才正式有了这一说法，但律师很少有采取这种收费方式的。我一直不满传统的"先收钱，后办事"的常规代理模式，认为这是律师服务的"霸王条款"，所以我做过的业务基本上是风险代理。

龙书记见我没表态，便解释说："这是公司的意见，我们想出这种方式，也是没办法。之前我们花十多万元请律师打过一场官司，一分钱都没追回。所以这次公司决定采用这种方式，多付一点律师费都行……"

其实，我并不是在考虑接不接受这种代理方式，而是在考虑案子该怎么做，可能会有一个什么结果。这是风险代理与常规代理的区别。常规代理，签合同、收钱是最重要的，至于做业务，依照法律程序按部就班就行；而风险代理，不但要预测结果（预测收入），而且对过程也要把握清楚（预测成本）。

我对龙书记说："我基本接受你们提出的代理模式，但我要先将材料认真分析再作决定。"

龙书记对我能爽快地接受他们提出的代理方式有点意外，连声说："可以，可以。"

第二天，我就明确答复龙书记："可以做，我们谈合同吧。"

委托代理合同完全按天成公司意思签订。风险代理，收回的违约赔偿金的百分之十作为律师代理费。

在起草起诉状时，我和天成公司出现了分歧，天成公司坚持未完工部分和逾期交房的赔偿加在一起只算三百万元。我认为三百万元太低，至少要在六百万元以上。但总经理秦总坚持只要三百万元，他反复强调，打官司的目的不是要追回多少钱，目的是把房子要回来。

"可不可以三百万元以内的部分，我不要你们一分钱，超过三百万元的我们各拿百分之五十。"

秦总马上开了一个小会，答复我："可以。"同时还愿意三百万元以内的部分给我百分之二。看来，秦总是个厚道人。

就是这个看似很平常的风险代理，却开启了一场长达七年、被我称之为律师生涯中最惨烈的博杀。

## 开门红

>>>

　　天成公司起诉的案由是合作建房合同纠纷。诉讼请求是要求南北公司交付剩余房屋并赔偿相应损失。审理法院是市中院。

　　想不到，南北公司居然会反诉。南北公司反诉的理由很多：第一，天成公司对五点零八亩土地不具有使用权，合作建房合同是无效合同；第二，天成公司投入的土地没有五点零八亩，只有四点一八亩，天成公司违约（与第一点自相矛盾）；第三，在房屋建设过程中，因为天成公司的原因，法院查封了建设中的南北大厦第十七层，影响了房屋的建设和销售；第四，房屋没交付，不是南北公司违约，是天成公司故意不收房，是天成公司违约……

　　看了南北公司的反诉状，龙书记气得连骂：流氓，流氓，真是个流氓！龙书记便主动和我讲起南北大厦建设过程中的一些情况：

　　赵老板来合作时，并无实力，据说只有四万元家底。拿了天成公司的土地，找中国银行抵押贷款五百万美元。这五百万美元并没有多少用于南北大厦的建设。南北大厦的建设资金主要靠基建老板垫资完成。在建设过程中，赵老板还私刻天成公司印章，准备用于贷款，被天成公司发现，准备报案。由于他承认错误，保证不犯，才放了他一马。

　　虽然我对这些坊间传闻也还关心，但我更关心的是该块土地的真实情况。

　　龙书记找出红线图，图上确实标注天成公司有五点零八亩土地。龙书记介绍说："土地的来历是国民党旧警察所留下二点四六亩，1974 年征一点七二亩，1976 年征零点九亩。"龙书记还说："当时这块地上还有天成公司五千三百二十四平方米的房屋……"

　　龙书记还在介绍，我却陷入了沉思。这是一个事实比较清楚，法律关系比较简单的案件，为什么双方的分歧会这么大呢？南北公司的反诉状肯定出自律师之手，但从内容看又不像律师所为。法院查封并不是禁止建设，这是个常识；查封天成公司的房产，不存在影响南北公司的房产销售，这也是个常识。这么多的常识性错误出现在正规严肃的诉状上，岂不成了个笑话？律师会弄出这样的笑话吗？他们反诉的目的是什么呢？

我的对手究竟是个高手还是个糊涂虫呢？我无法判断，只有做好十二分的准备去迎战。

在这之前我已经给天成公司开出了一张应提供证据的清单。为了慎重起见，我对龙书记说："能不能将你们公司保留的有关合作建房的所有资料全部提供给我。"

天成公司提供的资料有五大盒，相当齐全，但比较乱，我看了整整两天，隐隐约约嗅出这回可能是一场恶战，要从最坏的方面来考虑天成公司的证据和诉讼请求。

我分析案件，虽然对方提出天成公司土地没有使用权和投入的土地数量不足，但这些都不是问题，有红线图在手，再怎么狡辩都不可能否认这个事实，"白"终究不能说成"黑"；但延期交房的损失和未完工程的工程量怎么确认，很有可能会成为案件的焦点。如果法官的自由裁量权使用不当，"白"变成"灰"完全有可能。

为了避免"白"不小心变成"灰"，最好办法是通过权威的第三方作一个结论，将延期交房的损失和未完工程的工程量固定，省得双方在法庭上争来争去，也避免法官滥用自由裁量权。

我向法院提出了司法鉴定申请。法院委托会计师事务所对天成公司的房产未完工部分和逾期交房的损失进行鉴定。

鉴定结果：未完工程为二百一十八万元；未安装四台电梯的价格是一百七十六万元。而对延期交房的损失，参照同类地段、同类型房产的租金价格进行计算，写字楼每平方米每天一元四角，商场是每平方米每月九十元等等。

鉴定结论出来后，我马上依据鉴定结论变更了诉讼请求。

有这份鉴定结论在手，我便坦然了很多，自信该案已经是事实清楚，证据确实充分，证据与证据之间环环相扣，已经形成了完整的证据链，天成公司的诉讼请求得到支持是必然的。

一审判决是2001年8月份。判决书基本上按照鉴定结论判决了南北公司应当支付给天成公司的各项损失和赔偿款。而南北公司的反诉基本上未得到支持。

天成公司大获全胜，如果按这份判决书，天成公司可以获得一千五百八十余万元的赔偿。

虽然判决有理有据，但胜利来得如此顺利，我有些惴惴不安。我相信南北公司不会就此罢休，应当会上诉，暴风雨在后面。

## 白变黑

南北公司果然上诉了，上诉状很长，十三页，内容也很多，但我觉得都是胡搅蛮缠。

二审开庭的效果出奇的好。这个感觉，不只是我，龙书记和旁听人员都有。庭审完后龙书记就欣欣然，认为该案胜诉已成定局。

我也开始怀疑我的感觉，难道是我高估了对手？抑或，这只是对手的障眼法，对手还未出招？哪 会出什么招呢？

这天，龙书记又急又气地告诉我一个情况：南北大厦十三楼的房产被南北公司卖了。

起诉时，为了保证案子将来能顺利执行，天成公司提出了财产保全申请，法院依法冻结了南北大厦十一、十二、十三楼的房产，冻结的目的是要限制该房屋销售。

我第一反应是，这不可能吧？这是妨害民事诉讼的行为，是要承担法律责任的。

"千真万确，买家都已经进场装修了。"

我想，其实这是好事！他这个行为性质很恶劣。挑战法院权威，就是天成公司不提出抗议，法院不管从维护法律尊严还是维护自身权威的角度，都会严惩南北公司的。

但法院居然不理不睬，随南北公司恣意妄为。我感觉不对头，以天成公司的名义提出抗议，但法院就是拖着不处理。

我挺纳闷，是什么原因可以让南北公司这么大胆妄为呢？我问龙书记："赵老板有什么后台吗？"

龙书记说："省委某领导是他连襟。"

我恍然大悟，要没后台，借三个胆子给南北公司，他也不敢处置法院冻结财产。我明白南北公司的诉讼策略，对手打的是关系战。我知道，麻烦来了。

接下来一件事，马上印证了我的猜测。

庭审后不久，承办法官通知秦总去谈话，并特意交代不要带律师。

秦总走后，龙书记觉得不对劲，便要我到天成公司商量对策。

秦总回公司后，向我和龙书记说起了谈话的内容。秦总话一完，连对法律不甚了解的龙书记都叫苦连连。

谈话中，法官问天成公司要求赔偿的底线是多少钱？

憨厚的秦总说："天成公司本来只要求赔偿三百万元，喻律师要求赔偿一千多万元。"

我暗想，法官是中立的第三方，根据事实和法律来判决案件，干嘛摸当事人的底线？指明不要律师参加谈话，肯定有目的，难道法官想在天成公司底线附近来判决此案？我有些不寒而栗。

我找了几个同道中人对案子进行了最严格的梳理，结论是，一审判决合法合理，二审维持的可能性很大。他们还安慰我：放心，法官即使要帮对方，也不可能将"白"说成"黑"，毕竟司法鉴定是法院委托中立的第三方作出的，不可能随便否定。

对二审会改判，我有足够的心理准备，但拿到判决书时，还是被气得发抖。主要不是对判决结果，而主要是对事实的颠倒和对常识的荒唐认定：

南北公司在法庭上已经承认，没有将车位交给天成公司，但判决认定车位已经交付。至于是什么时候交付的，天成公司的车位在什么位置？负一层？还是负二层？判决书没说。认定的理由居然是天成公司有车停在停车场，应当视为车位已经交付。

判决书还是认定了法院冻结天成公司十七楼房产影响了南北大厦的施工和销售。至于冻结为什么会影响施工，冻结天成公司的房产为什么会影响南北公司的房产销售，判决书没有说。而对交房延期的问题，自由裁量认定延期交房的损失应从 2000 年开始计算（合同约定的交房时间是 1998 年底），本来延期交房有两年多，被生生地缩短为一年多。

一审判决用租金来计算延期交房的损失，二审改用银行利息来计算。为什么要用银行利息来计算，判决书没有说。

延期交付的是六千多平方米（含二千六百多平方米商场）价值八千余万元的房产，但计息采用的却是天成公司出资的五亩多土地。而土地的价值居然只被认定为一千四百余万元，这个金额是当地一亩地的价格。而且一千四百万元这个数据，出自何处，判决书也没有交代，更别说质证了……

司法鉴定，没有任何理由就被否决了。

我的担心变成了现实，依据这个判决，南北公司只要支付三百多万元给天成公司。延期交房的损失在法官的"精打细算"下仅赔付一百多万元。银行贷款八千万元，一年利息都是五百多万元啊。

## 再审路

>>>

天成公司对该判决虽然甚是气愤，但认为追回房产的目的已经实现，还判了几百万元的赔偿，可以将就了。

其实，我也可以将就了，代理费虽然大打折扣，但还是有大几十万元。在律师年收入普遍只有十万元左右的当年，一个案子有这个收入，已经很不错了。而且天成公司对我的能力很是认同，已经和我签了法律顾问合同。

但二审判决在时时刺痛我的神经。事实被颠倒，常识被歪曲，逻辑被曲解，这样的判决，是对律师的侮辱，一种指鹿为马的侮辱！

二审判决后，南北公司倒是主动找天成公司达成了一个协议，内容是将房产交付，然后约定赔偿款的支付方式和时间。

房屋接收后，我向天成公司提出在收到赔偿款后申请再审的建议，同时表示我可以继续按原委托代理合同的约定代理再审。

天成公司有些犹豫，主要是对手太强大，而且目的已经基本实现了。但接下来一件事，很快让他坚定了和南北公司再搏一场的决心。

南北公司拿了协议跑到市中院，谎称案款都已付给了天成公司，要求市中院解除南北大厦十一、十二、十三楼的冻结。法官看了该协议，信以为真，准备随他们一起去解冻。在出发时，法官给我打电话核实。我知道南北公司根本没付一分钱，马上跑到法院，阻止解冻，南北公司的阴谋被戳破。

对此天成公司非常气愤，便马上接受我的建议。

在再审申请提出前，我为天成公司追回了三百一十五万元。赔偿款留下一个小尾巴，还有几十万元没有追回。这不是疏忽，而是有意的一个埋伏，我自认为这是一着妙招。

上诉，不管你有理没理，法院必须受理。而再审，多了一道审查程序，立案的难度就大多了。

天成公司向省高院提交再审申请的时间是 2002 年 3 月份，但省高院直到一年后才作出再审裁定。这期间我以天成公司的名义给省人大、省政法委都送了报告，请求过问此案。人大、政法委也在批示了应予立案，但都无济于事。

直到天成公司找了时任省高院院长吴某，再审才得以立案。

案件能立，我便有了信心。但这种信心很短暂，因为同时进入再审的申请人还有南北公司。天成公司千辛万苦搞了一年才勉强立案，而他们不显山不露水就做到了。太牛了！更牛的是，南北公司的再审，法院居然没有下达裁定书——立案庭直接函告审监庭一并审理。

因为有二审判决打底，对法院这样一个明显有违常规的做法，我也熟视无睹了。

## 平衡术 　　>>>

再审处境非常困难，我只有用百倍的小心来做。我基本上天天盯着承办法官，一有机会就和他谈案子，写了很多材料，目的只是想法官能多关注案子。

刚开始，法官能认真倾听我对案件的解释，也会发表一些意见。但后来情况便有些变化，我要找法官没有那么方便，法官的意见也有了很大变化——越来越对天成公司不利了。

律师做了七八年，自然也知道法官的苦衷。天成公司找了院长，南北公司肯定也找了很得力的领导。这种情况下，法官很难居中裁判，案子就只能拖。尽管法律对审限规定，一审是六个月，二审只有三个月，有些案子却一拖几年都结不了案。当然像再审这类案件，除了拖时间，通常还有一个处理方式——发回一审法院重审。

我暗暗叫苦，这个案子拖不得呀！我是风险代理，所有费用都要我承担，时间越长，承担的费用越大。更不能发回重审，案子发回重审，等于案子又重新开始，重审完了，双方还可以上诉……

一想到这些，我就心疼肉痛，白花花的银子和大把大把的时间精力全丢在一个无底洞里。

在这期间，我还找了一位省人大代表，要她致信给省高院领导，请求领导关心过问此案，也无结果。

我在内心祈祷，案子哪怕是摆在高院不动都行，千万别发回重审。但事与愿违，2003 年 9 月 23 日，省高院作出了发回重审的裁定。拿到这个裁定时，我真的欲哭无泪！

我知道，这是法官的平衡术！

## 白内障 >>>

案子又回到中院。虽然我极不愿意，但也别无选择，只能打起精神，重新披挂上阵。

中院审理该案的是审监庭，又把一审程序走了一遍。

重审并没有将南北公司的反诉一并审理，这是一个很明显的失误。南北公司居然没提出来，这显然对天成公司有利，我自然也不会主动提。

我一直把中院当成我的福地，在那里我少有败诉。这个案子开庭及举证的情况都不错。

2003 年的 12 月份，政法界发生了一件惊震全国的大事——省高院院长吴某被双规了。

很多人都在津津乐道于吴某的双规，我和极少数人却胆战心惊。胆战心惊的原因和他们有一点不同，他们可能是因为和吴某有经济上撇不清关系，而我担心的是这个吴某曾经打过招呼的案子。

担心显然并不多余。2004 年 3 月份，该案判决。对判决的结果，套用一句流行话——没有最黑，只有更黑！举二例说明：一是延期交房的损失，法院判决南北公司仅赔付其损失八十余万元。二是，南北公司的诉讼请求根本没有审理，居然也支持了。

我对判决结果早就有最坏的打算，但拿到这份判决时，还是激愤难平，很想打电话和法官理论一番，再臭骂他一顿。拿出手机，想了一会，发了条信息给他：建议你去做白内障检查！

如果这份判决生效，天成公司已经收取的三百多万元赔偿款还要退一部分给南北公司，我收取的代理费也相应的要退一部分给天成公司。

龙书记调侃我："别人是'搏一搏，单车变摩托'，喻律师倒好，'搏一搏，汽车变成了摩托'。"

## 退和进 >>>

我正对天成公司心存愧疚时，龙书记主动找了我，先是分析了案子失败的原因——将所有的责任都推到吴某的身上；然后肯定了我的付出、能力、取得的成果；最后征求我的意见："官司还继续打下去吗?"

我在沉思，龙书记可能猜想我在思考代理费的事，便主动说："我和秦经理商量了，这个案子你出了大力，这个结果不是你所能控制的。如果官司不打了。我们也决不能让你在代理费上吃亏，已经拿走的代理费就不要返还了，再审阶段做了两年多，非但没有拿一分钱代理费，反而用去不少。可以给你报销几万元的费用。"

在当时，批判吴某的风头正烈，对官司谁都没有信心，不，应当是谁都会死心！龙书记这样说，一方面表明天成公司也没有信心了，另一方面，其实是给我台阶下。

我知道龙书记是好意，也知道现在是退出的最好时期，但还是强烈感受到了一种耻辱。颠倒黑白、不辨是非的判决，是对律师赤裸裸的侮辱。我堂堂正正做人，付出劳动，获得报酬，现在竟要轮到委托人来同情。我无法接受这样一份同情。

我嘟嘟了半天，但我什么态都表不了。我既不想承认失败，也不敢表态继续战斗。在那种情况下，如果还看好继续战斗，除非这个人是傻子！

临走时，龙书记轻轻地拿了拿我的手，用只有我听得见的声音说："放弃算了，对手太强大，我们现在太背了。"

我知道，龙书记前面讲的话，都是代表公司，刚才讲的是代表他自己，这是朋友的忠告。

理智告诉我，不要打下去了。再打下去，前景黯淡不说，而且是孤军作战——天成公司的意思已经表达得很清楚，再打下去，就是你个人的事了。而感情却告诉我，必须打下去，这是做律师的尊严！

我一时难以定夺，便驱车到了离长沙五六十公里的道吾山。我想在这里静一静。

这些年我累了！我的体能好得很，累，是心累。特别是这个案子，让我经常夜不能寐，甚至胆战心惊，长时间的高压、紧张、焦虑的生活，让我的痛风时常发作，疼不欲生，家里要不是有护窗，说不定我早跳楼了，家里人不是一次的求我放弃这个案子。但我对被欺负了而不知反抗的人，向来除了同情，更多的是鄙夷不屑。其实我现在也是一个被南北公司欺负了的人，如果不反抗，我岂不成了一可怜虫？生当为人杰，死亦为鬼雄，不行！我不能放弃，我要出击！

在我的律师生涯中，我一直信奉法律，绝不敢见利忘义，从没有办过歪曲事实，玷污法律的人情案、关系案。我希望我承办的每一件案子都事实清楚，证据充分，适用法律准确，每一个案子都是"铁案"。虽然我也耳闻过司法的不公，甚至黑暗，但这么赤裸裸、血淋淋，超出了我的承受范围。为了律师这个名号，我也不能放弃。

本来是去放松的，躺在床上，脑海里却出现如下十六个字："狂轰滥炸、死缠烂打、贴身肉搏、持久作战。"

我要"缠死对手，炸死对手"，不达目的不罢休。该案，我的终极目标：天成公司的所有合法权益，我都要维护。

那天，我没有睡在道吾山，当晚我便回省城了。下山前，我给龙书记发了条信息：血战到底！

龙书记回了"铤而走险"四个字和一长串的惊叹号。

## 铤而走险

我自然知道这是"铤而走险"，但我对法律还是有信心，还要走下去。重审的二审又是在省高院，走了一圈又回来了。此时，省高院正是反腐的重灾区。自吴某之后，有近二十名法官被纪委、检察院带走。一时间，律师与法官的关系变得无比敏感。省高院办公大楼内，律师的身影陡然少了很多。

在这个人人自危的时期，我却一次又一次地奔走在省高院的办公大楼。没办法呀！官司越审越复杂，内容越来越多，证据材料交叉牵扯，真假莫辩。当然这些问题是被人为弄复杂的。

如果哪天我想出一部"律师三十六计"的书，一定要把南北公司这一招"浑水摸鱼"放在书中。南北公司不顾事实，甚至不顾颜面，没有逻辑的反诉、抗辩，目的都是搅浑水，然后浑水摸鱼。

现在，南北公司的目的已经实现，水，确实已经被搅浑。如果不是像我这样自始至终跟进案件的人，很难一时将案件看明白。我便思量着怎么样和法官去解释；从什么角度着手让法官容易接受；内容太多了，一次不能讲太多，要分多次讲等等。

我又将案件梳理了一遍，将其分成了七八个问题，每个问题分别阐述，每次去找法官只和其解释讨论其中一个问题。

天成公司再没有前期的诉讼热情，所有的事情都要我自己主动。这真是考验人心智的一段时间。忍辱负重，我经常一天时间都一言不发——官司让我背上了太重的包袱！

重审二审的判决终于在 8 月 17 日下来了，大部分维持了重审一审的内容，但在逾期交房的违约赔偿方面，增加了一百多万元。

这同样是一份不公的判决，但我已经顾不上了，长长地松了口气，不管怎样，再审比原审多了四十多万元。

龙书记兴高采烈，这是一个出乎他意料的好结果，他把我奉为神人。但他不知道，此时我正想找一个没人的地方去痛痛快快地流一场百感交集的眼泪。

我将案子的四份判决书摆在面前，苦笑难言，同一事实，可以做出四种不同的认定，这就是法律！被玩弄的法律?！但我已再无补救之力——这个官司，所有的程序已经被我用完了。

我实在无法接受这个事实，订了张机票，在远方过了几天苦行僧生活。

## 坐山观虎斗 >>>

回避只是暂时的，回到长沙，我还得面对一个现实——强制执行。

对南北公司不会主动履行法院的判决，我和天成公司都有共识。除了这个共识，我个人还有一个认识，那就是对房地产公司的认识：你别看房地产公司财大气粗，其实很多都是假象。土地早已抵押给银行——用的钱自然是银行的，地上的建筑物基本上是建筑公司垫资建起来的。你也别看他风风火火，他的风风火火只有房子销售的那段时间，只要项目一完，房地产公司马上就可以变成无人员、无办公场地、无资金的"三无"公司。

所以在执行二审判决时，我有意留了个小尾巴——还有近四十万资金没有执行到位，用这笔钱，拖住南北大厦被冻房屋的解冻。

依据重审的二审判决，南北公司还要支付天成公司八十余万元。但此时，南北公司已经成了"三无"公司。老板早已经转行开矿，只留下一个人来应付官司方面的事。南北大厦十三楼虽已冻结，但在2001年就已被南北公司卖出，只是因法院冻结，一直没有办理过户手续。现在案子进入执行，南北公司能够查到的资产就是这层房产了。龙书记一方面佩服我的"三无"公司理论，知道我布局执行的良苦用心，另一方面对第十三层房产能否执行心存疑虑。

申请强制执行后两三个月，南北公司没有任何动静。法院也没有任何动静。法院的解释是南北公司没有可供执行的财产。

我提出要将南北大厦十三楼拍卖。这自然是捅了马蜂，免不了又是一场激斗。但法院最终还是同意将这层房子委托了司法评估。

做完司法评估，离拍卖只一步之遥了。一般的做法，肯定是乘胜追击，速战速决，尽快进入拍卖程序。但这时候，我并不急，我想休息休息，坐山观虎斗。

我估计这时候最坐不住的是十三楼的买受人，买楼的钱已经给了南北公司，房子虽然到了手，但眼看就要改名换姓了。此时，他们肯定会找南北公司的麻烦。等他们和南北公司去拼一拼吧。而且现在案款都是按双倍银行贷款利率计息，天成公司很划得来。

买受人和南北公司拼的结果肯定是买受人赢了，因为南北公司主动找天成公司来和解。

但这时和解就没有一开始主动履行那么舒服了。一开始主动履行只要给八十余万元，这时却要给一百一十余万元，多的三十余万元是利息。南北公司虽然满是怨气，但也无可奈何。

官司打了这么久，基本上是憋气，这回也算小出了口气。

小出一口气不等于可以歇口气，因为另一个战场的战斗已经打响了。

## 相邻不相和

我的战术是"狂轰滥炸，死缠烂打，贴身肉搏，持久作战"。采用这个战术，要有足够多的"炮弹"。

南北公司是个不讲诚信的合作伙伴，一场合作，最后是若干场官司才结束。合作结束后，天成公司和南北公司又成了邻居。天成公司也是倒霉，碰上了一个这样孬的邻居，不但不会互相帮助，而且还要时时提防被他算计。

天成公司是在被邻居算计成功后才找到我的。

南北大厦报建时，一至三楼设计为商场，按南北公司的描绘，这里是一个营业面积达一万多平方米的大型商场。

合作建房协议签订时，只约定商业部分天成公司占百分之三十五；1999 年的分房协议，约定天成公司一楼分得五百二十四平方米，夹层二百三十八平方米，具体位置是靠白沙路。

让天成公司傻眼的是原来设计为商场的一至三层，被南北公司私自改变了，不再作商场使用。用作商场的自动扶梯也被取消了，一楼临芙蓉路的部分全部被南北公司封堵。天成公司位于一楼、夹层的商业房产马上成了黑咕隆冬的死角，出口就只有上下电梯和消防楼梯了，商业价值已经完全丧失。

天成公司找南北公司理论。南北公司提出他封闭的都是他自己的房产，天成公司无权过问。至于天成公司的出路和出口，南北公司建议在一楼北向开口子，在东向架梯子。

天成公司找我咨询两件事，一是问南北公司封堵是否合法？二是问开口子和架梯子是否可行。

我看了一楼的平面设计图纸，一楼的第四至六轴，有近十米宽，图纸上标明是通道，还有"防火卷帘"的标识，应当是条具有消防功能的通道。而且一楼有三百余平方米的公共区域，第四至六轴应当是公共面积。显然南北公司封堵具有消防功能的公共通道既不合理又不合法。

北向开口子和东向架梯子也是不合法的：按照规划和消防的要求，建筑物的设计一旦报规划审定，就不能随意变更，哪怕是新开一张门，一扇窗，都要报规划局同意。"开口子"和"架梯子"，明显改变了规划设计，特别是 事关城市美观，而且不符合消防规定，肯定不会批准。

龙书记问我是否愿意继续风险代理？

此时正是合作建房官司再审进行时，我已经领教了南北公司的厉害。但我还是不作考虑就接了。理由只有一条：我就不相信法律是权贵手中的玩物！

我答应得干脆、爽快，龙书记便竖了大拇指："硬汉！"

这硬汉不是那么好当的，又开始了我的一段法律沧桑之旅。

## 来去如风 >>>

天成公司是 2003 年 6 月 5 日向法院起诉的，诉讼请求是要求法院判决南北公司恢复南北大厦一楼公共部分并排除妨碍；并要求赔偿损失一百二十六万余元。

一审很顺利，8月21日法院就下达了判决书。判决书认定南北公司堵塞的部分，确实是公共部分，是进入天成公司一楼和夹层房产的唯一通道，所以法院判定南北公司必须清除通道内的障碍物，排除妨碍，并按每平米每月九十元赔偿天成公司的损失。

对南北公司会上诉，我一点都不怀疑。所以一审判决后，我就在做二审的准备，就案件反复征求法官的意见。法官几乎都认为这个案子二审只有可能维持一审判决。

越是意见一边倒，我越是担心。和南北公司打交道已经三年，我知道他的风格了，只是不知道他会怎样出招。

刚开始，承办法官还能听得进我的意见，慢慢地我便感觉他态度有些变化。我便一次又一次的和他沟通，后来他说不能确定被围挡的这部分是公共面积。

我知道这是鸡蛋里挑骨头，便赶紧又跑到房产管理局，要求房产管理局标明南北大厦的公共面积部位。

房产管理局给了我一个非常戏剧的答复：他们也不知道。我问他们：公共面积是怎么算出来的？他们说：将一些数据输入计算机便出来了，具体怎么算，他们也不清楚。

二审判决在12月份下来了。判决下来之前，法官态度告诉我，如果二审能维持一审判决，那真是个奇迹。奇迹毕竟还是发生了，只是不是我所希望的奇迹。

二审判决将一审判决全部推翻，天成公司的诉讼请求被全部驳回。驳回的理由是：被封闭部分是南北公司自己的房产，天成公司的房产有升降电梯，消防楼梯通行，也可以从北向开口子，东向架梯子出入。至于消防的问题、规划的问题、公共部分的问题，通通没有考虑。

## 检察亦无奈 >>>

就此罢休，不是我的性格，还有三条途径：一是申诉，二是再审，三是抗诉。我选择了抗诉。我希望有第三方监督法院办案。

省检察院民行处在审查天成公司申请后，认为有道理，便向省高院提出抗诉。省高院受理后，交市中院审理。

从省检察院到省高院到市中院，虽然只有短短的几句话就带过了，但这中间也历时几个月，艰辛我自知。

检察院取证就方便多了。我和检察官首先到了设计院，设计院开出证明：南北大厦一层平面图中消防电梯（四至六轴，D-E轴之间）在芙蓉路上应有消防安全出口。

第二站去了市规划局。规划局在南北大厦一楼平面图上标注：此图为发建设工程规划许可证的审批图纸，未向我局申请，不得作任何变更。

第三站去了消防队。消防队也批注：请按我支队原审批核准的图纸执行，不得随意变更平面布局。

第四站去了市房地产管理局。房地产管理局也批示：根据有关规定在房产建设和使用中，房屋所有权人不得擅自改变房屋的设计用途和平面布局，以保证房屋正常使用。

当我和检察院将上述证据取到时，我想这个案子天成公司毫无疑问要赢，没有哪个法官敢无视检察院，无视消防。

当时衡阳有一商铺发生了火灾，死了20名消防官兵，很有警示作用，法院要是判决南北大厦一楼消防通道封堵合法，出了事故，法院和承办法官都将要承担责任。所以，法官会慎重为之。

在这过程中，发生了一件事：一个从事拍卖行业的朋友找到我，说有一家公司想请我当顾问，问我愿不愿干。

朋友和南北公司关系不错，我便反问他："顾问费多少钱？"

他说:"五十万。"

我一听就明白了,当年顾问费一般也就五万元左右,半开玩笑半认真地说:"有钱捡的时候你别叫我,有钱赚的时候你再叫我好了。"

我有些欣欣然,觉得这次怕是刺到南北公司的痛处了。但这种良好的感觉仅仅只保留到 2005 年 12 月。市中院判决书彻底打破了我做律师的自信——居然又维持了原审判决。

我白忙活了两年。不用说,这个案子我又是风险代理,一分钱代理费没有,还倒贴了不少费用。

龙书记摇着头对我说:"搏一搏,摩托变单车!"

## 挑起战争

我做律师从来不会动员当事人去打官司,甚至对挑起诉争的律师还很是不屑,但在和南北公司的"战斗"中,我鼓动天成公司打了一场官司。

在打相邻关系官司时,我仔细审查过南北大厦的图纸,发现南北大厦南边有一块三角形地块,面积三四百平方米,原设计是绿化草地,这是一块公共用地,其权属应是南北公司和天成公司共同所有,而且按照消防必须有环形消防通道的要求,这里应当还有一条不少于四米的消防通道。

但南北公司未经天成公司同意,即将这三角形地块建成了一栋两层的小楼,而且还居然办了产权证,自然产权全部办在自己名下。

天成公司并不清楚自己的权益被侵害,但我一提醒,他们就觉得事态严重,马上和南北公司交涉,南北公司不理不睬。

龙书记很着急上火,问我:"怎么办?"

"打官司吧。"我第一次怂恿当事人去打官司,无奈为之。

"能赢吗?"

"理论上能赢,但对手是南北公司就很难说。"

"你还愿意代理吗?"

"可以，但要风险代理。"

"为什么一定要风险代理？你那样有把握吗？"

"案子是我挑起来的，我只能和你们同进退。"

"还没打怕吗？"龙书记冲我笑笑。

"对手强，我越强！"

"你是真正的律师。"龙书记竖起大拇指。

我又获得了一组炮弹，我不相信南北公司真的可以一手遮天！

案由是侵权纠纷，诉讼请求是要求对方给予一定的侵权赔偿。

案子事实清楚，法律关系也简单，我和承办法官沟通了多次，法官也认可我的观点。我想，至少在一审，案子是没有问题的。

但这中间又发生了一件事，对案子可能有些影响。

2005 年上半年，市中院被抓了好几个法官。法官一出事，律师往往牵连其中。3 月 30 日，市纪委化名当事人来找我，电话联系时被我察觉。做律师的经验告诉我，遇到此类情况，不管有没有问题，三十六计，走为上计。但 3 月 31 日这个案子要开庭，我想，还是开了庭再走吧，反正自己也没有什么问题。但就在庭审时，纪委找到了我。虽然最后没有受到任何处罚，但还是协助调查了十天。

这件事，看似与案件无关，但中国式审案，很多时候，并不只有事实和法律，还有很多因素可以影响甚至左右案件的结果。我这个有"污点"的律师肯定对法官判决有影响。

但案子拖了很久，法官的意思仍在模棱两可之间，我一直认为承办法官是比较公正廉洁的，他可能受到了来自某些方面的压力。

后来，南北公司送两万元给法官，法官不收又推不掉，就交给纪检监察室，纪检监察室第二天通知南北公司将钱拿走了。

又过了一段时间，法官通过其他途径委婉的告诉我，他没办法，天成公司的诉讼请求只能驳回。

与其驳回，还不如撤诉，撤诉后还可以再起诉。

　　轰轰烈烈、信心十足的一场诉讼就这样偃旗息鼓了。

　　这场没有任何效果的诉讼,龙书记非但没怪我,反而觉得对不起我,认为要不是为坚守庭审,我不至于被纪委找去……在他看来,我和倒在讲台上的教师一样伟大。

　　偃旗息鼓完全是形式所逼,条件成熟时还是要出击的。诸葛亮五出祁山,八伐中原,被后人尊为鞠躬尽瘁、死而后已的典范,但我认为他是穷兵黩武,诸葛丞相要做的应当是发展生产,与民生息。

　　现在轮到我当主帅时,我也记不起"生息"这一词了,我只知金戈铁马,枕戈待旦。"倒在讲台"并没有给我太多的"教训",相反,从撤回诉讼的那天起,我就在做下一次冲锋的准备。

　　自认为准备充分时,便告知天成公司,我又准备披挂出征了。这一点,比诸葛丞相好,不需要奉上情真意切的"出师表"。

　　龙书记不明白我为什么又要出征? 他知道破不了南北公司的关系网,官司总是很难赢的。

　　我给龙书记分析:"天下没有白吃的午餐,南北公司的运作手法,虽然主要是利用关系,但还是以金钱开路。官司越多,付出就越大,真金白银不断付出,难道他不心疼!"

　　二诉和一诉的情形差不多,开始形势很好,后来法官又很为难……

　　那些天,我的脑海里全是这个案子,官司打到现在,似乎已经山穷水尽。虽然面对天成公司时,我很乐观,但内心憋了一肚子火,而且这股火无处可发。南北公司似乎是一堵厚厚的墙,怎么撞都撞不破。非但撞不破,反被弹回来,弹回的力比我使的力还大。我成了孙猴子,他倒成了如来佛。

　　之前我一直和天成公司说:"不急不急! 反正我们的'炮弹'很多,狂轰滥炸都没问题。"打了十几"炮"后,我们能用的"炮弹"已经屈指可数,可以说,这一组"炮"打完,我真的"弹尽粮绝"了。不行,我要想办法突破。

　　一天,收到了一条俏皮话短信:问世间情为何物——一物降一物。"一物降一物"我反复念叨这句话 。突然,我有了灵感,想到了一招,《孙子兵法》有一计叫围魏救赵，民间说法是隔山打牛。

## 围魏救赵 　　　>>>

围魏救赵，被"围"的是市房产局这个"冤大头"。

还是在办相邻关系案件时，在市房产局的档案里，我发现了一张不起眼的纸。这是一张《市自管房屋所有权登记审批表》，上面的几个时间点引起了我的注意：南北公司提交办产权证申请的时间是 2002 年 2 月 8 日，市房产局外勘测绘的时间是 2 月 9 号，审查、审批、最后批示、发证的时间都是 2 月 10 日，别人可能要花上半年都办不下来的产权证，他们居然三天办下来了。而且 2 月 10 日这天是农历十二月二十九。就要过年了，房产局还那么尽心帮南北公司办证，可以想到这意味着什么？

市房产局将天成公司的车位及三角区的房屋全部办到南北公司名下，这是一个明显的错误，只能说明这其中可能有"猫腻"。

在律师业务中，一些查档取证的工作一般由助理完成。但我有个习惯，喜欢事必躬亲。我认为，律师更多的是经验和能力的比拼，成败决定于细节，而细节的发现与把控，人和人之间差别很大。就说这张"审批表"，因为只是一张格式表格，很多人并不会注意，可能一带而过，这样失去的极有可能就是一个胜诉的机会。

当我兴高采烈地将我的设计和龙书记商量时，龙书记满是疑惑："怎么告？"

我说："告他行政乱作为。"

龙书记说："事情已经过去三年多了，按照行政诉讼法的规定，早就过了诉讼时效。"

我说："这不是问题，我自有办法。我先不告房产局在办产权证过程中是否有过错，而是先想办法给他弄一个行政不作为。"

龙书记又问："所有行为都是南北公司完成的，告房产局能解决什么问题?"

类似的问题,我一般不会和当事人解释得太细,因为随着案情的发展,不可预见的因素实在太多,解释得越细,自己往往越被动。但这个事情必须和他讲清楚。不讲清楚,一来 天成公司不一定会同意起诉,因为这毕竟是告房产局,是行政官司。再说 以前的官司基本上是我在演独角戏,天成公司仿佛置身事外,但打行政官司,天成公司必须参与进来 。独角戏是演不下去的,要演双簧。

我非常耐心的和龙书记解释:"我们现在如果还是按部就班,想要打赢南北公司,基本上不可能,现在是天时、地利、人和对我们都不利。如果要赢,只有出奇招,找到他的痛处,狠狠一击。房产局在给南北大厦办证的过程中肯定存在问题,这一点你比我更清楚。所以房产局违法行政可能就是南北公司的痛处。在南北大厦问题上能降住南北公司的只有房产局,而我们又有办法降住房产局。"

"什么办法?"龙书记很迫切地问。

"打房产局的行政官司,告他们在给南北大厦办产权时违法行政,要求撤销南北大厦的产权证。"我回答得也有些迫切。

龙书记想了一下说:"撤南北大厦的产权证? 不可能吧,关系到几百户,岂不会天下大乱!"

我说:"我也知道不可能,正是因为不可能,才有可能将问题彻底解决,因为这办证中间确实有错误,而且只要被房产局逼,他心中有鬼,肯定硬不起来。到时法院会去逼他,我们也可以逼他,逼得没办法了他就只能逼南北公司,问题不就解决了。诉讼不是目的,是手段!"

龙书记反复回味后,连声说:"高,高!"之后,龙书记又自言自语说"这样做是不是有点流氓!"

我说:"在流氓面前,你难道还想当君子?"

## 预演

>>>

2005 年 11 月份，天成公司向房产局特快专递寄发了请求撤销南北公司两本产权证的申请。60 天内，房产局没有做出任何答复。2006 年 1 月 16 日，天成公司向法院提起行政诉讼，告房产局行政不作为。

立案没几天，那位从事拍卖的朋友又请我喝茶："你有什么条件?""该给天成公司的都给他就好了。"

"我是问你个人?"

"我个人没有。"

"不再打下去了行不?"

我摇头。

"你这样搞下去，你不担心别人用其他方式来搞你?"

"我不怕!"

"你这样做，得到了什么好处? 不要搞得自己又要去静园。"

朋友怒气冲冲的走了，我却陷入了沉思。是啊! 这个案子，我得到了什么? 风险代理，所有的费用都是我自己承担，从天成公司拿了几十万元代理费，到现在已经所剩无几了。朋友得罪了，法官也得罪了。如果将花在这个案子上的时间和精力，去做别的业务，肯定赚钱多得多。

值吗? 我不停的问自己。从选择律师这个职业起的第一天，我就有为这个职业献身的打算。为职业献身，应当不是为这个职业所带来的利益献身，而是为这个职业所要坚持的公平正义献身! 天成公司的合法权益明明白白地被侵犯，法律的尊严被践踏，你这个律师明明白白地没被人当成一回事，这些难道可以视而不见? 如果他指望我出卖委托人的利益去换回一点蝇头小利，他找错了人，这是出卖灵魂!

离开茶室时，我已经释然了，觉得我所做的并没有错。

之后我就听到有人在骂我是流氓律师。

我还很高兴，有人骂总比没人理好。骂得如此咬牙切齿，怕是点到南北公司的痛处。

房产局还是很重视，马上就向法院提交了一份答辩状，但答辩的内容有点文不对题，反复陈述产权证没有发放错误。但天成公司起诉的却是在规定的时间里不给答复的行政不作为。这个行政不作为的错误是显而易见的。

2006年2月10日，房产局召集天成公司和南北公司开协调会，希望能将问题协调解决。南北公司始终没有解决问题的诚意，所以谈了一圈下来，什么问题都没有解决。

龙书记有些灰心，认为又做了无用功。

我却认为这是好事。南北公司过河拆桥，自然会激发房产局不满，会要遭到报应的。

我主动找房产局承诺："只要给答复，天成公司可以撤诉。"

3月13日，房产局给了天成公司回复。天成公司依约撤回诉讼。

## 总决战
>>>

撤诉并不是撤退，告房产局行政不作为的目的就是要他做出答复，有了这个答复，天成公司才可以凭这个答复提起另一个行政诉讼——违法行政。

2006年6月1日，天成公司又将房产局告上了法院，诉讼请求是要求法院撤销南北公司的两本产权证。

房产局坐不住了。一方面应诉，提交答辩状，另一方面找天成公司的主管机关——省监狱管理局，要求协调。

这个消息是龙书记告诉我的。龙书记告诉我时不无忧虑，他担心省监狱管理局会压制他们。

我听到这个信息很是高兴，有终于熬出头的感觉。多年的律师经验告诉我，行政诉讼，民告官的官司，但凡行政机关有一丁点道理，法院都会支持行政机关；往往只有行政机关确实错得离谱，使得法院找不到丁点理由来支持他时，法院就会要行政机关自己去协调好，动员原告撤诉，这样来保全行政机关的颜面。现在房产局主动要协调，肯定是已经和法院沟通的结果。

省监狱管理局通知龙书记去参加和房产局的协调会，龙书记自然叫上我。在路上，龙书记问我怎么办。

"你只要说：'南北公司的产权证是在农历十二月二十七、二十八、二十九三天内办好的，这极不正常，因为正常情况是半年都办不好，特别是将上千万的国有资产办到民营公司名下，我们认为这其中肯定有猫腻，准备去纪委举报。'这几句话只能由你说，也必须说。"

龙书记沉思了一会儿说："可以。"

协调会在省监狱管理局办公楼进行，省监狱管理局来了两个处长，房屋产权管理处来了两个人，天成公司就是我和龙书记。

一开始，龙书记将我顶在前面："这位是我们公司的法律顾问喻律师，打官司的事，我们公司已经全权委托给他，你们有什么事就找他好了。"

房产局倒没有辩驳他们错没错的问题，只是反复诉苦：你们一起诉，就把我们害惨了，我们新局长刚上任就被你们告上法庭；今年我们局的考核成绩肯定大受影响。市政府规定，行政机关只要当被告，不管官司输赢，都要扣分……

房产局越讲得可怜兮兮，我心里越舒服：不点到你们的痛处，你们又怎么会去逼南北公司呢？我心里乐着，但口里还在诉苦："你们工作的一点点疏忽，却给天成公司造成巨大被动，明明是天成公司的房产却被办到南北公司名下，天成公司为追回自己的房产，打了多少官司，出了多少力，官司赢不了，关键就是你们把产权证办到南北公司。"

我继续说："天成公司是国有公司，其资产是国有资产，如果不追回，领导是要承担渎职的责任的，处长你说是吧？"

这句话是冲着监狱管理局的两位处长说的，我怕他们圆场时乱表态。那两位处长都说："是的，是的，涉及国有资产谁都不能乱表态！"

龙书记适时慷慨激昂了一番，一副马上就要去纪委告状的样子。房产局的两位干部脸色便红一阵白一阵。

回来的路上，我对龙书记说："下一个出场的也许就是南北公司了，你们公司要作好准备，一定不要局限某一个问题，最好是有关南北大厦的所有问题能一次解决。"

龙书记将信将疑："能一次解决就太好了！"

在协调会后四五天，南北公司便主动找天成公司要协商，有一个条件，就是不和那个"流氓律师"谈。

流氓就流氓，不和我谈就不和我谈，只要天成公司的目的能实现就行。

这次协商很简单，天成公司提出一系列要求，南北公司基本都答应，只有一点，南北公司要求天成公司承诺：此前因与南北公司房产纠纷，对与南北公司相关单位的一切已起诉或已到法院立了案的，天成公司承诺立即撤回，并承诺此前的一切房产纠纷不再起诉、上诉、申诉、抗诉、申请再审和申请仲裁……

龙书记将这份协议给我看时，当着公司众多员工的面眉飞色舞的说："南北公司确实被你这个'流氓律师'打怕了。"

这一说不得了，天成公司便都叫我"流氓律师"。

天成公司的问题解决了，房产局的问题随之解决——天成公司撤诉了。

天成公司在南北大厦上的所有问题解决时，已经是 2006 年 12 月份了。从和龙书记第一次见面到举杯相庆，历时七年，大小十六战，虽没有惊天地、泣鬼神，但百折艰难,一战接一战,是一名律师对公平正义的守候，成就了律师实战中的马拉松！

案子完结后，我还经常去天成公司，因为我还是天成公司的法律顾问，甚至，我成了天成公司全体职工的私人律师。之后，我又为天成公司及职工做了十多单业务。他们经常会叫我流氓律师，我却一点都不气恼，还会很客气地和他们打招呼。因为我知道，他们称我流氓律师，绝对没有半点贬损的意思。

第八篇

# 守株待兔

　　我一改积极主动的办案风格，该案，守株待兔，然后果断出击。异地执行和高额执行费,这困扰执行的两大难题，顷刻被我解决。所谓经典案例，其实不一定是案子本身，而是做的过程。

# 长沙某工贸公司与岳阳建行执行案

长沙某工贸公司为岳阳建设银行制作安装了一台电梯,电梯刚安装好就出了伤人的安全事故,岳阳建行为此赔付了十多万元,所以岳阳建行拒绝支付剩余的货款。工贸公司便起诉了岳阳建行。1999 年 11 月,工贸公司所在地法院判决岳阳建行支付工贸公司货款及利息五万五千余元。岳阳建行对判决不满,认为法院偏袒了工贸公司,公开表示不会履行法院的判决,还放言"工贸公司赢得了官司,拿不到钱"。工贸公司便申请法院强制执行。

这是一个标的很小的案子。我之所以会承接,主要是一个要好的朋友找到我,说工贸公司老板沈总是他要好的朋友,而且工贸公司是一家退休和下岗职工组成的小公司,很是困难。我多少有点帮忙的味道,连委托代理合同都没有签,代理费也没有拿一分,我准备等案子办完了,代理费随他们给。

拿了一份授权委托书,我已经为工贸公司完成了诉讼程序,判决的结果让工贸公司很满意,所以案件一进入执行,沈总又来找我了。我答应沈总继续代理执行。沈总要留下几千块钱作执行费用,我说:"等案款执行到位再说。"沈总自然同意。可能是案件审理太顺利,让沈总觉得法律和法院都无比强大,似乎只要法院一出马,案款就会手到擒来。所以沈总问我:"案款能在十五天内执行到位吗?"

这个案子,被执行人是家大业大的岳阳建行,且执行标的又只有区区几万元。按常人的理解,只要执行法官到银行去强制划拨就可以了。如果是这样,十五天时间肯定足够。

那只是表象。银行确实有的是钱，但那些都是客户的，不能划。银行自己肯定也有钱，法院要划银行自己的钱，必须要找到银行的账户。银行既然能经常为客户"保护"资金而不被法院划走，对自己的资金，那就有更多保护办法。特别该案还是异地执行——法院的权威在异地要大打折扣。我认为，要直接从银行划走钱，可能不是件容易的事。

还有执行费用的问题。异地执行，执行费用无形中会增加很多。审理过程中，我和承办法官开车去过岳阳。当时京珠高速岳长段正在修建，路上整整用了六个小时。这次食宿交通费就用了两千多元。如果执行不顺利，这样一个小案子，执行费用去一两万元也不奇怪。我到过工贸公司，确实是家困难的小公司，办公室里桌椅板凳都是破破烂烂的。他们给我报销去岳阳的差旅费时，我还真有些于心不忍。

虽然是个没有收钱的小案子，我还是有些心理负担。我对沈总说：你也别急着定时间，让我考虑考虑再说。

这一年，是我做律师的第四年，已经历大小一百多"战"，完成了经济、案源、技能等方面的原始积累，正在将律师职业向事业迈进的过程中。对该案，我给自己定了个目标：做一个最经济执行的作品。

要完成这个作品，就必须有最有效的手段，最好是"一击中靶"！这些都不能按常规的思维来做，所以案子一直在我的揣摩中。

沈总经常会来我办公室坐坐，我明白他的意思——催我快点动。

我总是很忙，当时手里有三十九单诉讼业务，所以沈总在我办公室时，我也顾不上和他说几句话。沈总很可能多心了，后来，叫上我朋友一起过来，递上三千元钱，说是先给点执行费，拜托我抓紧一点，年前将案款执行到位。

我将递过来的钱推开，说：这个案子肯定能执行到位，但法院强制执行，不是你想象的那么容易。法官去了岳阳建行，也不一定就划得到钱。这个案子标的这么小，执行成本太高，划不来。

沈总千叮嘱万拜托地走了。

案子在我手里摆了一个多月，承办法官都主动问我："喻大律师，这个案子怎么办啰？找个时间还是去次岳阳吧？"

承办法官也没有为案子去过岳阳，执行通知都是邮寄送达的。

我还是说："等等吧！"

快过年时，朋友和沈总又来我办公室了。沈总说："我们公司谁的亲戚是律师，他说这个案子执行没有一点难度，给他三千块钱，他保证十五天内执行到位。"

我问："他怎么执行？"

沈总说："他的执行方法是要法院跑到岳阳去扣岳阳建行一台车。"

我明白，碰上了一位抢业务的律师，沈总这是给我下最后通牒。

朋友将我拉到一边，小声说："案子没动，沈总他们对你有意见了。昨晚开了会，如果你确实没有时间，他们想将案子委托给另外一名律师。"

我当着沈总的面说："解除我的委托，完全没问题。如果那名律师愿意做，大可以委托他就是了。只是你们要问清楚，三千元是不是包括执行费用？"

沈总说："我们问了他，三千元只是律师代理费，执行费用要我们承担。"

我说："我曾经和法院在外地扣了一台车，七八个人，忙活了两三天，查询、吊尾线、拦车、抢钥匙、找拖车、撤退……过程绝对精彩，绝对值得回味。但为扣一台车，发生的人力物力财力，这个账就不好算了。"

沈总很紧张："从岳阳扣一台车回长沙，大概要多少费用？"

我说："用去一万多元是很正常。"

沈总一脸惊愕："要这么多呀！"

沈总显然还是希望我代理，很小心地问我："喻律师，你能否年前将案款执行到位？"

我说："年前不行，年后应当没问题。"

沈总又问："年后是多久？"

我说："应当不要过正月十五。"

沈总："那好！那好！你用什么办法？"

我说："扣车。"

沈总和我朋友都一脸不解："你不是说扣车要很多钱呢？"

我说："这个你们别管，反正不问你们要钱。"

沈总和朋友一脸疑惑地走了，同事和我聊起了这个案子。

我说："我想将这个案子做成一个经典案例。"

同事甚是奇怪："这只是一个很简单、很小的案子，怎么可能做出个经典案例来？"

同事劝我："最好还是和法官去一次岳阳。一个案子拿到手里快两个月，没有任何动作，委托人自然会有意见的。至于费用，反正是委托人承担，不要为委托人考虑太多，往往好心会当成驴肝肺的。"

其实，到现在，我对这个案子已经有了一个通盘的考虑，要想最大限度地节约费用，就必须化异地执行为本地执行。这似乎难以实现，但我有把握，我对一年中的某一天充满信心。

这一天是正月初八——年后上班的第一天。这一天岳阳建行一定会来长沙给省建行领导拜年，而且这一天是他们最不提防的一天。

这天一上班，我便到了法院，一是给法官拜年，二是要承办法官做好执行的准备。

我从法院出来，就到了省建行的停车坪。一查，岳阳建行果然有一台桑塔纳轿车停在那里。

我马上通知承办法官。二十分钟后，承办法官带着四五个法官来了。

我将我的富康车停在停车坪出口处，执行法官则埋伏在不远处。

十多分钟后，那台桑塔纳启动了。我突然将富康车堵在出口，桑塔纳司机还没明白怎么回事，法官就将他们团团围住。

扣车的时间是下午两点半。不到四时，岳阳建行就将案款连本带息送到了法院。

　　沈总开年第一天就收到一大笔钱，自然是兴高采烈。

　　数完钱，沈总说："能想到正月初八在长沙执行岳阳建行的车辆，这简直是绝了。"然后他问："这个执行，你花了多少费用？"

　　我说："没有费用。"

　　沈总不解："你去岳阳查他们的车牌总还是花了一些钱吧？"

　　我说："是托岳阳的一名律师朋友顺便查的，没有花钱。"

　　沈总好奇地问："你们这些知识是律师书上学来的吧？"

　　我笑笑，摇摇头。

　　沈总不明就里。

　　我很是得意于该执行案。该案只是一件很普通的案件，经过精巧设计，然后每一步精准有效地执行。我犹如一名优秀的"狙击手"，静静地躺在草丛中，不为周边环境所动，就等着对手出现的那一刻，没有一丝浪费，一击成功，堪称最有效的执行。

　　我和同事再次说起该案时，同事连声说："没有一分钱执行费用的执行案，经典、经典、确实经典！"

　　所谓经典，其实不一定是案子本身，而是做的过程。

# 第九篇

# 乌龙官司

　　我是对手推荐的律师，一开始就贴上了"间谍"的标签。战术上，我与委托人观点相左，争吵不断；"战场"上我一退再退。在委托人濒临绝望时，在退无可退时，我却绝地反击，将委托人必输的官司反败为胜！

# 六方宾馆装修合同纠纷案

## 阴差阳错 >>>

六方宾馆始建于上个世纪 80 年代。在那个没有多少高层建筑的年代，二十层的六方宾馆在长沙市也算得上是地标建筑。据说当年很风光，和华天宾馆齐名。华天宾馆"娘家"是财大气粗地省军区，而六方宾馆的"娘家"是经济并不宽裕的省供销社。正是由于这个原因，在时间的长跑中，六方宾馆由于供血不足，最终远远落后于华天宾馆。在当今长沙市民的脑海中，六方宾馆可能早已成了久远的记忆。

不过我和六方宾馆有缘。我们结缘，始于一单收购业务。

由于机制、体制、市场等一些原因，到了 20 世纪初，六方宾馆就难以为继了，几百号职工的工资都成了问题。娘家省供销社决定将六方宾馆改制。所谓改制就是要改变企业的性质，由集体性质变为民营的股份制性质，职工的集体制身份也随之改变。而这需要一大笔资金，筹资方法就是将六方宾馆有条件的出售。

意向收购六方宾馆的是香港美亿投资公司，而我则是美亿公司聘请的收购负责人。这让我有机会和六方宾馆总经理黄总相识。

最终，因六方宾馆涉及装修合同纠纷等原因，收购没有成功。在收购过程中，黄总向我咨询了很多法律问题，我都一一予以详尽的解答。他很满意，便有意要我担任六方宾馆的法律顾问，最后因为某些原因没有成功。

装修合同纠纷导致收购没成功，省供销社便决定就六方宾馆的装修结算打一场官司。黄总向省供销社推荐我，希望我能担任案件代理人。但省供销社早已有了合适人选。

黄总是个厚道人，觉得亏欠我了，便问我："是否愿意成为官司对方的代理人？"

这个官司标的有几千万元，我自然想接，便同意黄总为我引见相对方的赵总。

和赵总第一次见面是在通程酒店六楼的茶厅。三人一坐定，我便发现这场面很滑稽。赵总和黄总曾经是合作伙伴，但只要"战端"一开，他们就会成为对手。大战在即，黄总居然给对手推荐大将，太不合常理。赵总也居然会"面试"对手推荐的大将，这也不合常理。而我这个执业十来年的律师，居然同意黄总带我来见赵总，这更不合常理。想接赵总的业务，谁介绍都行，唯独黄总不行。还没开始就背了个间谍嫌疑。这业务还能接到？

赵总已经知道六方宾馆准备起诉这回事，他对此基本上是不屑一顾，开口闭口就是和法院院长关系怎么怎么好，似乎只要和法院院长关系好就一定能赢官司。

对赵总的这一作派，我很是反感。作为律师，我自然知道有权力案、关系案、金钱案这些不正常现象，但我坚持认为律师坚守法律和事实才是正道。于是直接顶了他一句："官司胜诉与否和认不认识院长关系不大，主要还是事实和法律。"

赵总见我扫他的兴，很不高兴地说："我告诉你，这个案子我是百分之百要赢的。"那样子，似乎官司不赢，天理难容。

律师一般都会顺着委托人的，特别是准委托人，但我性格比较硬，觉得赵总太牛了，而且是那种不讲道理的牛，这实际是对律师的不尊重。于是我说："你所说的那些法院领导我都认识，但打官司不是纯粹凭关系，还是要讲道理。六方宾馆装修结算纠纷并不是你想的百分之百会赢。这个案子中，你这一方也有不足之处。我可以不接你这个业务，但我建议你到承办房地产案件的业务庭室找几个有经验的法官，探讨探讨这个案件。"

"你是个不懂社会的律师。"赵总也很是不满。

做律师，我一直讲究气定神闲。当事人再急、再躁，我也能面沉若水。执业十几年，谈了上千单业务，这是唯一一次和准委托人争得面红耳赤的。和赵总分手后，我估计赵总不会再和我联系。得罪了准委托人，结果是什么？地球人都知道。但我也不后悔，这样做才没有丢律师的面子。

过了三四天，赵总却打电话给我，要我到通程酒店六楼见面。我赶到时，赵总已经和另一个人在等我了。赵总介绍那个人是张律师，已经为赵总做法律顾问很多年了。赵总的法律事务都是张律师在打理。

张律师执业的时间比我还早。本以为律师之间的沟通会要好些，但我却发现张律师的观点和赵总的完全一致。我当时有些奇怪，赵总的观点明明是错误的，难道张律师的认识水平和赵总也一样吗？

这又是一次不和谐的见面。我和赵总的分歧太大，分手时我又有些不理智，居然直接对赵总说："如果你坚持你的观点，这个案子我做不了，不接了。"

又过了几天，有朋友给我电话说："你这个律师做得有蛮牛呢！赵总那么牛的老板，居然说你是他见过的最牛的律师……"原来赵总在通过朋友打听我的情况。

再后来，赵总给我打电话了，说是要和我签合同。我很是意外，难道赵总没将我当间谍？这么快就签合同？

我提出做风险代理，赵总不同意，要求常规代理，我顺了他的意。委托人是赵总的挂靠单位市建工集团。代理人有两位，我是一般代理，张律师全权代理。

这是一场非常戏剧的代理。一年前，我代表香港美亿公司收购六方宾馆，和六方宾馆是对手，收购没成功，差点成了六方宾馆的法律顾问；一年后，六方宾馆要和赵总打官司了，黄总却将我引见给对手，我居然又成了赵总的委托代理人。有些"乌龙"。

## 如此乌龙 >>>

我接业务是那种偏谨慎类型的，没有对业务的前世今生作详细了解，不会轻易承接。这单业务，接得过于戏剧，所以审查工作基本没有做，合同签了后，才发现这个官司比我成为赵总代理人更戏剧，简直是个"大乌龙"。

这个官司不管是谁起诉，都是一桩典型的建筑安装合同纠纷案，而像这类纠纷似乎从来只有建设方(六方宾馆)拖欠施工方(赵总)工程款的，所以打官司时施工方似乎永远都是原告。我做了几十单这类官司，还没有一单建设方当原告找施工方要钱的。

这个官司，居然是建设方认为多付了工程款给施工方，而且金额相差会那么大——六方宾馆要求赵总返还多付的工程款及利息二千九百余万元。

我有一种强烈的探知欲，想探究这"乌龙"形成的原因：六方宾馆的娘家省供销社也不是很富裕，所以对下属单位六方宾馆支持并不大。六方宾馆要发展，完全靠自己。偏偏六方宾馆自身造血功能不强，所以到2000年前后，六方宾馆虽然已经破败不堪，却无钱装修。

这时，赵总出现了。他愿意筹措资金来装修六方宾馆。这个方案与省供销社主要领导思路吻合，双方一拍即合。

这样，赵总便以市建工集团的名义承接了六方宾馆的装修业务。装修的资金来源主要是凭借赵总和信用社良好的人缘关系，协助六方宾馆以其房产作为抵押，在信用社贷了四千多万元。贷款的绝大部分作为装修款从信用社直接付给了赵总。

装修完工后，六方宾馆总共支付了装修款四千六百余万元。

赵总做的装修结算是六千四百余万元，六方宾馆委托天平会计师事务所进行审计，初审是五千余万元。六方宾馆对这个结论不认可，又将天平会计师事务所的审计资料拿回来，自己找人算了一次，只有二千四百余万元。

于是,就出现建设方找施工方退工程款这样一个"乌龙官司"。

真应了那句话,大千世界,无奇不有。能让我碰上,也算我"幸运"。我还真要将它做成经典才行,不然对不起这份"幸运"!

## 无米之炊 >>>

每个委托人都有自己的风格,大多数委托人将委托代理合同一签,就觉得事情全部是律师的了,怎么办,全听律师的。赵总显然不是这种风格,因为委托代理合同一签,赵总马上要我拟写反诉状,而且言辞一定要犀利。

这单业务接得过于戏剧,所以虽然委托代理合同签了,我却没有看到零星半点的证据材料,便对赵总说:"等几天吧!等我熟悉了案子,找齐了证据材料再说。"

张律师给了我两袋子资料,说:"所有的证据材料都在这里。"对于这两袋资料,我只能说,很乱,非常乱!

张律师解释说:"六方宾馆装修时,赵总在宾馆有一间办公室,所有装修的资料就乱七八糟的堆放在这间办公室里。后来赵总搬出来时,便通知我去拿资料。我也不知道哪些资料要,哪些资料不要,反正就拿了一些出来。"

我用了两天的时间将这些资料分门别类清理了一遍。大部分是没有用的,还缺了很多资料。我将缺的资料列了个清单给赵总。

赵总说:"这些资料要找施工员。"但是施工员已经不在赵总这里好几年了。

通过张律师找到了那两位施工员,在施工员那里找到了一些签证资料。

所有的办法都已穷尽后,资料缺失还是相当严重,甚至连竣工图都没有。

黄总曾说赵总施工是很草率的,在施工图上直接改动后就变成了竣工图。当时我不信，认为施工方不可能草率到这个地步。但后来从张律师口中证实确有其事。

问题远远不止这些，比如说，六方宾馆二楼会议室装修，结算书上只体现"二楼会议室装修费六十五万余元"，至于计算式、竣工图、签证单等等都没有。

我分析，这些缺失的资料，很大程度上是因为当时施工管理不善造成的。有的是保管不善，已经遗失，有的甚至根本没有做，都已经无法弥补。

这让我很是不解，承接了那么多基建结算官司，哪个基建老板不是将这些资料当宝贝一样的保管。谁都知道，这些皱皱巴巴的纸张能换来白花花的银子。赵总这样做，岂不是帮了建设方？这似乎又是一个"乌龙"。

律师的武器是什么？事实和法律，官司中的事实就是证据。本官司最重要的证据就是这些资料，但现在这些资料残缺不全。"武器"都没有了，这官司怎么打呢？

如果早知道是这样的情况，赵总就是求着我，我也不会接这单业务！

## 纸上谈兵

好战士，哪怕是图穷匕见，也要徒手一搏。我自认为是名好战士，而且是名勇敢的好战士，既然参战了，就没有讲价钱的余地了。没有条件，也要创造条件去战斗。

赵总一直急着要我反诉。估计我证据材料收集得差不多时，又来找我了。

我说："不急，现在关键的问题是布局。"

"布局？什么意思？"赵总一脸茫然。

我告诉他："布局就是打仗的排兵布阵。孙子兵法云：'兵无常势，水无常形'。每一个案子，作为委托律师一定要认真分析自己在诉讼中的地位，自己要达到的诉讼目的，对方要达到的诉讼目的，双方的优势劣势，主场、客场等等，再根据具体的情况进行布局。布局于诉讼，是最重要的。这个局布好了，才可使代理不会迷失方向，少走弯路……"

赵总抢过话，带着明显的不屑说："你所说的布局是不是'纸上谈兵'？"

"可以说是纸上谈兵，但和纸上谈兵还是有点区别。纸上谈兵是死读兵书、没有实战经验的书呆子在指手画脚，而我的这个布局是一个实战经验丰富的律师对诉讼方向、思路的确定……"

赵总还是有些不理解："我打了那么多官司，接触了那么多律师，可从来没听说打官司还要布局的。"

我知道赵总肯定不太明白，也很难明白。确实，很多律师只知道自己是冲锋陷阵的将军，不记得自己还是运筹帷幄的统帅。但我必须说服赵总，这是个方向性问题，方向如果不一致，这委托是没法进行下去的。所以我还得很耐心细致的解释。

赵总似懂非懂，但语气平和了很多。他说："你可能说得有道理，但不管怎么样，这个官司我一定要反诉。"

我理解赵总。赵总认为自己是六方宾馆重放光彩的功臣，六方宾馆应当感激他。现在六方宾馆非但不感激，反而要起诉他，这令他气愤至极。

但在我的布局中，反诉是万万不可能的。关于这个案件，我的整体布局还没有形成，也就不想和赵总说太多，只说："我会充分考虑你的意见。"

赵总见我不想和他说，只好说："那你就赶快布好你的局，尽快出击。只是我提醒你，纸上谈兵导致了赵国的灭亡。"

"我明白。"

"喻律师，我们初次相交，就对你委以重任，我是相信你的哦。你不能害我呢！"赵总丢下这句话，带着明显的不满走了。

赵总一走，我便骤然感到我身上的担子无限重。其实在这个诉讼中，赵总安排了我和张律师两位律师。张律师是全权代理，我只是一般代理。诉讼应以张律师为主，布局也是他的事情，我只要配合好他就行，这样我也不会有多大的压力。因为我"不守规矩"，将这个重担抢过来压在自己肩上了，活该自己受罪！

反诉，赵总实际就是原告。依据"谁主张，谁举证"的证据原则，赵总这方必须向法庭提供证据，但赵总这方结算资料缺失，反诉的结果只能是败诉，所以反诉是万万不能的。但很麻烦的是，本案中，赵总虽然是被告，但同样有向法庭提供结算资料的义务，因为这些结算资料都是由施工方提供的。

我分析，如果实打实，这场官司赵总很难赢，甚至，必输。

我是对方介绍的律师，官司如果输了，赵总会不会认为我是间谍？我必须要赢这场官司，为信任，也为自己的名声。但怎么赢？那些天，我很苦闷，也很纠结。

在常人看来，官司的输赢标准是：有理还是无理。其实司法实践并非如此，除了有理无理外，还有程序。诉讼是最讲究程序的。所谓诉讼，其实就是程序。所以有经验的律师，在"理"上不占优势的情况下，也可能从程序上下些功夫，有时也能赢官司。

我想，要赢这场官司，可能只能从程序上想办法了。

我将官司可能涉及到的程序仔细推演了一遍，心里有谱了。对这个官司的布局，就一个字——"守"，怎么守？也是一个字——"退"，而且是一退再退。只有这样，赵总才可能赢官司。

看到这里，也许你会纳闷：这是布的什么局呀？"守"和"退"岂不是自相矛盾？纯粹不作为。呵呵，山人自有妙计。因为在六方宾馆诉讼的必经之路上有一个"陷阱"，六方宾馆"冲锋"时，必定会跌在这个"陷阱"中，到那时，我再去收捡"死鱼"好了。

## 大包大揽

>>>

我的局虽然布好了，但要赵总接受我的布局，是一大难题。我估计，如果直接告诉赵总，他一定会毫不犹豫地炒我的鱿鱼。我不能被炒鱿鱼，我认为这个局布得太精巧，得不到实施太可惜了。

丑媳妇终究是要见公婆的，我还是主动约了赵总。其实，赵总早就想和我见面了。见到我的第一眼，赵总就迫不及待地问："喻律师，纸上谈兵怎么样了？可以反诉了吗？"

我没有直接回答他的问题，而是反问他："反诉的目的是什么？"赵总理直气壮的说："肯定是找对方还要点钱，对方工程款还付少了。"

"你要反诉，无非是说装修款没有付足，还要求六方宾馆付钱，但如果将本诉部分解决了，六方宾馆还要不要付钱，自然就清楚了。反诉实在是多此一举，而且极不明智，甚至会坏事。提反诉，就要举证。要提供一套完整的结算资料，目前是完全办不到的。"

关于缺结算资料的事，在之前我已经和赵总有过一些沟通。我认为，资料缺失是赵总的软肋。讲法律，赵总不一定懂，但工程结算方面，作为一名建筑人，赵总肯定是懂的。所以想法子往这个方面引，期望赵总能知难而退。

但他却摆出一副无所谓的样子，又提出找领导打招呼。

我反对找领导打招呼。迷信权力，是对自己的不信任，以权压法是对法律的不尊重。当然，如果对方找了领导打招呼，确实已经影响到公正时，我也会以其人之道，还治其人之身。案子还刚开始，又没有遇到任何阻力，去找领导干什么？即使官司胜利了，也是胜之不武。

"还是等遇到困难时再去找领导吧！"

赵总显然生气了："这样不行，那样不行，你说怎么办吧？"他忽然想起了我布局的事，不待我回答，马上又问："你的布局呢？你不是说你已经布好局了吗？"

我耐着性子说："没错，局已经布好了。一个字，'守'。六方宾馆这个案子，是六方宾馆找你要钱，所以只要你不出钱或少出钱就是胜利。守住了，还可寻找战机，打击对方。"

赵总显然大失所望，很有些轻蔑地问："怎么守？"

"怎么守"，我肯定不能对赵总说，只能推脱说："我还没考虑清楚，考虑清楚了我再告诉你好了。"

听到这里，赵总顿时来脾气了，他说了一段非常难听的话："喻律师，你是觉得官司打不赢吧！你尽是花架子，到现在还没看你出半招，要是没有信心，就退出来好了。"

这是我做律师以来，委托人对我说的最难听的一句话。我认为这是对我人格的侮辱。官司赢不了，责任又不在律师，证据缺失，是你委托人自己的责任。当时我想，顺势退出来也好，省得操这份心。但又一想，如果这个时候退出来，岂不真要被赵总看扁了?! 而且我的布局就无法实施了，煞是可惜。为了证明我这个律师还行，就得坚持。

我压着火气问："赵总，这个官司你的目标是什么?"

"不出一分钱给六方宾馆。"

"我的目标是不出一分钱给六方宾馆，而且你还可以找他们再要一笔钱。"我非常认真的说。

估计赵总听得云里雾里，他狐疑地说："有这等好事？你不反诉怎么还可以问对方要钱呢?"

我说："这些我都已经考虑了，你就放心好了。"

赵总对我还是不相信，坚持还要反诉，说这是多个法律权威的意见。

我也来脾气了，和赵总强硬了一回："如果你坚持反诉，我就退出这个代理。"

我强硬的态度让赵总少许作了点让步，但他还是明显不满。分手时，赵总说："案子以你为主，张律师配合，如果结果不好，我就只找你一个人。"

我承诺赵总赢官司时，助手一直在一旁暗示阻止我。赵总走后，助手便问："我总觉得你今天很反常，承诺赢官司，不是你的一贯风格。"

"不承诺，赵总肯定会要反诉。这个案子，只要反诉，彻底完蛋。"

"彻底完蛋又怎么样？反正你已经尽到了告知义务，他要一意孤行，你就迁就他好了。结果不利时，他也只能自认倒霉。何况这个案子又不是风险代理，代理费已经收到手了，案子办得再漂亮，代理费也不会增加。如果按他的思路去做，案子办砸了，代理费也不用退。而如果你是这样坚持，案子办砸了，很有可能退了代理费都还不能解决问题，那你就彻底完蛋了。"

说到代理费，我有些不高兴了，说："不能看钱办案，要看案办案。"

助手还是有些不甘心，问："这个案子，结算资料缺了那么多，又怎么可能赢官司呢？"

"想办法吧。"如果是往常，我很愿意就我的布局和他探讨，但今天我有点烦了，不想再说了。

助手狐疑地走了，我却又发呆了。这是何苦呢！自己将压力搞得这么大。其实，助手说得有道理，一个理智的律师在这种情况下一般不要再坚持，委托人说怎么办就怎么办吧。我这样做是有些霸道，但这种霸道，来自于我对案子的自信。霸道也是为委托人好。

能将案子做成精品，难道不坚持吗？

## 浑水摸鱼　　　>>>

打官司，法律规定原被告的权利义务是对等的。但在实际操作过程中，往往原告要承担比被告更多的义务，比如举证责任。按照"谁主张，谁举证"的诉讼举证原则，举证的义务大部分在原告。原告要用证据支撑起自己的诉讼主张，而被告却只要提出反驳的证据，显然比原告轻松多了。所以在很多诉讼中，宁可当被告。但在这个官司中，被告也有一定的举证责任，因为这是一单工程结算纠纷，不管是谁作为原告，都必须要解决工程款到底是多少这个问题。只有这个问题解决，债务的问题才能清楚。要解决这个问题，必须要有一套完整的结算资料。而这套结算资料，是由施工方（赵总）这方做出来的。

赵总这方是肯定不可能提交这套资料的。

如果没有了这个举证责任，赵总这方完全可以以逸待劳。

律师一般的思路，是配合法院将案情查清楚，确定六方宾馆的装修结算到底有多少钱。但通过这段时间的了解，我明白想要结算清楚是件很难的事情。而且结算清楚了，对赵总来说并不一定是好事。我决定先将水搅浑，将赵总这方的举证责任免除掉，然后再浑水摸鱼。

要搅浑水，我一个人力量不够，还需要有外力帮助，外力是谁——受六方宾馆委托，为六方宾馆装修结算做了一个初步审计的天平会计师事务所。天平会计师事务所似乎与官司无关，但现在有一个事，可以将他扯了进来。

六方宾馆要求赵总退钱，必须有这样两方面的证据：六方宾馆给了赵总多少钱？六方宾馆的装修最后结算需要多少钱？给了多少钱，这个好办，财务有据可查，关键是装修结算要多少钱，这是一个谁也说不清的数字。法官是学法律的，对工程结算肯定不会那么清楚，所以往往要进行司法鉴定。这就和医生看病一样，看不准的就去照片、做 B 超。司法鉴定就是通过法院委托有相应资质的中介机构进行鉴定，鉴定得出的结果就是法官判案的依据。

这些都是可行的，但此案有一个特殊情况：这个工程的结算已经送审了，而且是原告六方宾馆送审的。审计也已经有了一个初步的结论，审计的资料虽然六方宾馆拿回去了一部分，但拿回去的基本上是复印件，而且按照六方宾馆与天平会计师事务所签的合同，六方宾馆还要给天平会计师事务所五十多万元的审计费用。

法院在委托司法鉴定的同时要求赵总这方提交结算资料。我交给法庭的不是结算资料，而是天平会计师事务所的一份声明，声明的内容是：鉴于六方宾馆拖欠了五十余万元的审计费，在审计费未付清之前，天平会计师事务所将扣留所有结算资料。

有了这份声明，赵总这方的证据提交责任就免除了。

## 守株待兔

>>>

我早就预料到了有司法鉴定，也期望司法鉴定。进入司法鉴定，又开启了另一个程序，给了我一个更大的发挥空间。

当六方宾馆提出司法鉴定申请时，我还是很"认真"地给法院去了一份"对司法鉴定的意见"。我不同意司法鉴定，理由是：已经委托天平会计师事务所审计，应将天平会计师事务所的审计结论作为依据；天平会计师事务所已经声明不会提交结算资料，司法鉴定将无法鉴定等等。

但我的意见没有被采纳，司法鉴定通过摇珠选定了中青会计师事务所。

赵总有些恼怒地找到我，大声地说："喻律师，你也收了我那么多钱，也拿出点本事给我看看，不要一退再退，处处被动挨打。"

在他看来，这个案子我们一直在被动挨打。这不怪他，表象确实如此。但我还是不能和他说什么，只能尽量安抚他："你放心，进入司法鉴定会对你有利的。"

赵总马上问："你和中青会计师事务所关系好啊？"

赵总显然误解了我的意思。我也不想纠正，随他去想吧。

赵总又赶紧指导我："一定要和中青会计师事务所搞好关系，一定要盯紧，他们很关键。"

赵总已经数次给我加压了，我也确实感觉到了压力存在。但进入司法鉴定后，我感觉压力轻了很多。我相信，在司法鉴定这一块，我的研究是比较深、比较透的。

当年一位朋友在市中院司法技术鉴定中心负责，他对法院业务这块不熟悉，我给他当了一段时间的免费老师，同时他也教了我很多审计、鉴定方面的知识。特别是站在司法技术鉴定的角度，对司法鉴定如何与审判衔接，司法鉴定报告怎样更好的被法院采信，我做过一些研究。我发现，会计、审计的工作程序和司法审判有些脱节。在会计、审计中被认为是合法的程序措施，放在审判中却不一定能通过。

我想，要充分利用这些脱节来赢官司。因为我已经预见到这个司法鉴定会有些问题。

我对司法鉴定的策略是：守株待兔。

待鉴定的结算资料存在太多的问题，特别是没有竣工图，只要我方不配合，司法鉴定就很难做下去。但有20多万元鉴定费的诱惑（鉴定报告采信后才付款），会计师事务所总会强行想办法完成鉴定的。没有竣工图，他们肯定会通过现场勘查来完成，现场勘查时肯定会出漏洞。我只要用鹰一样的眼睛盯住对手就行。

司法鉴定状况比预想的好多了。从一开始他们就在程序方面出错：所有证据必须经过质证才能成为定案的依据，这是诉讼的一个基本原则。本案中，所有用于鉴定的结算资料，都是原告方提交的证据，自然也需要先经过法庭组织原被告双方进行质证，而且是在提交鉴定机构前。否则，就无法认定提交鉴定材料的真实性、合法性，做出来的鉴定结论自然就没有说服力。

对方律师根本没有意识到这个问题，他们甚至连鉴定材料都没有交给法庭，就直接提交给了会计师事务所。而会计师事务所也没有意识到这个程序方面的漏洞，直接将这些没有经过质证的结算资料进行了鉴定。

偏偏这些结算资料中又有太多的问题。资料缺失是一个方面，资料有瑕疵也是一个致命伤，比如：签证单，全部是复印件，而且这些复印件上有208处改动，这就很难说清这些签证单的真假了。虽然在施工过程中，签证单的改动很正常，但复印件单方做假不是不可能。

其实这些问题，只要经过质证程序，理清举证责任，核对证据原件就可以解决。但偏偏对方没有这么做。

我窃喜。就凭这一个错误就可以推翻会计师事务所的鉴定结论了。

六方宾馆显然也意识到司法鉴定于该案判决的重要性，所以和会计师事务所走得很近。其实，走得越近，越容易出错——关系好了，原则就灵活了。

果然鉴定的错误接踵而至。

没有竣工图怎么办？会计师事务所有自己的解决办法——现场勘查。在纯粹的会计业务中，现场勘查可能只要会计师本人去现场查勘就行了。

但是司法鉴定，作为司法审判的一个程序，应当符合公开、公平、公正的司法原则。如果只是鉴定人员一方去现场看看，那肯定不行。正确的做法是，鉴定人员叫上原被告双方，甚至还要邀上承办法官，一起去现场查看，要有现场查看笔录，几方都要到场签字。

会计师事务所肯定不晓得这些程序，所以他们现场勘查时，被告方和法院都不在场，甚至都没通知我们。

我知道做了现场勘查，是赵总告诉我的。赵总告诉我时，很有些责怪我的意思，怪我太不负责任了。

也许是和原告方走得太近，会计师事务所还犯了一些低级错误：可能是六方宾馆提出灯具、锁具等一些物件价格过高，在有签证的情况下，会计师事务所既不报告法院，也不征求被告的意见，便擅自摒弃签证价格，转而去做市场调查。而市场调查的方式，是鉴定人员独自跑到市场找几家经营此类产品的商店，询问一下价格，就得出一个鉴定价格。这显然又不符合公开、公平、公正的司法原则。

这些就是我说司法鉴定与司法审判的脱节。看着他们出错，我不参与，也不指出。不是我不道德，实在是大家各为其主。如果我拿着赵总的代理费为对手指出错误，那才是不道德。

六方宾馆输官司，其实是输在自己一个又一个"乌龙"上。

## 落井下石 >>>

一天，赵总有些气急地找到我："喻律师，你知道对手在干什么吗?"

"干什么呀?"我云淡风轻。

赵总高声说："人家已经在举杯相庆了，在祝贺他们的律师可以拿两百多万元代理费(风险代理，10%)。你倒好，外面翻了天你都不知道，你到底是不是对方派过来的间谍啊?!"

原来，中青会计师事务所的鉴定报告出来了，而且鉴定得出的结论对赵总相当不利。

看着气头上的赵总，我很平静地对赵总说："别急，他们打的是乌龙球。"同时递给他一本天平会计师事务所的审计报告，然后淡淡的说："谁输谁赢尚未可知！"

赵总翻了翻审计报告，一脸茫然，等着我下面的解释，但我也只说了一句话："开完庭就知道了。"

赵总虽然愤怒，但也无奈，船已到江心，总不能又返回去换个撑船的。

其实我也没有闲着，对手虽然已经掉在井里了，但我还是要为他准备一块大石头，这样他就连翻身的机会都没有了。

我找天平会计师事务所，要求他们抢在中青会计师事务所之前拿出鉴定报告，并将包括征求意见、送达在内的所有程序全走完。

六方宾馆收到了天平会计师事务所的报告和要求支付审计费的函件，六方宾馆已经被中青会计师事务所的报告带来的喜悦冲昏了头脑，自然对报告和函件都没有理睬。

其实我要的就是这个效果，天平会计师事务所的审计报告肯定经不起太多的推敲，如果六方宾馆一较真，这份审计报告也会百孔千疮。但给了你征求意见的机会，你自己要放弃，那是你自己的事了。

有对手的这些失误，再加上天平会计师事务所的配合，我知道，这场官司，我已经赢了。

可惜，我只是一个孤独的舞者，虽然有很多观众，但没人能看懂我的表演。

## 班门弄斧

作为律师，我很喜欢开庭。我认为庭审是律师工作成果的展示，是律师能力、水平、个人魅力的展示。我很喜欢那种时而凝神静听、时而激烈思辨，手记、眼看、耳听、嘴辩，几个器官同时工作，紧张、刺激，非常享受。

六方宾馆这个案子的庭审，我非常期待。一方面是赵总已经给我施加了太大的压力。我想，庭审之日，可能就是我压力释放之时；另一方面，这个案子做了这么久，我还从来没有出击过，参与这案子的人，都认为我是病猫。

病猫也想发一回威！

在中青会计师事务所的鉴定报告出来后，法院安排了开庭。庭审前，六方宾馆信心满满：因为法院委托的司法鉴定，很少有不被法院采信的，而这个司法鉴定基本上是在他们一手掌控下完成的，其结果自然对他们会非常有利。整个装修，被他们鉴定为只有2900多万元。

庭审时，除了原告、被告，还有中青会计师事务所。庭审有一个程序是由原被告双方对鉴定报告发表质询意见。对原被告的质询意见，中青会计师事务所的出庭人员都要当庭予以回答。庭审前，我已经准备了一系列问题，有十多个。显然，中青会计师事务所的出庭人员也是有备而来，有些问题，他们还作了书面准备。但我提出的主要都是鉴定程序方面的问题，这是他们所没有想到的。

中青会计师事务所的出庭人员是会计、审计方面的专业人士。对于他们的专业，我似乎一点都不陌生。随着我提出的问题增多、尖锐，中青会计师事务所的出庭人员越来越像论文答辩的学生，我越来越像个考官。

我很享受这种当考官的滋味。多年了，我一直想找工民建预决算方面的专业人士在法庭上论道论道，今天终于有了机会。我使出了浑身解数，法官似乎很给面子，基本上没有打断我和中青会计师事务的问答。在中青会计师事务所渐渐处于劣势时，六方宾馆的律师虽然几次想插进来帮忙，无奈跨专业作战，他心有余而力不足。

民事案件的庭审不像刑事案件，民事案件的庭审一般就是举证质证，相对比较枯燥无味。但今天的庭审，非专业挑战专业，鲁班门前抡大斧，成了一件很有趣的事情。庭审结束后，旁听人员说："精彩！不但唱戏的有趣，在旁边看戏的也觉得有趣。"

三个小时的庭审，我和中青会计师事务所的问答成了重头戏。问答完了，相信参加庭审的每个人都已经明白这份鉴定报告能不能采信。因为好好的一份鉴定报告，已经被我揭得百孔千疮。

我提交了天平会计师事务所的审计报告，用来证明中青会计师事务所的报告确实百孔千疮。

我提出，天平会计师事务所是六方宾馆委托的，施工方已经同意了这项委托，所以这个委托行为是合法的。天平会计师事务所根据委托做出了审计结论，而施工方认可该审计结论，六方宾馆也没有提出异议，该审计结论应当被法院采信……

我把六方宾馆没有对天平会计师事务所的报告提出异议，说得很重，很重。

那天，我绝对是法庭上的明星。因为这名律师，利用审计、会计、法律方面的专业知识，对一份专业人士作出的鉴定报告挑刺，并击败了对手。

庭审完了后，六方宾馆的律师问我："喻律师，你是学工民建专业的吧？"

如此精彩的庭审，可惜赵总没参加，要是参加了，也让他明白他的代理费没有白出。

## 原来如此 >>>

庭审没多久，判决书就下来了。我提出的关于中青会计师事务所的鉴定结论不能成为定案依据的意见，完全被法院接受。天平会计师事务所的鉴定行为被认定是合法的。

没有了鉴定结论，六方宾馆的诉讼请求就没有了支撑的证据，其诉讼请求被法院驳回了。

赵总对这个结果自然是很高兴。拿到判决书时，赵总问了我一个哭笑不得的问题："这个官司是我本来要赢？还是通过你的努力才赢？"

我含笑反问他："你说呢？"

赵总有些狐疑的从他随身携带的包里找出我的代理词，认真的和判决书对照起来，发现判决书中的很多观点都来自我的代理词。便说："还是你努力的结果，好像没看你做什么事一般，官司就让你打赢了，你还真有水平！"

赵总突然哈哈大笑："黄总也是的，踢了个乌龙球，不知他现在怎么想？"

我不解，望着赵总。

赵总很是得意说："你这员大将是他介绍给我的呀！"

我们便呵呵大笑。

赵总又问："有几个问题我不是很明白。"

"你问，我可以回答你。"

"天平会计师事务所为你出声明，出审计报告，你是怎么搞定他们的？花了多少钱？"

我笑了笑说："不但没有花钱，还赚了他们的钱。"

赵总不解，疑惑地望着我。

"很简单，我找到他们，答应帮他们收回六方宾馆欠的审计费，他们焉有不配合之理！"

赵总长长地"啊！"了一声，明显的对我有些佩服，接下来又问："你一开始就知道这个官司会赢，你为什么不告诉我呢？害得我担惊受怕了这么久。"

"第一点，这个官司一开始不是你会赢，相反，你是要输官司的；第二点，如果告诉你，官司肯定会输。"

赵总显然不明就里，又望着我，期待我说下去。

这个问题有些复杂，我不想说太多，只能说："这个官司中，我有些'秘密武器'，如果当时和你说了，你又口无遮拦，说出去，对手有了准备，官司自然就赢不了。"

赵总不满意我的答复，说："当时你不是说你可以让我不出一分钱，而且还可以找六方宾馆要一些钱回来吗？你要不知道我会赢，你会这么说吗？"

我说："我不这么安着你，你会吵得我的计划无法实施。"

赵总又问："你不是说我还可以找六方宾馆要钱，怎么要？"

"你现在可以起诉六方宾馆，这份判决书加上天平会计师事务所的审计报告就能赢官司了。"

赵总意犹未尽，又问："你可以说说你的'秘密武器'吗？"

我笑着说："这个很简单，就是等着对手出错，等他掉到陷阱里，再准备一块石头狠狠地砸他。"

赵总显然不明就里："为什么其他律师不知道这个陷阱呢？"

我说："我和其他律师读的不是同一本书，其他律师是用百分之九十的法律知识来打官司，我和他们正好相反。"

赵总又"噢！"了一声，似懂非懂。

官司赢得如此漂亮，做事却甚是惋惜："该案如果做风险代理，代理费要增加好几倍。"同时，对赵总也甚是不满，捡了一个这么大的便宜，居然没有增加一分钱代理费。

## 尾声悠长

>>>

赵总将这份判决书和我的代理词放在随身携带的包里好长时间。碰到熟人时，赵总就会拿出判决书，告诉别人，六方宾馆是如何忘恩负义，过河拆桥的；然后拿出代理词来说，他请的律师是怎么怎么的厉害，所提出的主张都被法院采信，最后还要故作高深的告诉人家："晓得啵，打官司，关键是要晓得布局。"

这个案子完了后，赵总对我完全信任，我也很欣赏赵总的耿直、大气、善于用人、敢于用人的智慧，我们成为了很要好的朋友。后来赵总聘我担任了他公司的法律顾问，再后来聘我担任了他集团公司的总经理。一名律师从法律顾问直接管理一家注册资金达十个亿、四五家子公司的集团公司，成就了律师界的另一个传奇。

第十篇

# 点石成金

　　人身损害赔偿案，要做到受害人获得赔偿，责任人不承担责任，是不是异想天开？我不但做到了，而且责任人还因该案年获利几百万。

# 易伟强人身损害赔偿案

## 飞来横祸 >>>

人要倒霉时，喝凉水都会塞牙。这不，菁华铺乡二十岁的小青年易伟强就碰上了。2006年6月4日，他骑摩托车去县城办事，途经三环路时，路旁的路灯杆在没有任何外力，也没有任何征兆的情况下突然倒下，正好砸在他头上，使他摔倒，导致右腿开放性骨折，构成十级伤残。

易伟强当然不会自认倒霉，他找到该路灯的产权人县城建投公司，要求其赔偿。但城建投公司以路灯已经交县电力局管理为由，拒绝赔偿。易伟强便找到电力局，电力局以不是路灯的所有权人为由，也拒绝赔偿。

两家推来推去，没办法了，易伟强只好将这两家单位告上法庭，要求他们共同赔偿其各项损失五万余元。

## 异想天开 >>>

这是典型的人身损害赔偿案，法律关系简单，没有多少技术含量，经济效益也不怎么好。所以，律师业务一旦饱和，首先丢弃的就是这类业务。这一年是我律师生涯的第十一年，做这类业务已经是我很多年前的记忆了。但电力局是我的顾问单位，该案我还是得代理。

我给电力局出具法律意见书。法律意见书认为：电力局作为出事路灯的管理人，按照法律规定，对出事路灯有管理不善的责任，应当对易伟强的伤害承担赔偿责任。城建投公司是路灯的产权单位，本来也应当承担责任。不过他们已经将管理权移交给了电力局，并支付了相应的维护管理费用，可以不承担责任。即使承担了责任，最终还是会算在电力局头上。所以我的办案思路是：建议电力局尽可能和对方和解；和解不成时，着眼于对方提供的证据，将损失中的水分挤出，尽量降低赔偿金额。

但电力局给我的指令是：不能承担赔偿责任。究其原因：电力局因为市政电力施工的问题和城建投公司闹别扭。这些年，市政建设红红火火，有大量的电力工程。许多没有电力施工资质的队伍都承接了很多业务，而拥有专业电力施工队伍的电力局却偏偏分不到一杯羹。对此，电力局一直耿耿于怀。但那又能怎么样？城建投的后台是政府，电力局再牛，也牛不过政府。电力局一肚子火，正没处发，这不，让易伟强碰上了。

这个指令让我很为难，要将黑的说成白的，死的变成活的，我做不到，也不愿意做，做律师毕竟还有职业操守。

电业局局长说："不是钱的问题。"我想也对，于是答应试试。

法律人都知道，在司法审判中有两个事实，一个是客观事实，一个是法律事实。客观事实是客观存在的，是真相；法律事实是由证据反映出来的事实。在司法实践中，法院采纳的是法律事实。所以打官司必须要有证据，证据的作用就是让法律事实更接近客观事实，所谓以事实为依据，其实就是以证据为依据。证据充分时，法律事实就是客观事实，否则就不一定。

我之所以会答应试试，主要是我有一种直觉——易伟强的证据可能会存在某些瑕疵。毕竟路灯杆在没有外力作用下倒下，而且正好砸在骑车经过的易伟强头上，这个概率比六合彩中奖的概率还要小，加上易伟强年轻，社会经历不够，很可能没有及时保留或收集证据，这样客观事实不一定反映出来。

我调来易伟强的证据，认真分析比对后，我认为证据不但有瑕疵，甚至自相矛盾。我相信，只要在证据方面把握得当，易伟强的诉讼请求有相当一部分得不到法院的支持，甚至法院还可能驳回他的诉讼请求。我马上起草了一份详细的质证意见。我似乎已经看到了电力局局长收到判决书时胜利的笑容。

但当见到拖着伤腿、拄着双拐的易伟强时，我的诉讼思路瞬间发生了改变。他一脸稚嫩，见到我时还有些羞涩地叫了声"叔叔"。我不觉动了恻隐之心，一个健康的成人怎么能向一个受伤小孩出招呢！我再无力去驳斥他那些证明力本来苍白的证据，平生第一次放弃了做律师的职责—— 质证意见最终没有提交给法庭。

我是电力局的委托代理人，没有任何理由牺牲委托人的利益来成全对易伟强的善心。

那些天，我经常为这个案子发呆，想找到既让易伟强获得赔偿，又不损害电力局利益的办法。这是个两难命题。苦思冥想了好些天，却没有任何收获。

我召集了几个有经验的律师专门研讨此案。他们觉得我很反常，认为一个这么简单的案子根本没有讨论的必要，又要受害人获得赔偿，又要责任人不承担责任，岂不是异想天开、痴人说梦！在得知我想成全易伟强后，他们劝我不要善心泛滥，要考虑"性价比"。那确实，按照和电力局顾问合同的约定，这类代理，收费只有五千元每件，如果投入的时间精力太多，肯定"性价比"不合算了。

## 现场探案 >>>

异想天开也好，"性价比"不高也好，反正我不想放弃。我放下打开又合上、合上又打开的案卷，来到事故现场。在这个案子中，我有一个大大的疑问——好好的路灯杆怎么会无缘无故的倒呢？我要当一回福尔摩斯。

事故发生在几个月前，现场早已不存在，出事的路灯杆也不知在何处，似乎不会有任何收获。我开车在那段路上来回跑了四次，发现不到三公里长的道路，路灯杆居然倒了二十多根！道路建成通车尚不到两年，这是一个极不正常的现象。

我找了一些当地的居民问这些路灯杆是怎么倒的。他们说很多是无缘无故就倒了，刮一场风，下一场雨，或许就要倒掉好几根⋯⋯

在人们的印象中，律师的知识局限于法律，工作在法庭上。其实这是一种误解，我做律师，用到的知识，百分之八十的是非法律专业。我的律师业务有相当一部分来自建筑工程，所以对基建安装业务了解得比较透彻，甚至对其潜规则、明规则也了解一些。一个政府工程出来，总要经过几道手，即所谓的"提篮子"，每个"提篮子"的人都要赚钱，到了真正的施工人员手上，利润已经少得可怜。他们如果按规矩施工，很可能赚不到钱，于是经常在施工质量方面做些文章。所以我一直怀疑出事的路灯也存在这方面的问题。

我在路灯管理所，见到了出事的那根路灯杆。杆壁比较薄，断口参差不齐，我随手一掰，就掰掉了一块。找相关人员了解路灯杆壁要求的正常厚度。我马上判断，路灯杆的材质肯定有问题。

## 软肋正招

从路灯管理所出来，我的心情便无比的好，我知道，这个官司，电力局肯定可以不承担责任，易伟强也肯定可以获得赔偿，而且可以兵不刃血。

我的思路是，找城建投公司谈，要求他们赔偿易伟强的损失，否则我在路灯杆质量方面找他的麻烦。我估计，提到质量问题，城建投公司肯定心虚，不敢和电力局较真，加之赔偿款并不多，肯定会自认倒霉算了。

电力局领导听完我的设想，有些解气的说："是要好好整治他们了，不然到处是工程质量问题还没人管。"他们全权委托我和城建投公司去谈判。

在去城建投公司的路上，我突然改变了主意，掉头直接回了律师事务所，一个更加大胆的计划已经在我内心形成。

我以电力局的名义起草了一份《司法鉴定申请》，请求法院委托有资质的鉴定机构，对出事路灯在设计、施工和材质三个方面进行质量鉴定。

但电力局并不十分认同我的司法鉴定选择，认为这样做费时费力，而且风险太大，毕竟这些路灯都经过了质监部门验收合格，如果经过鉴定，路灯杆没有质量问题，电业局不但要全部赔偿易伟强的损失，还要承担几万元的鉴定费，并且会很没面子。

这个选择很可能给电力局带来巨大的利益，但我不好作太多说明，只是仍然坚持我的选择。

《司法鉴定申请》递到法官手里，法官为难了，出事的路灯杆已经找不到了，怎么鉴定？

对法官的顾虑，我早有准备，我建议，可以在该路段随机抽样进行鉴定，而且为了保证客观公正，随机抽样应在三根以上。

建议被法官采纳。司法鉴定在不声不响之中进行着。

我自认为这是很"毒"的一招。可能是易伟强案子太小了，城建投公司居然没有意识到，没有任何应对，就随鉴定机构去鉴定了。

不几天，局长拿着鉴定报告找到县政府，义正词严的反映没有正规电力工程施工资质的企业做的电力工程存在严重的安全质量问题，要求县政府将所有的电力工程全部交电力局来施工。

这是一个很严重的问题，一向稳坐钓鱼台的城建投公司这才急了，赶紧通过政府领导人找电力局进行危机公关。

政府出面组织双方调解，因为有把柄握在人家手中，城建投公司只能让步，同意今后所有电力工程施工，都要聘请电力局作为监理，监理费是工程造价的百分之三。可别小看这几个点，如果乘上每年几个亿的电力工程的基数，这可是一笔不小的收入。对已经竣工交付给电力局管理的这部分电力工程，政府还每年给电力局增加了五十万元的管理费。

至于易伟强的伤害损失由谁来赔偿？鉴定费由谁来承担？已经不是什么问题了，城建投公司大包大揽。

电力局这个被告当得太爽了，不但没赔钱，还赚了个盆满钵满。我对局长说："易伟强哪是你们的对手，简直成了你们难得的贵人。"

对这个意料之外的大大胜利，局长已经兴奋难抑，他接过我的话说："贵人不贵人，还不是你喻大律师有点石成金的本领，换个人，肯定不会想得这么周到细致，想到了，也没有胆量去冒这个风险。"

局长还有些不解，便问："出事路灯杆明明就摆在路灯管理所，为什么还要舍近求远、舍简从繁去抽样？"

我说："这是一个小技巧，出事的路灯杆也许只能代表一根路灯杆，具有偶然性，但抽样的路灯杆，就代表了整条路上的路灯杆。我需要证明的不是"个别"，而是"普遍"，一种没有电力局参与施工下的"普遍"，其目的，你是明白的。"

局长便惊呼："高明！高明！"他还意犹未尽，又问："你当时也只能判断路灯杆的材质有问题，你为什么会申请对设计、施工、材质一并鉴定。"

我说："这是个经验和感觉的问题，建筑安装工程业务做多了，我清楚其中的道道。"

局长更是不解："你是学法律的，没有学过工科，你怎么会对路灯杆的质量、建筑安装这方面的知识掌握那么多？"

"还不是被你们这些委托人逼着学的。"

"我逼你？"局长很惊诧的反问我。

"不是你当时怒气冲冲说你们不想承担赔偿责任，我会去挖空心思吗？"

我笑，局长大笑。

电力局赚得盆满钵满，而一手导演加主演的喻大律师获得的代理费还是五千元。"性价比"是差了点，但我还是很爽，这种能将案子做到极致的感觉并不是每个律师都有的。

出事路段的路灯杆，城建投公司悄无声息地拆除更换了。

我再也没有见到过易伟强。但我相信，再见到他时，我的目光不会躲闪！

第十一篇

# 非专业作战

这是一桩律师包工程结算的委托代理。

这是律师业务中前所未有的代理模式。

这是律师和建筑人在建筑领域的较量。

# 某110 kV变电站结算纠纷案

## 包工程结算的代理 >>>

2006年7月，我为某市电业局的案子在最高院"战斗正酣"。一天，接到星汉集团总经理何总的电话，要我尽快从北京回来找他。星汉集团是电业局的三产公司，何总自然知道我在北京。

临阵召回大将，我还以为是了不得的大事，原来又是官司。星汉集团属下的电建公司被人告到了法院。原告是刘强，案由是某变电站工程结算合同纠纷，受理法院是 T 区法院。

案情其实很简单：1998年刘强承建某变电站，1999年完工后，双方一直未能就工程款结算清楚。现在刘强将电建公司告上法院，要求他们再支付其工程款一百三十五万元及利息五十万元。

我浏览完起诉状后，何总问我："喻律师，感兴趣吗？"

"可以考虑。"

"那就这样，刘强已经支走工程款四百零八万元，我将这个案子按五百一十万元的价格承包给你，刘强和你来结算。"

我没有明白何总的意思。

何总见我一脸茫然，又解释说："五百一十万元除去他拿走的，剩下就是你的代理费。赚多赚少，是赚是赔都是你的事。反正今后法院也好，刘强也好，如果来找我，我就要他们直接找你。"

这里有必要介绍律师事务所的收费方式：收费方式只有常规代理和风

险代理两种。常规代理是先收钱、后做事，不管事情做好做差都是一样的收费；风险代理是先不收钱，只签合同约定委托人要达到的目的及事成后应支付的费用，达不到委托目的，委托人可以不支付或少支付代理费。

　　显然何总提出的代理方式既不属于常规代理，也不属于风险代理，这种代理方式除了有拿不到代理费的风险外，还有赔钱的风险，典型的风险无底线，对律师有些不公平。

　　我完全可以拒绝该方式，而且我知道，只要我拒绝，何总肯定会换成风险代理的方式和我商谈。因为在此之前，我已经为电业系统完成了大小二十多单诉讼业务，没有一单败诉的，何总对我很是推崇。但这种新奇的代理方式太有吸引力了，在这之前我已经做完了一百单以上的风险代理业务，都没有这单新鲜刺激。我毫不犹豫地接受了何总的条件。我的大胆，令何总都有些吃惊！

　　同行居然看不明白这份合同。我详细解释，他们说：这未免太生猛了吧，除了你喻大律师，全国恐怕再没有律师敢这样做了！

　　那确实，包工程结算的委托代理合同，全国可能只有这一份。

　　只是我没明白，何总为什么要采用这种代理方式？

## 建筑专业 >>>

　　您可千万别把我当成赌徒。俗话说：没有金刚钻，不敢揽瓷器活。我的律师业务中有相当一部分是建筑承包合同纠纷，对基建工程的施工、造价、预决算的知识掌握了不少。和一些建筑老板谈这方面业务时，他们都会惊奇发问："喻律师，你搞过基建？"

　　我看了施工合同和工程现场，心里基本有谱了。二千六百平方米全框架结构的建筑物，如果是住宅，当年的土建造价最多也不会超过二百六十万元。变电站因为变压器等设备的安装和负重，开间更大些，基础更加坚固，钢筋用量自然要多些，其造价也应当在四百万元左右。

为了保险，我还是去会计师事务所查看了工程结算资料（结算资料已经送审了）。虽然刘强已经将大部分结算资料拿走，剩下的结算资料仍然能反映出刘强送审计的金额是七百多万元，审核金额是四百六十五万元。

我很纳闷，凭我对工程结算的了解，施工方做结算都一般会有些"水份"，但"水份"一般都在百分之十左右，而刘强的结算"水份"高达百分之四十，有点不正常。

于是，我将剩下的结算资料，认真查看了一遍。发现了一些端倪：结算中的"水份"显而易见，甚至离谱，比如有一项"基坑排水，七十余万元"。这是个什么概念呢？用七十万元去排水，可以抽干一座中型水库。变电站的基坑怎么也不会超过二千立方米啊。我又查了施工时的天气情况，根本没有下雨，况且施工地段位置较高，也不可能有地下水。可见这项纯属虚假；还有，在施工方案中，基础开挖明明是小开挖，而结算中变成了大开挖，按大开挖的尺寸，我丈量了现场，发现已经挖进旁边房屋两米，显然荒唐；施工挖土时一般都会备一些土堆放在一旁，以便回填时就近取土，而刘强的结算却是，将挖出的土方全部运出十几公里外，而后又从那里运土回填……

## 望闻问切 >>>

这些显然都不合常理，刘强是个老建筑人，怎么会出现这些常识性的错误呢？

何总来星汉集团不久，对刘强的情况也不是很了解。我找到电建公司当时和刘强对接的工作人员，该工作人员一开始就想含糊其辞。但本律师不是那么好打发的，我粘住他说："凭我的理解，刘强提出'七十多万元的基坑排水'，必定有电建公司的现场工作人员签证，而这个签证人是你。"

该工作人员紧张无比。

我安慰他说："不必紧张，我既不是纪检，也不是监察，我只是要了解一些情况而已。"

从该工作人员躲躲闪闪的说辞中，我知道了如下信息：工程的实际发包人是电业局，电建公司只是个中间商，承包了该工程，又将其转包给了刘强；电建公司和电业局就该工程已经结算；刘强打官司，和领导更换有很大关系。

我再次来到会计师事务所，找到了电建公司和电业局关于该工程的结算资料，结算金额是六百二十万，在这份结算中，有基坑排水七十多万元、有大开挖……

我问审计人员："同一个项目，同一个审计人员，作出的两份审计，结论为什么会相差那么大？"

审计人员说："我们是根据甲方（委托人）的要求来做的。"

我又找到电建公司的那名工作人员，问他："当年，刘强做这个工程时，电建公司是否承诺只收四十万元管理费？"

"是的，当时工程计划是四百余万元，管理费按百分之十收，大概是四十万。"然后他一脸惊愕问："你怎么知道的？"

"我不但知道这个，我还知道事情的过程。"

工作人员看着我，等我说下去。

"当年刘强找到电业局某领导，希望承接该工程，在工程要到手时，半路杀出个程咬金，电建公司要进来分一杯羹。电业局为难了，一个是'儿子'，一个是'朋友'。最后几方协调的结果是：电业局先将工程发包给电建公司，然后电建公司又将工程转包给刘强，电建公司收百分之十的管理费。结算的工程造价大概是四百七十万元，在施工过程中，电建公司已经支付刘强四百零八万元，电建公司收了四十多万元管理费，加上十几万的税金，刘强能拿到的钱已经拿到手了。后来，电建公司通过自己努力，又将工程的结算做到了六百二十八万元。这时，刘强眼红了，就找电建公司再要钱，但此时帮他的那位领导退休了，电建公司不给钱。刘强认为，工程都是他完成的，所以结多少工程款，在扣了百分之十的管理费后，都要归他，于是他便选择了诉讼……"

我其实也是在看他表情说话，看他越来越惊愕，便知道我的分析是对的。谢谢他的表情，帮我证实了推断。

听我讲完，工作人员就开始惴惴不安了，反复声明："签证不是他的本意。"

我说："别急，这个问题不会有人找你了，我也不会再找你了。"

我当了一回老中医，一番望闻问切之后，已经知道官司的"病根"了，也知道刘强的"软肋"在哪里。我还知道，我生生地被何总"算计"了。何总当甩手掌柜，原来是不想做"恶人"，搞了个这么别具一格的代理方式，将"恶人"转到我身上。

闭着眼睛抓麻雀，不好把脉点穴。但知道"病根"就好办多了，接下来只管"开方"就是。

# 布　局　>>>

律师接了诉讼业务，一般都会第一时间去法院阅卷、和法官沟通。我倒好，案子接了十几天，跑委托人单位、跑会计师事务所，就是没去法院；见了几个人，就是没见法官。连助手都有些沉不住了，几次提醒我，是不是要去法院了。

我告诉他："不急！这个案子不能用常规思路做。"

我对待每单业务，都犹如雕刻师对待每一块毛料，要潜心眯眼打量好久，成品的最好效果、最佳路径、意外情况等，反复斟酌，考虑清楚才能动刀。我把这个过程定名为"布局"，用战争语言说，就是调兵遣将、排兵布阵、地图作业。

这个案子特殊的代理方式，让我更加谨慎。我肯定不想赔本，目的就是要赚钱，不但要利益最大化，而且还想将案子做成经典。这个官司，我必须布一个精巧的局。

我的布局就是围绕"利益最大化"展开的。要想利益最大化，除了赢官司、让刘强尽可能少拿走钱以外，还要尽可能少发生费用，特别是诉讼费用。

要少发生诉讼费用，就必须减少诉讼程序，官司现在 T 法院一审，如果有一方不服一审判决，可能上诉；如果还不服，可能再审、抗诉等等，这些程序走完，很可能用去三四年时间，双方各拼掉几十万元，结局只能是两败俱伤。

我见过刘强一次，开七系宝马的刘强应当是那种牛气冲天、死磕到底的角色，如果正常打官司，他肯定会血战到底。我绝对不能和他近身肉搏，必须找到他的软肋，减少诉讼程序，最好是一招制敌。

也许你会问，诉讼程序是法律规定的，主要控制权在法院，你只是一方当事人委托的律师，职责就是代表当事人随着法律走程序，有能力和必要来考虑诉讼程序方面的事吗？

我当然有这个能力，懂电脑的人不少，但只知道使用电脑的与懂得利用电脑设计程序的还是有区别的，做律师我自认为已经到了"编程"这个阶段，诉讼程序有"规定动作"，比如起诉、立案、开庭，也有"自选动作"，比如申请财产保全、申请调查取证等等。我认为真正优秀的律师，是能把"自选动作"发挥到极致的。

我为刘强量身定制的"自选动作"是司法鉴定。我相信，官司只要进入这个程序，刘强的"软肋"必定受制，官司可能就迎刃而解了。但要进入司法鉴定，我必须要解决一个最现实的问题——摆脱客场作战，否则，一切空谈。

## 摆脱客场
●━━━━━━━━━━━━━━━━>>>

何总为什么临阵召回我？一个重要的原因是法官在送达起诉状副本时，要求电建公司提供和电业局的工程结算报告。电建公司自然不能提供，法官便带了一个穿老式法官制服的跟班在他们公司呆了半天。后来法官还去会计师事务所，要求他们提供结算报告。何总看不明白法官为什么会要这样做，有些着急。

我也感到蹊跷，按照"谁主张，谁举证"的民事诉讼原则，这个结算报告应当由原告刘强提供，而不是法官调取。当然，法官也可以进行调查取证，但要当事人提出申请。这中间手续蛮复杂，像这样调查取证，肯定是不正常的。

我很快查到了蹊跷的原因：该案是民事纠纷，但承办庭室是行政庭。民庭的案子怎么到了行政庭呢？答案是：对方的律师是承办法官的老师。

我明白了，该案我遭遇了客场。如果客场不突围，我再精巧的布局也是一句空话。换句话说，这里不是你的舞台，你没有表演的机会。

但法院将案件安排到哪个庭室，由谁来承办，由得着律师来说三道四吗？而且，律师有能力改变这个现状吗？但安于现状的结果，只能是失败，敢于挑战一切不可能的律师才是优秀律师。

我坐在办公室苦苦思索了一上午，设计了七八种方案，都不理想。到中餐时间了，我整理卷宗时，哈哈，一下子乐了。刘强居然犯了一个低级的错误，起诉的被告是市电业局电力建设公司，而和他签合同的是市电力建设公司，多了"电业局"三个字。我一查，电业局电力建设公司并无工商注册，也与市电力建设公司无任何关联。我知道可以变被动为主动了。

以前也碰到过原告将被告信息写错的情况，这纯粹是原告代理人粗心所致。这是一种很低级的错误，平时写错了一两个字，改过来就是，但在严格的诉讼中，这样做是不允许的，后果非常严重，一般都是原告撤诉重来。如果原告不撤诉，法院也要驳回起诉。

我马上以电建公司的名义给 T 区法院去了一个函件，告诉法院，刘强起诉的是市电业局电力建设公司，其起诉状不应送到本公司，本公司今后也不参与该案的审判活动。

函件寄出后，我就不予理睬。我知道刘强肯定不心甘，会有很多诸如笔误的解释，提出补正或改正的请求。果然，法院和刘强多次找我和何总，要求通融其"小小失误"。被拒绝后，T区法院很无奈地驳回了刘强的诉讼，驳回的理由是没有市电业局电力建设公司这一公司。

在法院驳回裁定下达前，我已经在工程所在地Y区法院起诉，电建公司是原告，刘强是被告，诉讼请求是要求被告退还多收的工程款。刘强即使想重新起诉，他也不能再在电建公司住所地T区法院了，只能到Y区法院提起反诉。刘强的主场优势被彻底打破。

## 一招制敌 >>>

在Y区法院起诉后，我第一时间就向法院提出了司法鉴定申请，请求法院委托有资质的第三方对工程结算进行司法鉴定，同时要求刘强提交工程结算资料。

表面上看，我是要获得一个客观公正的工程造价。其实，非也，我只要这个程序，要利用这个程序打败刘强，结束这场战斗。因为做司法鉴定要提交工程结算资料，而提供这些资料的义务人是刘强，但这些资料是刘强的软肋。我相信他即使要不到一分钱，也不会将这些资料拿出来。案子必将会陷在司法鉴定这个程序动弹不得。

案子动弹不得，刘强会更急，因为是他找电建公司要钱。他"耗"不起时，自然会和我方和解……

刘强果然没有提供结算资料，说了很多不能自圆其说的理由。这些都不重要。我的目的已经实现了——案子已经被锁死，刘强被"卡死"。

我很得意于我的设计，似乎看到被我困在笼中的对手最后向我求饶的样子。我计算代理费至少要拿六十万元以上。

刘强也够坚持的，居然大半年的时间没有一丝动静。我不相信他无动于衷，肯定在想办法。一次又一次地梳理我的诉讼思路，坚信没有任何漏洞，所以，我也沉住了气。

时间久了，何总忍不住问我："你打官司的风格怎么变了，以前你擅长进攻，这个案子好像没有看到你的特点。"

我知道何总是想问这个案子的进程，

秋天过去了，刘强还是没有动静。连我的助手都开始怀疑布局是不是有问题。

我认为，这正是比耐力的时候。

刚到冬天，刘强就拖不住了，找何总，何总自然是往我身上推。他就找到我，提出了和谈请求。

其实，此时我完全占据了主动，我想怎么"玩"都行。但是我想，打官司争归争，斗归斗，也要讲理，要有度。我认为会计师事务所的审计结论还是比较客观的，多少也算是个依据，所以提出以审计结论作为支付工程款的依据。刘强接受了我的建议。法院出具民事调解书，确认刘强应得工程款为四百七十三万元。

司法鉴定不用做了，所收的四万多元的鉴定费退了回来；因为是调解结案，诉讼费也退了一半，只收了四千多元。至此，我要用最经济的手段解决纷争的目的完全实现。

结算代理费时，何总开玩笑说："你们律师赚钱真是太容易了，这个案子，也没看你做什么事，却拿了几十万元代理费。"

我给何总讲了一个上个世纪 80 年代的故事：有台进口机器出了问题，找了个德国工程师来修理，德国工程师看了问题机器后，拿了支粉笔在机器上划了一条线，要求将这个位置的线圈去掉一圈。他此行的收费是一万美元。国人认为收费太贵。德国工程师解释说："划一条线可能只要一美元，但知道在哪个位置划线却要九千九百九十九美元。"

# 第十二篇

# 诉讼是场心理战

做律师不能只懂法律，还要懂得去分析揣摩对方的心理，抓住其心理上的弱点，出其不意，往往能取得意想不到的好效果。

# 陶某商品房买卖合同纠纷案

## ● 曲折购房 >>>

陶某是我的一位朋友。2006 年 8 月的一天，他找到我，要我帮忙看看资料，出出主意。资料是一份《商品房认购协议书》和若干付款票据。这些资料述说的是一个这样的事实：

陶某于 2004 年 12 月 8 日与开发商诚信房地产公司签订一份《商品房认购协议书》，以四十六万余元的价格从诚信公司购得一套一百四十六平方米的商品房。约定交房日期为 2005 年 11 月 30 日。陶某已付清了全部购房款。房屋也已建好，但诚信公司就是不交房。

我有些纳闷，凭我的经验，有不讲道理的，但没有无缘无故不讲道理的，凡事有因才有果。在我的追问下，陶某便给我叙述了买房付款中的这样一个细节。

陶某的购房有些曲折。房子并不是直接从诚信公司购得，而是通过了一个叫刘铁山的人。诚信公司原计划将房产项目的消防工程承包给刘铁山，并提出拿一套房屋抵部分消防工程款。刘铁山自己并不需要房子，于是便将这套房屋优惠几万元转卖给了陶某。

说是转卖，其实陶某的所有购房手续都是和诚信公司办理的。诚信公司开具了收陶某订金三万元、购房款等四十三万余元的票据。票据上还特别注明：实收现金六百五十六元，其余四十三万六千元抵消防工程款。该票据上有诚信公司法定代表人及财务人员的签名。这个四十三万六千元陶某直接给了刘铁山，刘铁山也向陶某开出了收据。

问题是后来刘铁山和诚信公司产生了纠纷。诚信公司并没有将消防工程给刘铁山做，而刘铁山所收的购房款大部分购买了消防材料，也就没有将该款退给诚信公司。所以诚信公司说什么也不将房屋交付给陶某。

陶某找诚信公司要房时，诚信公司说除非刘铁山将购房款退回；找刘铁山要退款时，刘铁山说这是他和诚信公司的合同纠纷，坚决不退款。陶某也觉得诚信公司确实没有收到购房款，所以态度也不敢强硬，几方协商了一年多，问题解决不了。没办法了，便来找我。

听完陶某的陈述，我觉得这个纠纷其实并不复杂，虽然陶某是通过刘铁山在诚信公司购房，但合同是和诚信公司签订的，诚信公司也承认收到了购房款，所以实际上是从诚信公司购房，诚信公司没有理由不将房屋交付与他。至于刘铁山拿走的四十三万六千元，因诚信公司已经同意将这笔款给刘铁山，诚信公司已经开具了票据，就等于他已经认可收到了这笔钱……

我对陶某说，诚信公司不交房，完全是他违约，你完全可以找诚信公司要房，不给就打他的官司。至于诚信公司与刘铁山之间的事属另一法律关系，不能成为诚信公司不交房屋的理由。

## 一块馅饼 >>>

陶某找我的目的就是想打官司，所以我们很快就进入到打官司的准备阶段。

案子事实清楚，法律关系也简单，但对逾期交房的违约金的具体金额定多少？让我有些为难。《商品房认购协议书》对逾期交房的违约金约定得非常高，为合同总金额的百分之一每天。现在逾期交房已经一年多了，照算，诚信公司应支付的违约金为一百六十万元。

但在司法实践中，即使有合同约定，法院也很少支持高违约金。这不是法院的错，而是与我们国家法律对违约金的规定有关。违约金的作用主要是补偿守约方的损失，而非惩罚违约方。对此，法律还有专门的规定，违约方在认为违约金过高时，可以申请法院减少。所以在诉讼过程中，只要涉及对方提出违约金，律师一般都会提出违约金过高、请求人民法院予以减少的申请。根据我的办案经验，像陶某这类案子，法院能支持的违约金应当在本金的百分之三十以内。

理智的做法，自然是建议陶某在不超过购房款百分之三十的范围内主张逾期交房的违约金。

但实在难得碰到这么一个好机会，因为开发商对逾期交房的违约金一般都把控得相当严格，我审查了几百份购房合同，很少有合同对逾期交房违约金约定超过万分之五每天的。

将案子做精细，做成经典，一直是我做律师的目标，我不想放过这个机会，和陶某解释清楚后，我将违约金定了个和购房本金一致的数额。

这样做的风险是，如果法院不能如数支持违约金，陶某有可能要多支付几千元的诉讼费。

## 临阵换将 >>>

法院立案后，诚信公司居然反诉了，诚信公司不但不承认自己的过失，反而要求解除与陶某的购房合同，并要求陶某赔偿一十三万零八十元。

我对诚信公司的反诉非常意外，凭我的经验，房地产公司一般都聘有法律顾问，诚信公司应当也不例外。从买卖合同对逾期交房违约金的约定和提起反诉，我分析，这些应当出自没有经验的律师之手。

我若有所思，问助手小唐："对方的律师是谁？"

小唐说："对方律师有两个，一个姓周，某大学的教授，还有一个姓彭的小姑娘，好像是周教授的学生，周教授好像对这场官司很有信心。"

这时一旁的游律师插话了："这两个人他都认识，彭姑娘是我师妹，周教授是我老师，周教授法律知识丰富，6月份他还听周教授的课。"

游律师是某大学2006年毕业的研究生，7月份刚到我们律师事务所，按规矩，游律师现在还是实习律师，不能独立办案。

我绝对相信灵光一现这句话，于该案，我有了一个大胆的设计。

"小唐，我的授权委托书交上去了吗？"

"还没有。"

"不交了，现在就通知陶某来办公室。"

小唐莫名其妙。

我对陶某说，重新签一份授权委托书，将授权律师改为游律师和小唐。陶某一脸茫然，有点不悦说："我还是想请你喻大律师亲自操刀。"

我把我的设计跟他说了，并告诉他，只有这种方式可能让他拿到起诉书要求的违约金。陶某将信将疑地同意了。

陶某走后，在一旁的小唐提醒我说："这样做有风险呢！要是案件判决不理想，陶某肯定会怪罪你。"

这个风险我不是不知道，官司的胜负怎么去判定？人们习惯于说官司的输赢，其实官司输赢是没有多少标准的。就拿陶某这个官司来说，只判房子给陶某，违约金一分钱不判，陶某赢没有？陶某说赢了就赢了，陶某说没赢就没赢。判了本金部分百分之三十的违约金，陶某也可以说没赢，即使是判本金部分百分之百的违约金给陶某，他还可以说没赢，因为没有达到他合同约定的违约金数额。也就是说，官司赢没赢，在乎当事人的感觉。所以请律师和请郎中一样，病人认准了你这个郎中，你即使没有治好他的病，他也会认为，这是病确实难治，治不好，责任不在郎中。如果你把他推给其他郎中，即使是推给一个比你更厉害的郎中，要是病没治好，病人肯定会怪罪于你，即使病治好了，病人也有万千的理由怪罪于你。比如：时间拖长了，治病的钱用多了，反正，你是百口莫辩。所以我一直坚持，当事人找我的业务都是自己操刀。业务多时，情愿不接，也不会接了业务又转给其他律师做。

要游律师来取代我的位置，这个风险确实非常大，但我还是想试试。大不了，一分钱代理费都不要。

## 瞒天过海 >>>

十来年的律师生涯，我已经小有名气了，特别是房地产建筑这一块，我一出面，别人一般都将我当"老虎"。有"老虎"在，对手自然会谨慎。派出游律师，一个几个月前还是自己学生的年轻小律师，周教授一定会轻敌，而且觉得和自己学生对庭没面子，所以周教授可能不会去做多少功课，更多的会交给比游律师更没经验的彭同学。

本案，要完全实现诉讼目的，最重要的环节就是庭审。我和游律师、小唐一起设计了庭审：陶某提出的诉讼叫本诉，本诉部分，我们只将起诉状宣读，证据出示，代理词宣读就行了；重点是诚信公司提出的反诉，将庭审的时间尽量控制在反诉上，让各方都把精力、注意力集中放在反诉上，所以如何跟着对方的思路激辩，这是要认真设计的……

游律师有些狐疑："这样做的目的是什么？"

"目的只有一个，让对方在庭审时，不说出'对方的违约金过高，请求法院减少'这句话。"

"这岂不是玩魔术，施障眼法，瞒天过海！"

"可以这么说。"

"对方提出的违约金是怎么算出来的？"游律师还是有些不放心。

"对方肯定是认为陶某少交了四十三万六千元，四十三万六千元的百分之三十就是这个数。"

"双方的违约责任是对等的，那为什么诚信公司不提更高的违约金呢？"

我想，周教授肯定也意识到了过高的违约金法院不会支持。庭审有点悬，很悬！有点走钢丝的感觉。

## 戏剧庭审 >>>

　　庭审是 10 月 23 日，坐在原告席的一个是以公民身份代理的小唐（小唐当时没有律师执业证），另一个是刚出道的游律师。对方自然是周教授和彭姑娘。五十来岁的周教授坐在那里显得有些滑稽，似乎是一个成年人带着三个小孩。我则坐在旁听席上，通过手势和表情指挥小唐和游律师。

　　庭审基本按我的设计进行，先是本诉。游律师将起诉状一念，证据一出示就完事。对彭姑娘给出的长长的答辩意见，小唐和游律师没作太多的回击，点到为止。反诉时，小唐和游律师便发表了很多比较幼稚意见，双方辩论好热闹。

　　如我所料，诚信公司一方基本上都是彭姑娘在操刀。周教授似乎不屑一顾，并没有发表多少意见，只是偶尔会给游律师"上上课"，你这里不对，那里错了。

　　游律师和彭姑娘都是学院派的，又都是初次出庭，所以都很认真，每一个问题都要照本宣科，念上长长一段文字，引经据典，旁征博引，两个人似乎在搞论文答辩。可能除了周教授，其他人听着会犯困意。这样很好，庭审在不知不觉中进行了两个多小时。

　　整个庭审，基本上是围绕诚信公司的反诉来进行的，在外行看来，对方的进攻很猛烈，我方的防守漏洞百出。

　　看着我方节节败退，周教授处之泰然，似乎胜券在握。而坐在旁听席上的我虽面无表情，但心中窃喜。

　　当法槌敲响，审判长宣布闭庭时，我一颗悬着的心终于落地了，因为对方始终没有说出"对方的违约金过高，请求法院减少"这句话。

　　庭审的目的达到了，陶某的美梦要成真了！

## 美梦成真

>>>

庭后，我单就违约金这个问题，以游律师的名义向合议庭提交了一个意见：《合同法》第一百一十四条关于当事人认为违约金过高，请求法院减少的规定，前提是当事人要认为违约金过高，且提出了要求减少的请求；如果当事人没有提出要求减少的请求，只能说明当事人认为违约金并不高，法院是不应当主动作出减少，即违约金的减少，法院必须是依当事人申请被动作为，而不能依法院的职权去主动作为。本案中被告方诚信公司并没有认为陶某申请的违约金过高，也没有请求法院予以减少，法院不应当主动减少陶某所诉请的违约金。

对意见中的某些字句，我特意用粗体并用红笔划记，很是醒目。据说合议庭在这个问题上分歧很大，这家法院还从来没有支持违约金超过合同本金百分之三十的判决，所以陶某主张的违约金数额，在合议时，合议庭一致的意见是要降到本金的百分之二十以内。但看了我那份关于违约金的意见，觉得很有道理，最后合议庭在认真查看了庭审笔录后，接受了我方观点，判决书中完全引述了我方对违约金的理解。

法院判决：诚信公司在判决生效后五天内向陶某交付房屋，并向陶某赔偿违约金四十六万元。诚信公司的反诉请求全部被驳回。

小唐拿判决书时，法官问小唐："你们背后还有一高手在运作吧？这个局布得太精致了。"然后又说，房地产案件能判本金部分百分之百的违约金，此案在本省应是首例，全国也许是首例。

诚信公司不服，上诉到中院。在上诉状中，诚信公司着重提出"陶某要求的违约金过高，请求法院减少"。我方死死抓住两点：第一，诚信公司在一审时并没有提出违约金过高，请求法院减少的请求，应当视为诚信公司已经放弃该项权力，一审法院依据陶某的请求合法；第二，二审法院的职责是审查一审判决是否合法，一审判决合法就理当支持。二审法院完全采信了我方的意见，维持了一审判决。

　　因为立案时已经保全了诚信公司五十万元，二审判决一下达，陶某的利益就全部实现了。

第十三篇

# 原则灵活

　　做律师不能只争输赢，关键是要解决问题。解决问题，不局限于法律，思路就会更加开阔。

# 邓某触电伤亡事故赔偿案

2005 年，我代理某电力局的一场官司，打得荡气回肠。官司还没完，电力局上下对我已经非常认可。2006 年 8 月份，电力局聘我担任其法律顾问。

顾问还没做几天，就接到交往多年的张法官的电话。他希望我对电力局一桩案子的对方给予关照，让对方获得几万元的经济赔偿。

这是一个案情很简单的案子：2005 年 9 月 20 日，村民邓某在抽水抗旱时，私自接电，触电身亡。邓某家属以电力局作为被告起诉至法院，要求电力局支付死亡赔偿金等项三万余元。案件早几个月便开庭审理了。

我很是纳闷，邓某私拉乱接导致死亡，所有责任都应该由本人承担，电力局哪来的责任？这是一个事实清楚、法律关系简单的案子。张法官是民事法律方面的专家，不可能不知道。而且印象中张法官还很正直清廉，怎么会为这样一个毫无道理的官司打招呼呢？

张法官给我倒了一肚子苦水。邓某是张法官的亲戚，家里非常困难。他也是出于同情，想帮他们一把。因和时任电力局法律顾问的刘律师熟悉，便和刘律师说了一声，看能不能给予一定赔偿金。

刘律师认为这个事不难，便一口答应。刘律师找了电力局局长，但局长并不愿出这笔钱，推托说除非有法院的判决文书。

刘律师没有理解这是推托，便要求邓某家属起诉。他的设计是：起诉后，代表电力局出庭应诉的肯定是他，他可以在诉讼过程中代表电力局和对方达成调解，由电力局赔偿几万元。

邓某家人便按刘律师的安排起诉了。似乎一切都策划周密。但一个偶然的事情让局长知道了刘律师的策划。局长认为刘律师是在吃里扒外，非常气愤，不但明确表示不给予任何赔偿，而且在顾问合同到期时，解除了他的顾问合同和对该案的委托。

张法官非常尴尬。由于刘律师答应得太爽快，便觉得赔几万元钱肯定不是问题，就将刘律师描绘的结果告诉了邓某家属。邓某家属对案件寄予了太大的期望。现在弄成这个样子，非但一分钱没拿回，反而用了近二千元。

法院也非常为难，如果判邓某家属败诉，邓某家属可能会吵事；如果判电力局败诉，电力局肯定会上诉，改判的可能性非常大——法官自然不希望自己判的案子被改判。

很明显，案子陷入了僵局。案子中的所有人都很为难。

当然，我也为难。我肯定不想使张法官不快；电力局是我的服务对象，也肯定不能损害其利益。而且该案，即使电力局愿意赔钱，作为其法律顾问，我也会劝阻。这类案件，电力局确实无须赔钱，也不能赔钱，因这种私拉乱接用电不慎引发的触电伤亡事故，一个县一年有几十件甚至上百件，此案如开赔偿先河，电力局将面临官司不断、赔偿不断的局面。

我并没有找局长。我认为，这样的问题找局长，只能说明律师没素质。

我决定用一种非法律的方式来解决这个难题，我对张法官说："我是省红十字会理事，对邓某的不幸深表同情，我以省红十字会理事的名义，个人拿五千元对邓某家属资助慰问，该款与电力局、案件及你是法官、我是律师均没有任何关系，邓某家属可以照打官司不误。请理解的是，我们虽是朋友，但我也不能做出违背良心和原则的事来。"

邓某家属来我办公室领了五千元，千恩万谢。没几天便主动去法院撤诉了。

电力局对我赞誉有嘉，认为还是我有能力，一个让他们很烦心的事，一到我手里，没花一分钱就解决了。

张法官对我非但没有任何意见，还觉得我解决的虽然是个小问题，体现的却是大智慧。

其实，我也不亏，因为电力局支付给我的代理费，正好是五千元。

# 第十四篇

# 四千万代理费

　　该案，代理费理论上有四千余万元，号称当年律师界全国最大的一笔代理费；

　　该案，历经四级法院，成就了我律师生涯的大满贯；

　　该案，为委托人挽回国有资产损失一亿三仟六百万元，并使国有资产增值三千五百余万元。

# 某市电业局与矿业集团供用电合同纠纷案

2004 年，是天成公司与南北公司系列案件的第四年，作为天成公司的委托代理人，在这场搏杀中，我 郁闷至极，甚至对打官司有了厌倦感。元旦，我远离了居住的城市，在一个遥远地方过了几天清净安心的日子，算是对自己受伤的心灵一种休养修复。打官司的对抗性太强了，有些伤身体，我决定业务转型，从"外科医生"（诉讼类业务）转型到"保健医生"（非诉法律事务）。

刚回到长沙，便接到一个自称邹斌的人电话，他说有个大案想委托我。我犹豫了一下，还是答应和他见面。

## 第一节　临危受命
>>>

我和邹斌的第一次见面是在我办公室，他的身份是某电业局局长助理，对方是某矿业集团，案由是供用电合同纠纷。这个官司一审在县法院，二审在市中院，二审开庭后，电业局得知，其诉讼理由不充分，诉讼请求将被驳回。电业局领导知道情况后，指示：寻访大牌律师，不惜一切代价打赢官司。

### 大牌律师
>>>

我有些纳闷，什么时候我又变成了大牌律师？便问："你是怎么找到我的？"

邹斌说:"天成公司刘总介绍的,你为他们公司代理的案子做得漂亮,他就推荐了你。"

我很认真地帮他分析案子,然后给了些意见。他便要我出具一份法律意见书,说是要给领导看。

三天后,我给了他一份法律意见书。

再三天后,他要求我提供曾经做过的案例,特别要求附判决书。准委托人要求律师出具法律意见还要看律师业绩,这还是第一次。说明他深谙律师之道。

之后,我得到的消息是电业局领导对我出具的法律意见书和个人业绩都很满意。但该委托权竞争很激烈,不久便听说落到了云龙律师事务所手中。

一个多月后,邹斌又找上门来说,云龙律师事务所主动解除了委托代理,电业局领导还是希望和我合作。

虽然有点厌倦了"外科医生",但这单业务太有挑战性了,弃之可惜,我还是决定承接它。

就在我们要进一步沟通时,听说又有竞争对手插了进来,而且是关系户,我便听天由命。

这时发生了一件事——我被市纪委"请"去静园了,名义是配合调查。静园是市纪委办案点,所以去静园不是件光彩的事。

十天后,我平安无事的从静园出来,邹斌找到我说:"这单业务非你莫属。"

我有些莫名其妙,刚从静园出来,别人唯恐避之不及,邹斌为什么要反其道而为之?

邹斌用他的邹氏理论给我解释:"凡是进了静园的,没有几个能完整出来,你能在十天之内平安出来,只有两种可能:第一,你是条汉子,能够抵抗住里面的各种软硬措施;第二,你有相当过硬的关系,有人救你。能从市纪委轻松将你"捞"出来的人,肯定不是一般的领导,你们关系肯定也不一般。这样的律师，正是我们要寻找的大牌律师。"

这个解释让我哭笑不得，我问："你怎么不想可能是我没有任何问题呢？"

邹斌很是不屑："你律师做得那么好，会没问题？鬼信！"

律师形象如斯！我摇摇头，无言以对，只是为律师这一群体感到悲哀。我倒因祸得福，市纪委无意中给我写了封"推荐信"。

## 这回玩大了 >>>

接下来是市电业局属下的县电力局局长霍文和邹斌来找我商谈委托代理合同。说是商谈，其实没有谈的余地。一见面，邹斌就拿出与云龙所签的那份合同，特别强调这是经省电力公司审定的，除了乙方名称能改以外，合同内容一字都不能改。

合同大意是：电业局委托律师事务所收回矿业集团所欠电费本金约6700万元及相应的违约金；代理费为收回电费本金部分的百分之八和违约金部分的百分之五十二；收回的案款，先本金后违约金；电业局未经律师事务所同意，不能单方放弃债权，放弃部分视为律师事务所追回，要按百分之八、百分之五十二的标准计算代理费等等。

我看合同内容还算公平，也就没有表示异议。

但邹斌又拿出一份补充协议，我一看，差点喷血，这是专为强晟律师事务所量身定做的，十四条内容全部是约束强晟律师事务所。协议大意是：代理费的支付方式是债权资金到账后按比例支付，案件败诉后强晟律师事务所要承担本案所有诉讼费用。强晟律师事务所必须在2008年6月30前追回电费本金及不低于一千五百万元的电费违约金，不足部分强晟律师事务所应垫付等等。

如果这份协议一签，强晟律师事务所要背负多大的风险呢？如果官司败诉，强晟律师事务所要承担几百万的诉讼费用。即使官司胜诉，如果不能按时执行到位，强晟律师事务所可能要垫付八千余万元。

风险代理的概念是：律师在接受委托时不收代理费，双方只约定要实现一个什么样的委托目的，实现委托目的后按什么标准（比例）收取代理费。所以风险代理只有能不能收到代理费的风险，而没有要承担诉讼费，更没有要赔偿委托人损失的风险。

虽然我一直主张律师收费应是风险代理模式，而且也做了几百单风险代理，但霍文提出的要承担赔偿责任的风险代理还闻所未闻。这对律师太不公平，甚至有损律师行规，我拒绝了。

霍文见我不同意，便说："喻大律师，你做律师不是一直喜欢挑战，一直以风格大胆据称，这个单怎么不敢接了呢?"

"唉！律师中有血性的不多啊！"邹斌见我还是犹豫，故意激我。

霍文又说话了："这个合同肯定是改不了。但在履行的过程中，你可以提出修改。我可以和领导反映，修改的可能性还是蛮大的。"

他们的目的达到了，但我不是被激怒，我喜欢律师这个职业，其中一个重要原因是喜欢这个职业的挑战性。到承接这单业务时，我已经挑战十年了，十年中很多不可能的官司变成了可能。我一直期待更大的挑战。这个案子是个机会，案子中的艰难我已经预知了一些，看得实在有些手痒，只是条件苛刻得超出了我的设想。但十年的战绩让我总是高估自己的能力，我犹豫是否又来次艺高人胆大的尝试。便接受了他们的条件。

和电业局签合同的时间是 2005 年 5 月 8 日。合同签订后，霍局长便阴阴地笑着对我说："合同签了，官司就是你自己的事了，你就自己做主吧，不要找我们了。官司赢了，你就是千万富翁，下半辈子你可以不想事了；要是官司输了，那你就等着倾家荡产吧！"

我估摸着霍文的这段话，总觉着其中藏有很多内容，一时没想明白。

对照合同，确实是这个情况。这回玩大了！

半年后，我在邹斌处看到了市电业局给省电力公司和国家电网公司的"关于某市电业局与矿业集团供用电合同纠纷案的情况汇报"，其中有这样一段文字：

"针对本案的复杂性，我们对律师事务所和代理人进行了认真的筛选。选定之前对五家律师事务所进行了认真的调查，并由五家律师事务所指定代理人对本案证据材料进行分析，然后出具法律建议书。最后三家律师事务所由于没有把握胜诉而退出，一家对我方提出条件认为太苛刻，没有能力承办，最后选定律师事务所既出具了详细的法律意见书，代理人对本案其思路法官和省电力公司、市电业局等相关领导均接受，且对我方提出的要求均接受，并且该律师事务所和代理人对民商案例有较好的业绩，最后选定湖南强晟律师事务所喻国强律师为本案我方代理人。"

我知道，和电业局在委托代理合同上的谈判，彻底输了。他们找我时，其实已经山穷水尽了。我完全可以狮子大开口和他们谈条件，但我有点急性了，没有把握住，反而被他们"诈"了。

随着案件材料提供过来，我惊出了一身冷汗。这是一个怎样的烂案啊！我似乎看到了倾家荡产的样子。

## 开局即死 >>>

一般情况下，签了委托代理合同，戏才开场。但这场戏，我接手时，实际已经演完了，大幕即将落下。

这是一场事实貌似清楚、法律关系貌似简单的官司。供电方电业局和用电方矿业集团存在长期的供用电合同关系，自1987年开始，矿业集团一直拖欠电业局电费。由于90年代煤炭企业不景气，矿业集团成了特困国企，几万职工的工资都不能按时发放，电业局一直奈何不了他。至2004年，矿业集团欠费已近七千万，滞纳金几个亿。2003年后，煤炭涨价，煤炭企业红火，但矿业集团并没有归还陈欠电费的意思，电业局便决定通过诉讼追缴。

电业局的起诉标的过亿，按法院立案的层级规定，该案要在省高院一审。县法院为了揽案源，找电业局做工作。电业局决定分时间段起诉。将1987年至1992年这一时段所欠的两千多万元电费先起诉至中级法院，再由中院交办给县法院。因中级法院受案范围是三百万至三千万元，中级法院有权将自己受理的案件交办给县法院。

该案一审电业局没有多少悬念即胜诉了。

矿业集团不服，上诉。上诉理由主要有两点，其中一点是：用电方每年每月都在缴纳电费，所有缴纳的电费并没有特指哪一个月的，特别是有时还有多缴纳的情形，供用电是一个连续的并延续至今的行为，所以根本无法确认1992年以前欠费有多少（后缴的电费也许是还了1992年前的旧账）。

市中级法院审理后认为矿业集团的上诉理由成立，拟驳回电业局的诉讼请求。

该案实际上已经终审完毕，虽然没下达终审判决，但判决结果已经明晰。

客观地讲，矿业集团的上诉理由是成立的，中院驳回电业局的诉讼请求也是正确的。所以该案一旦判决后，再进入抗诉、申诉再审的程序都相当困难。即使进入了，要推翻中院的判决也几无可能。

可以说电业局快到了山穷水尽的境地。倘若市中院再往前走一小步，即使律师再大的本事也是白搭，因为没有了施展本事的空间和舞台。这相当于基建老板接了一单基建业务，要进场施工了，才发现没有建设用地。

## 致命瑕疵

矿业集团上诉的第二点理由是：电业局提供的电量抄表卡没有用电方的签字，无法确认其真实性。

我查看了电量抄表卡，确实没有用电方的签字。我很纳闷：电量抄表卡要用电方签字是个常识，怎么会出现一个这么大的失误？

邹斌解释说："电业系统约定俗成的电费结算方式是月底电业局和矿业集团工作人员同时对电表电量进行抄表，抄表后双方都不在对方抄表卡上签字确认，各自回单位计算出当月电费，矿业集团即将当月电费付出，电业局收到电费后即开出相应税票。当时全国都是这种模式。"

我思忖，这种抄表方式只适应于"月结月清"。但如果出现了电费拖欠，特别是拖欠的时间太久，就有一个明显漏洞。如果用电方有意赖账，故意不认可供电方提供的抄表卡怎么办？

当然，也有补救措施。我抱着一丝侥幸问邹斌："电业局计算出电费后，要用电方签收确认没有？"

"没有，从来没有。"

"电业局是否将每个月发生的电费都开了税票并送达给了用电方？"我还不死心。

"有的开了，有的没开，有的收了钱也没开，有的即使开了也没有给他们。现在电业局尚保存了矿业集团的税票有一个多亿。"

"电表还在吗？电表上有计量读数。"我还不死心。

"电表不知换了多少轮了，一般是一两年就换一次新表，换下来的表没有保存。"显然邹斌知道我问话的意思。

"那换电表时止表读数有记录吗？"

"没有，也没有。"邹斌有些丧气的说。

我眼中的一星半点希望之光也熄灭了。

确认抄表卡是本案最基础、最原始的证据，如果这些证据没有用电方的签字，依据证据规则，这就是瑕疵。这个瑕疵其实也可以通过用电方签收确认电费单或税票等方式来弥补，遗憾的是这方面的工作，电业局都疏忽了。这个瑕疵便成了一致命点。

矿业集团显然已经看到了这一点，一直抓住不放，坚持电业局提供的抄表卡因系电业局单方抄表、没有用电方的签字确认而对其真实性不予认可，不具备证明力。

邹斌告诉我，就是这样一个小小的疏漏，在全国造成了一个 508 个亿电费收不回的大窟窿。类似的诉讼全国有好多起，甚至打到了最高院，均因无法逾越电量抄表卡没有用电方签字确认这一瑕疵，电业系统全部败诉。

这就是一个客观事实和法律事实的问题。客观事实是用电方确实欠了供电方的电费；法律事实是，供电方无法用证据证明用电方欠了电费，或者说是欠了多少电费，结果是供电方的权利无法得到法院的支持。

我质问邹斌："既然你早就知道这些情况，为什么不告诉我呢？"他忙解释："案子关系霍文的位子。官司输了，他这个局长恐怕就当不成了。所以一定要有人来挑重担。之前，有些律师就是过不了这道坎，放弃了。"

我很有些懊恼。碰上这样一个案子，官司打不赢，自己不拿代理费就算了，还要关系别人仕途。这责任就大了。

我尚在郁闷中，邹斌又说话了："我认为这个案子最大的问题还是执行。"

他不提醒不打紧，一提醒，我就更着急了。在这个过程中，我已经知道矿业集团是"老运动员"。

## 老运动员 >>>

对那些经常打官司的当事人，律师界有个形象称谓——"老运动员"。矿业集团就是所谓的"老运动员"。矿业集团是家大型困难国企，负债应以十亿元计，据说早就资不抵债。这种状态，自然是官司不断，在其驻所地法院就有官司五六十件，基本上都是当被告和被执行人。

俗话说：债多不愁。官司多了，矿业集团也并不着急，经过长年的摸索，有一套专门对付债权人和法院的办法，并且可以做到流水化作业，公式化应对。

集团设置了法务部，有一个律师团队专门负责处理这方面的事务，所以要赢他们一场官司，真不是件容易的事。即使千辛万苦赢了，又能怎样？

执行矿业集团基本上是个跨不过去的坎。这些年，鲜有执行成功的。

矿业集团的开户银行就在其矿区内。法院去冻账，必定遭围攻，人都出不来。他有几万职工，在对付执行法院上，这是绝对的生力军。在工资、社保、医疗费面前，债权人的债权自然算不了什么。否则他们会上访吵事，有几次法官还在执行矿业集团，就已经有很多职工到法院周围"散步"了。这样的事已经发生了好几回，法官一听说是去矿业集团执行，连去都不愿意去。

在接受电业局委托之前，我对"老运动员"的情况还是有所了解。由于一百多单执行业务的无一失手，我总是相信我的能力和运气。但在得知这是个资深的"健将级"的"老运动员"后，我不由得猛吸了口凉气——毕竟这单代理，还不只是我能不能拿到代理费的问题。

## 自由职业

官司的障碍肯定远远不止这三个。这个官司还有代理下去的必要吗？难怪同行会放弃，难怪一个标的这么大的业务会主动找上门来。我做业务一直以大胆著称。但我接业务，向来都很谨慎。我有自己的原则，不对业务的来龙去脉了解清楚，是不会轻易和委托人签合同的。当然，没有一定挑战性的业务我也不愿做。这单业务却被委托人牵着鼻子走了，没有太深入细致的了解，不知道这个挑战性大得几乎不可逾越。走下去，很有可能是条不归路。

律师是个自由职业，所谓"自由"，就是说 律师既有接受和不接受委托的自由；也有接受委托后，随时解除委托的自由。

这时我完全可以和云龙律师事务所一样提出解除委托，并不需要承担任何违约责任。也许，这是一种最理智的做法。

但我认为，律师的自由是相对的、有限度的，律师只有接不接受委托的自由，而一旦接受了委托，就不能解除。在中国这个儒家思想占主导地位的国度里，向来推尊的是"和为贵"。所以无论个人还是公司，打官司都是大事。所以律师的受托，不是一般之托，有时不单单是财产关系，往往还关乎个人前程和公司兴衰发展。所以我一直主张律师在接受委托时要慎之又慎，一定要仔细权衡自己的能力能不能实现委托人的目的，绝对不能为了代理费而误了委托人。而一旦接受了委托，律师就没有了退路，要和委托人同乘一艘船，生死与共。

受人之托，忠人之事，这是对律师的起码要求。而且律师之忠，不能只是看家护院的狼狗之忠，往往还要如猛虎雄狮般的帮委托人去搏击猎杀对手、争抢食物地盘，这是将律师的智慧、耐力、气势、毅力、经验集中展示的过程。接受委托后，律师还有什么自由呢！只有冲锋陷阵，奋勇杀敌。

困难？还谈什么困难？见招拆招吧！

在我的执业生涯中，有赔本做买卖的记录，但没有中途解除委托的记录。

## 第二节　神仙布局 >>>

表面上看，一场官司，主角是法院、法官，因为审判活动是由法院、法官主导的，律师只是参与其中，其职责是按照法律的要求走程序，配合法院审理，是个配角。

如果律师是这样定位自己在官司中的作用，那么委托人的代理费十有八九是丢在水里了。

在我看来，打官司其实和打仗是一回事，律师就是一方统帅，是绝对的主角。法官只是一个居中的裁判，是配角。既然律师是主角、统帅，对官司，律师就要有一个整体的设计，选择一套对自己最有利的战略战术，即所谓先谋后动。法律是死的，但聪明的律师可以将其用活。如果不谋而动，走到哪，打到哪，结局往往是死路一条。

电业局这个官司现在是烂尾楼中的危楼，因为是基础的问题，不管你怎么样修补，其结局只能是垮塌。我必须对它动大手术，而且是用超越常人思维的方式动大手术。

在旁人惊诧的眼光中，我作出了战略布局：将烂尾危楼拆除，恢复到原始状态，异地重建。

## "逃跑将军"

戏如果还要演下去，就必须获得转机，而且要快，因为二审法院的大幕即将落下。

我认为电业局之所以会败诉，败在诉讼思路上。分段起诉给了对方充分的抗辩理由，如果不把这个问题解决，这个官司不管你怎么打，电业局都是败诉。

要解决诉讼思路的错误，二审显然不可能。既然对手上诉理由是成立的，再在二审法院努力或者二审判决后去努力就是方向性错误。俗话说，退一步海阔天空。只有回到一审，电业局才有更多的诉讼权力。本律师开出的第一张处方：想办法将案件发回重审。

我自认为这是对症下药，但霍文和邹斌顾虑重重，因为这与他们聘请大牌律师的初衷不一致。电业局的所谓"大牌律师"，其实就是和法院关系好的律师。找"大牌律师"的目的，实际上就是通过律师个人影响法院。

这些我都明白，但并不认同。我一直认为事实、证据、法律是官司的三要素。离开了这三要素的关系案、人情案、权力案、金钱案是对法律的玷污，对律师职业的不尊重，而且并不能解决问题，只是翻来覆去，徒然增加诉讼成本而已。

霍文、邹斌虽然不愿意，但他们也没有办法，不接受不行，因为已经无路可走。

案件很快就被发回重审，理由是：事实不清，证据不足。

回到一审，电业局满以为寄予厚望的喻大律师会有让他们振奋的大动作。

喻大律师确实有大动作，只不过不是振奋，而是震惊！本律师开出了第二张处方：撤诉。到省高院重新起诉，干脆 推倒异地重来。

这个动作是大了点，霍文和邹斌都接受不了——连阵地都没有了，这仗还怎么打呢？

我反复解释，他们还是觉得决策重大，要请示上级。现在的这个战略决策是经过了领导审批的，虽然已经证实错了，但他们还是不敢否定领导。

对此，我很有信心，反正都山穷水尽了，舍我其谁。果然，没两天，邹斌就传达了领导的指示：同意撤回起诉。

一对冤家在近身肉搏一年后，由于电业局的退出，未到终点，又回起点，电业局做了一年的无用功。

一天，邹斌坏坏地问我："你的体育专长是不是长跑？"

我莫名其妙。

"如果要你去抗日，肯定会被老蒋杀死。日本鬼子还没来，你就跑得没影了。"

我这才知道，因为我的一退再退，在电业系统赢得了一"逃跑将军"的称号。

## 独断专横　>>>

一张白纸好作画，面对这张来之不易的白纸，我没有丝毫犹豫，拿起画笔，大胆地画了第一笔。

第一笔画出，立马惊呼一片，何也？这一笔画的不是地方。

别看电业局只是一企业，但在当地影响较大，通俗说法是"电老虎"。所以电业局一直希望官司在自己的一亩三分地上解决。一审选在县法院，打的就是这个如意算盘。

打官司，律师都会充分利用地缘优势，本土作战是原则。这不是高深理论，用得很普遍，无数案例也证明其很适用。

但我的第一笔落在了省高院——在省高院打一审。

在省高院打一审，地缘优势没有了，"电老虎"的行业优势也没有了，而且案子如果上诉，就到了最高院，官司更不好把控，费用会爆增……

"难道这就是你们找的大牌律师？这是个神经病吧"？我似乎看到了领导责问霍文的场景，因为霍文阴着脸向我传达了领导的强烈不满。

刚愎自用是做律师的大敌，但不自信、对委托人唯唯诺诺，也绝对做不好律师。我认为我的思路没有错，领导是外行指挥内行，所以我懒得作过多解释，直接强硬地告诉他："不接受我的决择，你们就另选律师。"

此言一出，惊得霍文半天无语。他显然已经被我强硬无礼的态度激怒了，临走时，他恨恨地说："你也太独断专横了吧！"

我追着他问："那就是说，你们已经同意在省高院做一审啦？"

"随你的便，官司要是输了，一并找你算总账。"

我暗笑，"电老虎"可以"绑架"地方政府，但此时，却被我这个律师"绑架"了——他们已经无可奈何，只能听之任之。

倒是一旁的助手急了，这独断专横毕竟不是权利，而是责任，顺着电业局领导的思路去做，出了问题，还可以"赖"在他们身上，我这么一独断专横，所有责任都揽在自己身上了。只看见推责任的，没见到揽责任的。助手便不停地提醒我三思而行。

我岂止是三思，六思七思八思都有，在省高院做一审，似乎百害而无一利。其实，非也。这个官司只有在省高院做一审，才有可能执行到位，而且能增加胜诉的机率。这些电业局现在是看不到的，我也不想过多去解释。

霍文生气后，事情还好办了。我提出应将所有欠费一并起诉，同意；我提出应将滞纳金一并追偿，也同意；我提出财产保全，还是同意。

我便按我的理解提出了诉讼主张：要求矿业集团支付从1987年至2004年所欠电费6800万元及与之相对应的滞纳金6800万元。当然这两个数据都是我估计的。

我告知要交一百多万元诉讼费、保全费，也很快交了，没有人问为什么要交这么多钱。

太顺利了，我有些战战兢兢。千万不能出差错，一出差错，会有人看笑话的。

战幕一拉开，对方便亮出了参战阵容：现场一线指挥的是集团总经理黄总；专职对口配合诉讼、协调关系的是法务部李主任；出战的律师有两位，一位是法律精英袁律师，另一位曾经是电力系统中层业务骨干的罗律师；还有若干工作人员。

这个组合，不禁让我感叹，好个黄金组合！真是久病成良医！

相对于"黄金组合"，我就有些悲哀，参战的只有我一个人，显得势单力薄。虽然邹斌也来了，但他的身份只是联系人，不是参战人员。他的作用只是提供资料、反馈信息、监督工作。

第一场交锋是 2005 年 6 月份，省高院第一次庭审，被告矿业集团一口清：我们没有欠电费，我们用电都付了费。至于电业局提供的电量抄表卡，他还是坚持原来的意见：没有用电方签字，不具有真实性。

防守，干净利索，滴水不漏！特别罗律师头头是道的专业发言，于我犹如外文。

很明显，庭审，我处于被动挨打。

邹斌旁听了庭审，他的脸越来越阴。他们千挑万选的大牌律师原来是个刚愎自用、外强中干的家伙。独断专横，并不是实力和能力的体现，只是无知与无礼的代名词。我知道，他的信心在一点点丧失。不怪他，换上我也是如此，毕竟最终选定我，他的邹氏理论起了很大作用。

## 攻心为上

>>>

千万不要将一场庭审当成评判胜负的依据。这次庭审，还只是这场战争的序幕，真正的好戏还在后面呢！

按照"谁主张，谁举证"的民事诉讼原则，原告对自己的诉讼主张负有举证责任，而被告只要提供反驳证据，甚至可以不提交证据，单对原告的证据挑刺就行了。

显然，对手已经深谙其道，在知晓抄表卡存在瑕疵后，即死盯瑕疵证据不放。其实他们也有抄表卡，将他们的抄表卡拿出来一核对，就解决问题了，但他们就是不提交。他们的目的就是要将水搅浑，"水"浑了，电业局就赢不了官司。

这种情况，法院也奈何不了他。其实，诉讼中，原告往往是弱势的一方。

抄表卡的真实性是本案最大的问题。此问题不解决，案子不管由谁来审，电业局都只能是败诉。

怎么解决？无非是要对方认可。这可能吗？这个证据在这案子中的重要性，双方都看得清清楚楚。除非对手出现失误，否则不可能达到目的。但要拥有"黄金组合"的"老运动员"出现失误，无异于天方夜谭、异想天开。

那些天，我苦闷至极。做案子时，虽然我有布局，但布局只是一个大的方向，不涉及具体事情的解决。现在连找霍文、邹斌商量都不行了，既然大包大揽在自己身上，就不能让他们看笑话。我能做的事就是看《三国演义》。这是我做律师的工具书，这本书给了我太多的智慧。律师业务中，每遇困难，我求救的对象很多时候就是这本书。

第九十五回武侯弹琴退仲达，就是有名的"空城计"，这其实就是一场心理的比拼。看到这里时，我便不自觉的想起了对方的两位律师在说抄表卡不具真实性时那种理直气壮的神态。这种理直气壮来源于已经有法院对抄表卡否定，所以他们理所当然的认定省高院也会否定抄表卡。如果要法院认可抄表卡，除非让对手出错，要对手出错，可以利用律师和当事人对官司承担责任的差异来完成。

庭审的时间太短，而且矿业集团的领导并不出庭，律师的心理素质都比较好，所以，通过庭审来让对手出错，几无可能。除非制造一个程序，有足够的时间，有足够的事由，将矿业集团的领导牵扯其中，制造两难选择，逼其就范。

司法鉴定，我想到了司法鉴定。由电业局向法院提出申请，由法院委托中立的第三方对矿业集团所发生的电费进行鉴定。鉴定过程中，鉴定机构肯定会要原被告双方提交用电量信息（抄表卡），也会要求双方核实相关信息，认可鉴定成果。

矿业集团怎么办？提交、核实、认可都等于变相认可了电业局的抄表卡，但不提交、不核实、不认可，又是自己放弃了权利，对自己不利的鉴定结果被法院采信，怎么办？如果追责，领导可能会要承担国有资产流失的法律责任。这是一道两难命题。

咨询律师，律师才不会拿"白菜"的钱，操"白粉"的心，还是会将皮球踢回给委托人。

司法鉴定时间一般会比较久，这就有点"钝刀子割肉"的味道。我对国企领导人"不求有功，但求无过"的心理了解得比较透，"钝刀子割肉"时，他们肯定会选择"但求无过"。

我欣欣然这个设计，但霍文却坚决反对，认为这是掩耳盗铃，这个游戏，小孩子玩还可以，和高智商的律师就别玩了。游戏的成本不低。按照省高院定的司法鉴定收费标准，鉴定机构要收费近千万元，虽然经我努力争取，各方协调，还是要收三百万元。

我还是那句话：刚愎自用肯定做不好律师，对自己不自信更加做不好律师。我坚信我的设计，认为要解决抄表卡的瑕疵问题，除了这个设计，再也别无他路。所以即使霍文强烈反对，我还是坚持。

坚持的结果是互相让步，霍文同意我的设计，但提出：鉴定费他们只出一半，交我包干使用，另一半要我垫付，如果官司败诉，他们支付的鉴定费要我承担；对他们支付的鉴定费，我必须拿房产作担保。在我们签补充协议时，霍文说："你这是一场豪赌，真不知道你是傻子还是疯子！"

我既不是傻子，也不是疯子，我只是太欣赏自己的设计，这么好的设计得不到实施，太可惜了。

## 司法鉴定 ＞＞＞

所谓司法鉴定，其实就是将矿业集团在过去二十年发生的电费计算出来。看上去似乎不难，只要有了电量和电价就可以计算出来，但这只是一种想当然。

首先是电价，电价在一天中有峰时、波时、平时、谷时四个时段，四个时段，电价各不相同；另外生产用电、办公用电、生活用电价格也不同；最麻烦的是，这段时间，国家对电价的调整有几百次，对工业企业电费的减免也有几百次，所以要把过去二十年的电价搞清楚，真不是件容易的事。

本来要通过摇号来确定鉴定机构。这次法院却直接指定了省物价局的价格认证中心，因为除了这个机构，应当没有谁能弄清楚在过去二十年的电价变化。

其次是将电量抄表卡、矿业集团的付款凭证等这些原始凭证找齐，这也是一项天量工作，近二十年的财务凭证，放了满满一屋子，而一本一百多页的凭证，有用的往往只有一页。在核对抄表卡和付款凭证原件时，我向法官提出要到原告办公场所核对。法官不同意，理由是没有先例。但我将数量向他描述后，他居然同意了。

有了这么多电价和电量数据后，就可以想见计算的工作量之巨了，应当有几十万个计算数据。

其实还远不止这些，矿业集团自己还有一座小型火力发电厂，煤炭卖不出去，自己发电，自产自销，电量多余时，进入电业系统的电网，卖给电业系统，所以这里又还有一个结算。

鉴定机构总共才七个人，抽出三个人来专门从事这项工作，不能说鉴定机构不重视，但他们了解待鉴定的情况后得出的结论是：完成鉴定起码要一年。

我们肯定不能等一年。此时强晟律师事务所团队优势发挥出来了，十几号人全部协助鉴定机构，电业局也派出一些人手，再从别的会计师事务所临时聘请了一些人，多的时候，三十几号人在协助鉴定机构，鉴定便热热闹闹、红红火火地加速进行。

鉴定虽然有条不紊，但我却心急如焚。因为对手很聪明，先是不同意司法鉴定，接着作壁上观，鉴定机构要求其提供资料，他不提供，要他来人确认相关信息，也不派人来。

价格认证中心也很为难，毕竟没有矿业集团的配合，这个鉴定是很难做出的，即使做出来了，其证明效力也会大受影响。

这时连我的助手都知道事态严重，如果矿业集团坚持隔岸观火，整个官司，电业局将必败无疑，我会很惨，至少会有几百万元的损失。

我分析，矿业集团之所以敢于作壁上观，是这把"钝刀"没有割到他的痛处。我建议价格认证中心改电话通知为函件通知，而且在函件上特别注明"收到本函件之日起三日内不提出异议，视为你方对函件上的内容已经认可"。

这下，矿业集团坐不住了，只好出来应战。虽然应战了，但还是不配合，目的还是想把水搅浑。这"老运动员"实在太精，不会轻易就范。我必须再想办法。

政府对电价的调增减一般都有滞后性。电业局和矿业集团一直在这个问题上有纷争，电价调减时电业局总是"忘记"将前面几个月的一并减下来，电价调增时，矿业集团也总会"忘记"将前面几月的补交。这是一个电业局和矿业集团都明白的情况，但鉴定机构并不明就里。这一回我决定好好利用这个来做做文章。

当分年分月的电费计算结果送达给矿业集团要他们确认时，他们终于跳了出来，因为凡是对矿业集团有利的电价调增减都没有在计算式中体现。矿业集团不可能明摆着吃亏，自然据理力争……

鱼儿终于上钩了！

看着对手一份份理由充分的异议书、一张张内容翔实的证据材料、一次又一次出现在价格认证中心的理直气壮的矿业集团人，看着鉴定人员手忙脚乱的一次又一次修改数据，我知道，花三百万元玩了这场游戏，很值！

## 现学现用

司法鉴定有条不紊进行时，我这个一方主帅基本上闭门谢客——恶补电力专业知识。

邹斌对我庭审的评价是：喻律师法律方面还可以，但电力专业知识缺乏。这个评价无疑正肯，这是我接触的第一单电力方面的业务，确实是一头雾水。一张抄表卡上就涉及近二十个专用名词，有功反转、无功反转、失衡、失压、功率、倍率等等，没有一个明白的。

邹斌成了我电力知识的老师，他给了我一套四本《电力营销》书，这就是教材了。教学方式以自学为主，邹老师的作用就是随时答疑。一个月后，邹老师说："可以毕业了，你电力方面的专业知识已经达到了中专生水平。"

我"中专毕业"时，司法鉴定已经做出，法院进行了第二次庭审。司法鉴定最大的成果就是破坏了矿业集团最核心的"武器"——他们在鉴定过程中提交了大量证据，足以帮助我方证明抄表卡是真实的。所以在我频频将他们在鉴定过程中提供的证据用作我方证据时，他们也只能打脱牙齿肚里吞。

这次庭审，出庭人员的格局和上次并无变化，唯一变化的是喻律师，先是和袁律师法言法语，接着又和罗律师论道电力。一个刚毕业的"中专生"挑战一个资深电力人，令在场人很是惊讶。这场电力论道并没有持续多久，俗话说：后生可畏。因为后生的专业犀利让资深人士无招架之功。

这是一场大快人心的论道，坐在旁听席上的邹老师都几次竖起了大拇指。

律师参加庭审时，一般会准备一份代理词，这是律师工作的本分。但这一回，我别出心裁，提交给法庭的，不是几张纸的代理词，而是一本整洁美观的书，书中有长达两万多字的代理词，还有要适用的政策法规、专用名词、术语的解释等等。我做了十多本，给合议庭成员一人送一本。可以说，只要认真看完我提交的代理意见书，电业局的诉讼主张基本能得到支持。

案子太复杂，短短几个小时庭审是不可能让法官完全明白的。所以我又将案子中有争议的问题，一个个阐述解析，每次只涉及一个问题，文字材料一千字左右，写好后即送交合议庭成员人手一份。

合议庭成员有三个法官，起主要作用的是承办法官，我经常跑他办公室，只要他有时间，心情不那么糟，就和他讨论案件。

办这个案前，我并不认识承办法官，也不知道是我的认真诚恳打动了他，还是法官的责任心使然，反正和他的沟通是很顺畅的。有段时间，每天都能和他沟通一两小时，主要是我给他讲解电力方面的专业知识。我现学现教，居然效果还很好。时间久了，我们也会谈谈历史政治之类的。这种沟通是很融恰的，也是很有成效的，他基本上都认同了我们的诉讼主张，同时对曾经的体育老师，现在既懂法律又懂电力专业知识的律师很是认同。

## 初战告捷 >>>

其实谁赢谁输，第二次庭审已见端倪。我在这个案子中的表现，不但获得了电业局的认同，矿业集团对我也是由衷佩服。他们认为，电业局能从被动走向主动，完全是我的原因所至。所以我也成为被公关的目标。

第二次庭审后不久，一业内朋友找到我，说有人想给我一千万元，条件是电业局败诉。我想都没想就拒绝了。过几天，该朋友又找到我说：给两千万元，现金，随在什么地方交给我都行。我说你这是给我一付手拷，严拒。

后来霍文阴阴地问我："这些天有人来找你谈案子方面的事吗?"我听出他话中有话，便索性告诉他朋友两次找我的事。这事最终在电业局还是有很多人知道了，他们对我更是敬重。

一审，我紧张忙碌了五个月，回报是高院的民事判决书，判决矿业集团支付电业局电费本金六千七百五十七余万元，滞纳金六千八百万元。电业局的诉讼主张基本上得到支持，该代理第一阶段的战略目的全部实现。

判决书有二十五页，霍文和邹斌一字一句地将它看了两遍。判决的结果，显然已经远远超出了他的预期。

邹斌看完判决的第一句话就是："喻大律师，如果该判决能得到执行，你可以拿四千多万元代理费，这恐怕是律师界最大的一笔代理费吧？"

霍文说："原来我最关心的是结果，我现在最想知道的是过程。"

"你还是关心结果好了，傻子和疯子做的事你不一定能理解。"我将霍文的话回敬给他。

霍文有些不好意思，我便将我是怎么分析，怎么布局，很详细的给他说了一遍。霍文听得有些痴迷，最后，自言自语说："布局，布局，布局神仙，神仙布局，布神仙局……"

霍文曾经说，官司输了，他这局长就当不成了。现在官司赢了，他这局长还是当不成了，这一年他被省电力公司评为省劳模，第二年年初就荣升到一个集团公司当总经理了。

## 第三节　巅峰对决

我从事律师这一职业的第一天开始，就有去最高院开庭的梦想，做律师时间久了，发现这是大多数同道人的梦想，但能实现这一梦想的律师并不多，毕竟最高院的门槛太高了。能从基层法院做业务一直做到最高院，应该是律师生涯的大满贯。

到最高院去开庭的梦想，在期待与不情愿中来了，矿业集团不服一审判决，上诉到了最高院。

## 排兵布阵

>>>

　　虽然是向上一级法院上诉，但上诉状通常是交给原审法院，原审法院将案卷材料整理钉卷后再向上一级法院移送。该案案卷之多，按承办法官的说法：创了省高院民事案件的记录，案件归档时订了二十八本案卷，每本两百页左右。这些案卷材料绝大部分是我方提交的证据及我写的各种各样的材料。因案卷材料太多，省高院整理材料钉卷就花了几个月，真正将案卷移送最高院，已经是次年3月份的事了。在这段时间电业局和矿业集团都没消停，调兵遣将、排兵布阵在紧锣密鼓地进行着。

　　对手已经改变了诉讼思路，一审的两位律师集体退出了代理，取而代之的是省政法部门退休的一位相当级别的领导。如果说，一审他们是打专业战，二审就改打关系战了，

　　我还知道矿业集团的一位彭姓干部在北京通过相应关系找最高院法官；已经通过某关系找到了国务院法制办某某某那里；我参加一个法律培训，发现培训名单中居然有矿业集团的领导在听课，听课的目的很明确——讲课的老师中有最高院民二庭法官。

　　这些信息被我反馈给霍文，他赶紧上报。电业局便如临大敌，开了若干会后，形成决议：向国家电网求助，不惜一切代价都要打赢这场官司。

　　领导表了态，下面就闻风而动。霍文、邹斌和其他领导一次又一次去北京找国家电网公司，国家电网的态度很明确：对手可以找有能量的律师，我们也可以找能影响最高院的"大牌律师"。

　　找大牌律师的任务又落在霍文和邹斌头上，这下可苦了他俩。北京真真假假的大牌律师太多了，要分清真假，霍文和邹斌的专业功底显然不够。而且大牌律师基本上都是没有现银不干活，要价还不低，少的六百八十万元（诉讼标的的5%），高的两千万元（诉讼标的15%），即使风险代理，也要将资金先转入律师事务所账户。

这是个很有风险的事，要是将来官司败诉了，律师事务所不退钱怎么办呢？官司败诉，还只要挨顿批评，代理费退不出来，就是渎职了。这些，霍文和邹斌肯定知道，但领导的指示难道不执行？商量来商量去，最后决定还是去找喻律师。

霍文找我的意思是要我将案子所有事情一揽子承接下来，包括在北京找大牌律师，作为条件是电业局借 280 万元给强晟律师事务所，如果二审胜诉了，再借 320 万元给强晟律师事务所所。这些借款从代理费中抵扣……

说穿了，他希望将风险全部转移到我头上，而我并没有任何好处。他敢这样提，估计还是把我当成傻子或疯子 。

## 北京过年

霍文要我一揽子承接那些事时已经是腊月二十七了。二审的事我还是一头雾水，这里又要给我加码，他还真把我当成了一牛人，或者说不把我当人。

我肯定不想答应霍文这个吃力不讨好的要求，但也不想一口拒绝他，我对他说："你让我考虑考虑。"

在电业局和对手刀来剑往各施拳脚时，我一直希望有安静的时间、独立的空间，认真、系统地思考官司，完成对案件的布局。但我不能，时时被电业局推出，按他们的要求做各种各样的事。用霍文的话说：连我们都在为你跑腿，你还能坐在家里。在霍文眼里，案子是我个人的事，他努力全部是在帮我。

我知道，如果这样拖下去，布局肯定完不成，案子肯定也会被动。我突然作了个决定——去北京过年。

这个决定给电业局有很多正能量的理解。

我住在离最高院很近的东交民巷宾馆。我想住得近，也许可以从中找到某些灵感。

一同带去的还有一本书——《三国演义》。这是一个真正安静的环境，我可以一边看书，一边好好思索官司。

到现在官司越来越复杂了，一审虽然艰难，因为已经山穷水尽，电业局只能听我的。一审超乎想象好的判决结果，让电业局某些领导短时间兴奋不已，这些以前绕着官司走的领导，现在又突然关心官司，于是又有了各种各样的指示。委托人虽然还是电业局，但直接或间接指挥的换成了一家正部级央企——国家电网公司。我一个无职无权的打工者夹在这些巨头中间，能否独立形成作战思路？作战思路能否贯彻？作战风格能否体现？都是很大的问题。

如果是这样发展下去，二审肯定是场关系战。对方的领衔人物是个正厅级领导。我一个草根，是他们对手吗？原来我还寄希望于国家电网公司能出面找些关系，但皮球又踢回来了。

业内人都知道，所谓关系战，实际上是一场经济战、时间战。这是全风险代理啊，所有费用都要我来承担。

回到官司本身，一审工作做得扎实，如果没有外力的作用，电业局二审赢官司应当没问题。

关系战肯定不能打，但要不打关系战，必须同时解决两个问题：第一是怎样说服委托人。委托人的表态就是要打关系战；第二是要对手也不打关系战。这就更是天方夜谭了。对手二审更换律师，明摆着就是冲着关系战来的，难道我能阻止他们？这又不能签个协议，约定双方都不去找领导。但是如果不阻止他们，任由他们找关系，我们就会要吃大亏。

《三国演义》又被我翻了两遍后，我对该案的整体思路出来了：对电业局，大包大揽；对矿业集团，虚张声势；对法官，潜移默化。

## 虚张声势

大包大揽还是很容易，我找到霍文，直接答应他提出的一揽子承接的条件。

对我如此爽快的答应，霍文很是纳闷，反复问我有没有信心。显然是霍文本人没有信心。

我就汤下面，故作神秘地告诉他："在北京过年时，老板要我放心，官司二审会赢。"

"你老板是谁?"

"这个不告诉你，但老板说赢肯定会赢。"

"你老板是不是院长层面的?"

我笑而不答。

我既没有老板，也没有人告诉我会赢官司，那这玩的是哪一出? 又是来自《三国演义》，叫"蒋干盗书"。只不过，对方没有派"蒋干"来，"蒋干"让邹斌客串了。"蒋干盗书"的目的，是要有人帮我到对方去搞假信息反馈，顺带虚张声势。

电业局和矿业集团虽然在打官司，但他们依然是合作伙伴，供用电合同还在继续，经常互有往来，所以要传递信息很方便。邹斌在一次见到黄总时，故意调侃黄总："打官司就打官司噻，找什么关系唠!"

黄总矢口否认。

邹斌便说你们什么时候派彭某某去北京找谁，什么时候通过什么方式去见最高院民二庭法官罗列了四五桩。听得一旁的黄总目瞪口呆，惊呼："你们怎么知道的?"

邹斌趁机将我一顿神吹："我们之所以委托喻律师，就是看他和最高院某副院长关系非同一般，要不然他怎么敢风险代理这个案子?"

如果这通恐吓还只能让黄总半信半疑的话，接下来一件事，黄总就深信喻律师的神通了。

省高院3月21日将案卷移送到最高院。按律师的经验，最高院节奏很慢，立案后半年至一年开庭是常事，案件拖上几年也不鲜见。我们正在猜测什么时候可能开庭时，3月26日，最高院民二庭通知开庭时间是3月

31 日。

对于矿业集团而言，案子拖得越久越好，而我方，自然是越快越好。立案十天后就开庭，这个异乎寻常短的时间，足可以让矿业集团对我产生异乎寻常的联想——如果邹斌所述属实，打关系怎么可能是喻律师对手呢？

后来还真没听说矿业集团找关系这回事了。

## 潜移默化 >>>

庄严的国徽下是干净整结的审判庭，法官身着法袍，表情严肃庄重，在审判长对面的大门边坐了一位威严的法警。

上诉人矿业集团的出庭人员是那位高官律师和他的助手，旁听席上坐了黄总、袁律师等五六人；被上诉方电业局，出庭人员只有我一个人，旁听席上也只有邹斌一个人。

轮到我发言时，我首先声明："尊敬的审判长、审判员，我普通话讲得不太好，等会我发表意见时如果您没听明白，您可随时打断我的发言，问明白，这无关乎礼貌。"

审判长说："好，你慢点讲就行"。

这是一个很不经意的细节，很少有人能深味其中的内容，其实，这是一张"温情牌"。能到最高院开庭的律师，至少在当地律师界都是牛人了，牛人一般都有牛脾气，何况还是牛律师。对牛律师，一般人都是仰慕，但法官就不同，虽然有人调侃"法律法律"，就是"法官"和"律师"，但现实中，最看不得牛律师的却是法官。

态度诚恳的律师肯定不是牛律师，但态度诚恳不代表就是羔羊。一开始，我就对对方出庭人员提出异议，高官律师的助手因没有矿业集团的授权而不应坐在上诉人席位。高官律师虽极力解释助手只帮他找资料作记录，不发言，但审判长还是要其离席。

一开始就让对手尴尬。在气势上，先赢对手一着。

在庭上，面对对方咄咄逼人的攻势，我应对自如，说理清晰，滴水不漏，未给对方半点可乘之机。在我的严密防守以及主动进攻下，高官律师因对案情和民事审判程序不是太熟悉，有点手忙脚乱，力不从心，坐在旁听席上的黄总、袁律师便来答问，又被我举手抗议……

庭审持续了两个半小时，矿业集团从开始的，"没欠电费"，到后来的，"欠了电费，只是不知欠了多少"，再到后来，"我们是欠了那么多电费，只是没钱还"。

可以说最高院开庭的效果出乎意料的好。

和矿业集团一起走出法庭时，黄总说"我们这官司要是输了，就输在你喻律师身上"。

庭审虽然对电业局有利，但我还是丝毫不敢怠慢，我知道，让法官在短短两个半小时的庭审中掌握案情是不可能的，供用电方面的专业知识，我还必须和一审一样，慢慢去渗透。

庭审三天后，我去了法官办公室。有些歉意对法官说：我普通话说得不好，开庭时您肯定听得不是很明白。

"还好，你说得慢，基本听明白了。"然后他又说："你是第一个承认普通话说得不好的律师。"

"律师普通话一般都说得很好，我可能是最差的。"

"没有呢，前几天开庭，有个云南的律师，他讲的话我们听不明白，提醒他要说普通话。不想，他还振振有词的说，我这是普通话呀，难道你听不明白。结果，一场庭审下来，我还真没听明白几句。"

看来最高院的法官不是传说中的那么不好接触，我感觉法官并不讨厌我，便提出："案子太复杂了，以后我慢慢的到您办公室向您汇报相关情况，行吗？"

法官给了我一个肯定的答复。

见法官可不是件容易的事，必须预约，否则你就站在最高院门口你也进不去。法官不是总有时间，今天约了，可能两三天或四五天后才能见上面。见面了，你也不能将案子的所有材料提交给他，材料太多太专业，他一时消化不了。我便每次就一个问题提交一个材料，一个问题一个问题的渗透。这样虽然时间长、麻烦，但效果很好。法官接受的不但是案子的材料，还有一名职业律师敬业认真的态度。

从4月初到10月，我不停的往返于北京长沙，这期间在北京呆的时间总计超过了一百天，有一个月我往返长沙北京十次。四月初，长沙已近三十度高温，我穿了件短袖去北京，要下飞机了才知道，北京气温才六度，我一件短袖在北京也挺了三天，看得法官都感动，法官说："你莫盲目跑，不明白时，我会打电话给你。"

后来，法官真还给我打了一次电话，不巧的是我正带儿子刚到拉萨。没得说，赶紧飞北京和法官见面。所以我去过西藏，但没到过布达拉宫。

时间久了，法官随意了很多，后来我们除了聊案子，也聊到了马王堆古尸、凤凰、张家界……

案子还未判，矿业集团即撤诉了。撤诉的好处是能退一半的诉讼费。

我星期一收到最高院的裁定书，星期四上午接到省煤炭工业局的电话，要我下午去他们局一趟。

我有点纳闷，心想难道"儿子"输了官司，"老子"还要来教训我？去就去，又没做亏心事。下午三点，我准点赶到，结果大出我所料，煤炭工业局居然想聘我为代理人，代理他们与中国地方煤炭总公司的一桩标的几千万元的官司。

我奇怪他们怎么找到我的，他们说是矿业集团领导推荐的，推荐理由是："喻律师能力和人品没得挑。"

看来，电业局和矿业集团案赢的赢得光明磊落，输的输得心服口服了。这是打官司的最佳状态，这是做律师的最高境界！

## 第四节　梦幻执行

还在接案子之初，我便接到了很多"忠告"，都是指向该案执行矿业集团相当困难,案子的艰难复杂他们不一定知道,但矿业集团这个出了名的"执行难"很多人都知道。

其时,我正在看《中国远征军》一书,中缅边境的松山、龙陵等处,是日本鬼子苦心经营多年的堡垒,飞机大炮都奈何不了,但这些钢铁堡垒,最后还是被攻克。当然,能攻克那些堡垒的都是中国将军中的牛人。在这方面,我自信也是牛人,做律师那么多年,执行案子做了那么多,居然很少有执行不了的,一些已经山穷水尽的案子,经过我一拨弄,又是柳暗花明。

我相信我的运气和能力,我相信我就是能够攻克松山、龙陵的中国将军。

案子还没接下来,我就在考虑执行的事。关于执行,一审诉讼前,就已经有了一个整体的布局,由于太复杂,只说主题词:前置、异地、外围、强制。

## 前置 >>>

先判决,后执行,这是常识;执行是法院的职责,律师只是协助法院执行,这也是常识。但作为律师,要将委托人的案款执行到位,这才是最大的常识!所以,我打官司有一个显著的特征,我会将执行提前,一般与诉讼同步;而且会越俎代庖,将一些应由法院完成的工作揽在自己身上。

这单官司,在审查案子基本材料后,执行工作事实上已经开始了。委托代理合同签订,执行方案便随之形成;案子进入诉讼,法院就保全了矿业集团三处财产,价值七八千万元;案子二审终结,我已经掌握了对方五六十条财产线索,对应的价值有两个多亿。甚至由哪家法院来执行,我都做了安排。

执行前置的好处:一是打官司的过程中更易发现对手的财产;二是能防止对手转移资产,逃避执行;三是为执行节约时间。

## 异　地　>>>

律师都习惯于本土作战，似乎在自己的一亩三分地上，才有更多的话语权，所以能将异地作战转化为本土作战，律师都视为是一项成绩。但该案，我生生地将一个本土作战的案子转化为了异地作战。

为什么要异地作战？目的就是要破坏矿业集团惯用的对抗执行的战术。

矿业集团是大型国企，而且是困难国企，地方政府和地方法院都要惧它三分。所以矿业集团经常利用职工工资、安全生产、税收等问题做文章，求领导同情，给法院施压，将其"优势"发挥到了极致，虽然当了无数的被告、被执行人，但硬是保全了他们的残破河山（矿业集团驻地已经被挖得坑坑洼洼）。法院即使拿着法律之矛，也拿他们没有办法。

战争有战争的法则，一个再好的战术用久了，终会被人找出破绽。矿业集团十年如一日的使用这套战术，无人破解，当属奇迹。我把脉断病，对症下药。对付这一招，我开出的处方是：找外地法院，矿业集团的"优势"统统无效。

这就是我当初一定要选择省高院做一审的原因。省高院可以将案件的执行权交办到省内的各个地州市法院。

对矿业集团不会主动履行法院判决，我和电业局早有心理准备。电业局于 2007 年 3 月份向省高院提出强制执行申请，申请强制执行矿业集团一亿三千五百七十万元案款及逾期付款的违约金。果然，省高院将案件交办给了益阳中院，益阳中院又将其交办给了南县法院。

这个大标的案子引起了南县法院高度重视，执行局曹局长和梁副局长亲自担纲执行承办人，主管执行的副院长直接指挥。做了这么多案子，法院重视到如此程度，这还是第一回。

南县法院也有他们的小算盘，他们正在建办公楼，希望通过这个案子收点执行费。这对于我来说是好事，目标一致，执行力度会更大。

但法院执行力再强，也需要被执行人有财产可供执行呀，被执行人的财产呢？这个不急，我早有准备。

## 外　围 —————— >>>

其实矿业集团有的是财产，在其驻地煤炭坝镇，遍地都是；也有的是钱，八十万吨原煤的年产量，只算五百元每吨，每年都有四个亿。

但他守卫森严，这么多年，还没有听说谁到煤炭坝镇"抢"到钱的。如果你也认为我会和他们一样去煤炭坝镇"抢"钱，那你错了。我不要钱，我要财产，但我不要煤炭坝镇的，甚至他驻地县范围内的财产都不在我考虑之中。

"不要"，是因为要不到。前面那么多人已经尝试过了，我不想重蹈覆辙。我认可矿业集团无可挑剔的防守，在他的势力范围内，我无法与他争斗。但他毕竟只是一国企，势力范围只那么大，出了驻地，他的所谓"优势"便不存在了。所以我决定不在他地盘上作战，专盯他驻地范围以外的资产，我相信，对手不可能将所有财产都置于自己势力范围之内。羊还有落单的时候呢！

如果说舍近求远方式选择法院是迂回，那舍近求远寻找矿业集团的财产就是一个大迂回。

有道的是，瘦死的骆驼比马大，何况矿业集团还是头肥骆驼，经过一大迂回，居然在驻地县以外，梳理出矿业集团还有五六十处资产，价值在两个亿以上。

在找这些资产中，有一笔资产的找到，很有意思。某天，我去税务局见一个朋友，无意中见到放在他办公桌上的一张矿业集团的税务报表，我留意报表上无形资产栏目内有一个数字是两千万元。做律师多年，对财务比较了解，知道土地是放在无形资产栏目，直觉告诉我这两千万对应的应当是土地。但税务报表除了一个无形资产两千万的数据以外再无其他线索，我去市国土局、县国土局查询，也无发现。

矿业集团还有一笔价值两千万元的无形资产，这个信息一直在我心中挥之不去，我一直在苦苦寻找直觉中的这块土地。后来有个偶然的机会，有人提到他一个朋友的公司在和矿业集团合作搞开发，作为回报的是矿业集团的另一块土地，但他也不知该土地在什么地方。

我想他们之间肯定签了合同。在省工商局的矿业集团工商内档中，果然有他和一房产公司签的合建合同，合同中提到的地块是位于邻县星沙镇土桥村的一块土地，三十亩工业用地。于是这块土地很快就被法院冻结。

当这些资产信息呈现在矿业集团面前时，矿业集团傻眼了：喻大律师居然当起了我们的仓库保管员，理得比我们财务都还要清晰。

有了这些财产，我对执行充满了信心。

## 强　执

4月初，南县法院将执行通知书送达给被执行人，矿业集团派出了龚副总和法院接洽。

面对一个强势而困难的国企，面对一个执行标的达一个多亿的执行案件，法院表现出了过多的慎重。一开始，并没有采取强硬的执行措施，而是一次又一次地组织双方开协调会。在协调会上龚副总叫苦不迭，大讲其困难，就是不谈怎样履行判决书所判的还款义务，甚至还多次说其作为被执行人的案件有多少件，没有一件执行了的。其意自明，南县法院你也知难而退吧！

矿业集团的出招，尽在我意料之中。协调会开了七八次，还款方案定了一回又一回，到了七月份，还是没有任何进展。期间，因为急躁等多种原因，我和龚副总争吵了好多回。

南县法院觉得很是奇怪，一个这么大标的的执行案，跑上跑下的就是一个律师，执行申请人始终不现身。南县法院将他们的疑惑几次向我提出，虽然我也知道电业局不现身不合常理，但我能怎么和法院解释呢？

其实，电业局最关心的是该案的判决，胜诉后，财务账上有了这笔钱，表明国有资产没有流失，已经不关乎谁的乌纱帽了。至于执行能不能到位，那是法院的事。

霍文高升之后，邹斌也高升了，该案就成了断了线的风筝，电业局已没人关心此案执行了。案子就像一个没娘的孩子砸在我手里，我也成了找不到组织的流浪汉。期间，我一直想找电业局领导汇报执行情况，但都避之不及。我知道他们的心理，和矿业集团交往几十年了，他们比我更了解矿业集团，要从矿业集团执行财物，无异是虎口夺食。对这些希望渺茫的事，大家能避就避，别惹火烧身。

我不能给法院一个合理的解释，法院对案件的执行便更加没底，执行时就更加小心谨慎。没办法了，我只好请邹斌客串了一回电业局副局长，接待南县法院一次。

8月份，我终于坐不住了，我认为，执行矿业集团这样的对象，非铁血不成。一定要想办法让法院主动出击，不然协商一年还是协商。必须让法院明白，对付矿业集团不能温文尔雅，一定要动真格，所谓不见棺材不掉泪。

法院怕矿业集团职工闹事，于是我就将我为什么要"异地"、"外围"思路的设计初衷告诉他们。犹犹豫豫中，法院终于决定"干一票"。我建议将冻结的标的物中选一个价值最小的、也最容易处置的来拍卖，在处置过程中看矿业集团反应的程度。南县法院接受了我的意见，决定将矿业集团位于韶山路的一处房产拍卖。

一开始，矿业集团反应很是强烈，甚至数次警告法院不要轻举妄动，免得引发职工的群体性事件。

对矿业集团的严重警告，法院置若罔闻。拍卖依程序进行，矿业集团所宣扬的种种可能发生的事件都没有发生。矿业集团看到法院动真格，还只有乖乖配合，尽可能将房子卖一个较高的价钱。

第一单处置成功了，不单是收回了一百八十九万元，最主要的是打破矿业集团长期形成的那种赖账可以不还的心理，同时也坚定了法院强制执行的信心。

执行的第一个战略目标实现了。

## 招商 >>>

解放军二十九小时的激战，一举攻克天津城，其实是打给北平的傅作义看的，共产党的目的是要和平解放北平。其实，强力推进韶山路房产的强制拍卖，是把韶山路房产当成"天津"了，这个案子中的"北平"是矿业集团位于土桥村的土地，这是我的下一个执行目标。

法院在房产执行中获得的信心马上就有体现，在我提出要将土桥村土地拍卖时，法院爽快地答应了，并很快委托中介机构对土地进行评估，土地的市场价被评估为九百六十万元。

面对法院这辆滚滚而来的步兵战车，矿业集团明白，一味的阻挡，只能是粉身碎骨。所以这一回，他们变换了法子，不硬挡了，也搞迂回战术，提出用另一块资产来置换这块土地。被拒绝后，他们对土地抛出了一个在当时完全不可能实现的价格——两千万元。扬言，达不到这个价格，谁也别想处置。他们的目的是希望我和法院知难而退。

在协调会上我和矿业集团的关系处理融洽了很多，通过这个官司的诉讼和房产的拍卖，加上我代理的省煤炭工业局的官司已经完胜，矿业集团对我已经敬而畏之。现在矿业集团负责这块事务的领导换成了邓副总，邓副总脾气要比龚副总好些，我和他只争不吵，他也认同我的能力和人品，不止一次的说："电业局请你代理算是请对了人，你看，一个这么大的案子，一审、二审、执行就你一个人在跑，而我们前前后后换了几个律师，最后出面的还是我们领导，如果我们要是请了你，案子也许不至如此。"

邓副总对我的好感，让我产生了一个大胆想法——当一回矿业集团的代理人，不通过拍卖，将土地竞卖，卖出一个超高的价格。我将这个思路与邹斌商量，邹斌说："这无异于老鼠想和猫结婚。"

我知道，如果提出要矿业集团委托我将土地竞卖，肯定会被拒绝，而且法院也不会同意。我决定分两步走，第一步，给矿业集团一枚甜枣——帮助招商。理由是：拍卖是一锤子的事，如果招商不到位，价格很难上去。

我要求法院将委托拍卖的时间延期，法院觉得奇怪，因为在之前，我一直在催法院要加快执行。我给他们解释，先帮助招商，将来好卖一个更高的价格。这个，法院自然会同意的。

矿业集团本来就不愿意土地被处置，我这一说，正中下怀。邓副总还调侃我说："喻律师，你招商能到两千万元，我们就同意卖地。"

我想到的第一个招商对象是电业局旗下的星电集团，但 他们给出的价格是六百万元。显然这是不可能的。

招商是一场很有意思的商业大战，而由一名律师来完成这个招商工作，就更有意思，因为这是一个与律师职业完全不搭界的工作。

事实证明，我这个非专业的商人还可以，两个月左右的时间，在没有登任何广告的情况下，我接触了三十余位意向者，每天有听不完的电话，喝不尽的茶。三十余位意向者可谓形形色色，有实力又有诚意的不多，但一见面就给我许诺的不少，而且个个大方。

经过百十余场茶局后，我认为既有实力、又有诚意的只有三家，智鑫君吉、荣鑫、猎鹰房产。智鑫君吉是开发中南汽车世界的公司旗下的公司，我分析，他是最迫切拿下这块地的公司，因为中南汽车世界方方正正的一块地，四只角，智鑫君吉占据了三个，但偏偏这三个角都临高速公路，而该地块正好是不临高速公路的那只角，而且规划中这个角正好是两条城市主干道相交点。为得到这块地，智鑫君吉已经找矿业集团谈了好几年；另一家荣鑫公司，在邵阳做得红红火火，挺进省城第一单，志在必得；再一家猎鹰房产，背景是涉外经济学院，这是其涉足房产的第一单，同样是志在必得。

从招商一开始，我就留了一个心眼，将所有竞买者的信息封锁，不但买家之间相互不知，甚至连法院和矿业集团都不知道。这样做最大的好处就是能避免串通定价。所以在百十轮茶水过程中，我已经将该地块价格从一千万喝到了二千二百二十万元。这已经是个奇迹！这个价格是荣鑫公司出的。

这块地似乎成了一支只涨不跌的股票。每次见面，对手都会问："喻大律师，土地现在是什么价格了？"

随着出价的攀升，法院主持的协调会越来越和谐。从又争又吵，到只争不吵，到不争不吵，再到轮流请吃工作餐。法官说："这也是一个奇迹！"

二千二百二十万元，对于一块三十亩的工业用地，这是一个不可思议的高价了，我完全可以见好就收，动员矿业集团直接和买家签合同就是了。但招商还只是我的第一步，我还想将土地的价值最大化，我还要将它走一个全新的程序——竞卖。

## 竞卖

当我提出要"竞卖"这块地时，法院和矿业集团都不明白"竞卖"是什么意思？我解释说：不通过拍卖公司，就我们自己找几家公司，在我们设定的条件下竞拍，价高者得，类似于拍卖。

不怪他们不理解，因为这是我自己独创的一种方式。这种方式能避免竞拍人串通围拍，而且可以节省拍卖佣金。

一顿大棒和一颗甜枣之后，矿业集团对我完全相信，所以他们在明白我所说的"竞卖"之后，基本没有犹豫就同意了。邓副总还玩笑说："要是能卖到三千万元，我请你们都到美国去玩一圈。"

倒是说服法院费了些气力，法院处置涉案资产，一般都是委托拍卖公司拍卖，而将涉案资产交当事人"竞卖"，这种方式还从来没有过。

最后说服法院的，居然是矿业集团，他们相信我能将土地卖一个更高的价格，而法院无法保证拍卖成交的价格，只好同意按我的方式试一试。

到了这一步，我很有成就感了，我是电业局的委托代理人，矿业集团在案子上如此被动，确实是我的"功劳"。按说，我和矿业集团应是生死冤家，但到现在，矿业集团不但不恨我，还对我信任，他能同意由我来处置这块土地，我实际也成了他代理人。从铁血到和谐，从对手到朋友，这是一名律师能力、职业素养、人格魅力展示的过程，在这个过程中，我的表现是完美的。这是做律师的一种境界！

矿业集团虽然也派一名办公室副主任支持我的工作，但实际上，所有的工作基本上是我一个人完成，竞买规则是我起草，竞买程序是我设计，竞买人是我找的，竞买场地、工作人员都是我安排的。

竞买规则是：该块土地向社会公开转让，转让的方式是类似于拍卖的竞买；意向竞买人参加竞买须支付一千万元保证金；该保证金直接转入强晟律师事务所账户，该账户由法院冻结。保证金在竞买会后，未成交即退，成交了抵成交款，违约则抵违约金。土地转让合同只留下成交价款不填，其他都约定好，竞买会前交各竞买人阅读认可，竞买会前矿业集团在土地出让合同的土地出让方盖章，而竞买人参加竞买必须将合同章交竞买会主持人保管，竞买成交后，竞买主持人可以直接盖章等等。

为了能给竞买人造成悬念，抬高竞价。我还做了一个小小的设计，请矿业集团的上级——湘煤集团做一暗标，湘煤集团的报价在竞买会前即报出，密封，在竞买会上当众交给主持人。当最后报价完成后，当众拆开湘煤集团报价，如果最高报价低于或等于湘煤集团报价，该土地转让给湘煤集团。

11月8日9时8分，同天酒店十楼会议室，竞买会正式开始，参加竞买的有智鑫君吉、荣鑫、猎鹰、湘煤集团四家。主持竞卖的是我和矿业集团的办公室副主任张坤，南县法院作为监证方参与了该竞买会。

我这名律师又有了一段客串拍卖师的经历。

竞买起价是二千二百二十万元，9时28分拿一号牌的猎鹰公司喊出了第一口价二千四百万元，其他两家公司紧紧跟上，竞买规则规定竞买加价只要不少于十万元就行，猎鹰公司的加价幅度总在五十万以上，所以不到14轮出价，土地价格已经突破三千万元。在场便有很多人朝邓副总挤眉弄眼，比划比划，邓副总笑得像个弥勒佛。

竞买规则设计中有一个小小的缺陷，就是每一轮出价容许有 15 分钟的考虑时间，所以上午竞买没有完成。中餐，我安排了盒饭，边吃边竞价，大家都不离场。

14 时 27 分，持 2 号牌的智鑫君吉报出了四千五百二十八万元后，再无人举牌。拆封湘煤集团的暗标，二千二百二十一万元，土地由智鑫君吉竞得。

那天，我是整个会场的核心。荣鑫公司刘总虽然对未能竞买成功而深深遗憾，但并没有抱怨我，还当着几十个人面大声说："喻律师，你还做什么律师啰，你就是一营销高手，一策划大师！"

在握手送别刘总时，刘总还很真诚地建议说："喻总，你不做律师可能有更广阔的天地。"

南县法院说，这应当是今年省法院系统执行现金最大的一笔，也是南县法院建院以来执行到位最大的一笔执行款。还说，在执行模式上，这绝对是个创举。

邓副总虽然自食前言，没有组织我们去地球那边的美国，但多次电话要我去煤炭坝镇，陪我去体验"地球深处"——地下四百米的矿井挖煤的感觉（之前我表露过对地下四百米挖煤的强烈好奇），还隐晦的问我是否愿意担任其公司的法律顾问；他们一位邹姓处长还专程到我办公室来了几次，想委托我卖掉矿业集团位于新路村的房产；最有意思的是和我吵吵闹闹的龚副总，一年后自己有了经济纠纷，不敢来找我，通过我学生找到我（学生和他儿子同学），说律师中他只相信我，一定要我代理。我还真接受了他的委托，代理了他一桩官司，这是后话。

## 穿越到南宋

反差最大的是电业局，在该土地未卖之前，没有一个人理睬案件执行，土地竞卖成功后，人气指数骤然升高，电力系统开展了一系列活动：省电力公司派记者去电力局采访，就该案的审理和执行，写了专门的文章，发表在电力系统的杂志上；相关人员被评奖，奖金有几十万元；电业局还在筹备了庆功会……

这一年，电力局总结 2007 年工作，其中成绩有两点：第一是二十年来第一次实现了新欠电费陈欠电费双结零；第二是今年十余件官司全部胜诉，一年无赔偿。有人开玩笑说，这都与喻律师分不开，没有喻律师，矿业集团的陈欠新欠都归还不了，而十余件官司全部是强晟律师事务所代理的。

当电业局和矿业集团都在欢呼庆贺时，我这个总导演、设计师却远离欢乐中心，一个人正醉心于另一个设计，一个更大、更宏伟的设计：

法院判决矿业集团应支付电业局电费本金、滞纳金共计一点三五七亿元，加上判决生效后的迟延履行金，总计应执行金额在一点五亿以上，现在卖了房产和土地，执行到位的实际还只有四千七百一十七万元。将余下的一亿多元执行到位，是我这个代理律师的使命！而且要完成这个使命，还有时间限制，新修改的《破产法》规定国企破产中先安置职工的规定执行到 2008 年年底，我分析矿业集团肯定会赶上末班车。

这个使命虽然有些沉重，但我很有信心。还在处置土地时，我已经在为下一单资产的处置作准备了，下一单待处置的资产，正是矿业集团邹处长要我帮忙处置的位于新路村办公楼和宾馆。这两栋建筑物造价就达近亿元，如果处置得好，可以一举将案款全部执行到位。我已经有了一个比卖土地更加完美的设计。

但正当我踌躇满志时，矿业集团却向南县法院申请终结执行，理由是和电业局已经达成了四千万执行和解的协议。但在我用各种方式询问电业局时，他们要么含糊其辞，要么直接否认。我最终确定他们已经执行和解，已经是在和解协议达成两年后。我的美妙的执行方案就这样胎死腹中。电业局将我直接穿越到南宋，让我生生的感受到了岳飞接到十二道金牌时的无奈与悲愤！

关于这些悲愤与无奈都将呈现在另一部作品《风险代理》中。

# 第十五篇

# 副省级律师

我承接的第一单破产业务居然是我自己"设计"出来的。这是一个负债达10个亿的正厅级国企和他39个子公司的破产。在这场声势浩大的破产大戏中，我饰演一个应由副省长担纲的角色——清算组组长。因此，我被人戏称为"副省级律师"。

# 担任金华进出口总公司破产清算组组长

## 正厅级国企要破产 >>>

2006 年 9 月份，一位姓谢的律师来我办公室。我们是第一次见面，聊了一个多小时，内容主要是我的个人业绩和破产方面的专业知识。谢律师走后一个小时，便来电话说金华进出口总公司林总想来拜访我。

第二天，林总和谢律师一行来到我的办公室，主要是想向我咨询一些公司破产方面的知识。

金华公司是省政府直管的五大进出口公司之一，排名第三，是家正厅级企业。上个世纪 90 年代初，计划经济时期，进出口业务被垄断，金华公司赫赫有名，后来由于政策、市场等原因，金华公司迅速衰落，90 年代中后期，资不抵债，公司基本停摆。

金华公司从 2000 年起，就一直筹划破产。但由于子公司、孙公司可能有上百家，金华公司破产，子公司、孙公司要跟着一起破产。省政府给破产经费的标准是每家四十万元（十万元作诉讼费，十万元作审计评估费，二十万元作工作经费），上百家公司一同破产。破产经费是个不小的数字，省政府一直下不了决心，所以金华公司筹划破产虽然很多年了，仍旧没有任何进展。

林总很着急，找了多名律师探讨，希望能找到一条节省破产经费的捷径，但都没有结果。这也难怪，在我们国家经济还没有完全市场化、法制化的情况下，企业破产，还只是个听得多见得少的企业法律行为。这一块的律师业务量很少，算是比较偏门，甚至懂这块业务的律师都不多。何况林总的问题确实有一定难度。我虽然从事律师职业已经十来年，但我的业务专长是民商事诉讼，在林总来找我之前，还从没涉足过破产业务，甚至连《破产法》都未曾认真研读过，是个典型的门外汉。

我相信，林总掌握的破产知识比我多。但林总说他是慕名来找我，为了对得起这个"名"，我并没有拒绝，只是答复他，容我考虑几天。

显然林总也没有抱太大希望。

## 捷径破产 >>>

临阵磨刀。我找来破产和公司方面的法规认真研习了好几遍，对企业破产有了一些认识，我认为，像金华公司这样的破产，要达到节省破产经费这一目的，最直接的做法就是减少破产程序。破产案件的收费是按件来收的，少立案号就可少收费。但法律规定很清晰，破产只能一家家破，一家公司，一个案号，一个程序。

我冥思苦想了好几天，没有找到所谓的捷径。求己不行了，改求人吧。我向专业承办破产案件的法官请教，结论是不可能有所谓的捷径。

但我还是不死心，相信所谓的捷径应当存在。这些年做律师最大的感悟是"适用法律"和"运用法律"的问题，一味的"适用"，法律可能是一堵堵拦路的高墙，而且你会发现你的周围全部是高墙，你怎么走都走不出去；如果能够"运用"法律，特别是能够灵活运用，法律就能成为你手里的工具，为你逢山开路、遇水架桥。我相信，只要"运用"法律得当，这条所谓的捷径就会被我发现。那些天，我的心思大部分在"运用"相关法律中。

一天，有个实习律师向我咨询一个"被吊销执照的公司能否承担民事责任"的问题。在给他解答时，我灵光一现，从吊销联想到注销，一个大胆的设计瞬间形成，我觉得找到了所谓的捷径。

我的设计是：在金华公司愿意承担子公司、孙公司全部债权债务的前提下，将其子公司、孙公司全部注销，但不清算。在金华公司破产时再将这些注销了的子公司、孙公司一并清算。这样就可以只立一个案，只走一个法律程序，可以节省大笔破产经费。

林总听完我的设计，马上就说出了他的顾虑：按正常的程序，公司注销，必须先清算，只注销，不清算，工商局恐怕不会同意。但如果清算，一旦发现资不抵债，还是要进入破产程序……

显然，这个方案已经有人想到，而且也和林总提及，只是发现有法律障碍放弃了。

"这个不怕，这是为省政府卸包袱，可以请省政府支持。"

"省政府怎么支持？"

"只要省政府出一个公函到工商局，要求工商局同意金华公司子公司、孙公司先注销后清算就行。"

"省政府能出这样的公函吗？"

"清算的目的是查清被注销企业资产及债权债务的情况，终极目的是解决债务偿还的问题，如果一个企业只注销，不清算，工商部门肯定不会干，他怕担责任呀。但现在被注销企业的出资人承诺对债权债务承担责任，不清算即注销，在法律上也讲得过去，何况这样做是为省政府卸包袱呢，于情于理，省政府都会出这个公函的。"

林总觉得理论上说得过去，有可操作性，便提出和我一起去省高院找法官论证。

法官的第一感觉是不行，理由是没有先例。但随着我们探讨论证的深入，法官承认，这样做，并不违法。

林总很是高兴，觉得终于找对人了，当时便提出要聘我所在的强晟律师事务所为其做破产准备。我欣然接受。很快地双方于 2006 年 11 月签了合同。

# 副组长 ————————————>>>

这对于强晟律师事务所和我个人来说，是破天荒的第一遭，因为此前，强晟律师事务所的任何一个律师都没接触过破产业务。当我带着六名律师忐忑不安地进驻金华公司时，受到了林总和金华公司领导的特别欢迎，林总专门招集全公司开会，明确金华公司破产的事务全部交强晟律师事务所承办。

林总放下身段，主动对我说："金华公司现在就交给你了，你说怎么办就怎么办，我们都听你的。"林总的话，让我更加忐忑不安。

进驻金华公司前，我还是作了一些功课，对破产的程序及相关知识作了一些了解。我知道，首先要做的事是解决子公司注销的问题。我和林总分工，林总负责去省政府要批示，强晟律师事务所负责注销的具体工作。

省政府果然很爽快地给工商局批示了。有了这份批示，注销就不是问题了。金华公司对自己子公司、孙公司稍作清理，从一百多家子公司、孙公司中选取三十九家按我设计的方式注销了。

接着就是为申请破产准备文书资料，这是个技术活，而且有严格的要求。我只能一次又一次地求教于那些专门搞破产案件的法官朋友。在他们的指点下，终于将资料准备好了。

金华公司所在地的法院不想承办该破产，主要是工作量太大，而且费用太少。我只好又找到省高院。通过省高院，将该案指定给案源相对较少的某市中级法院。立案时间是 2006 年 11 月 3 日，承办人是民二庭庭长叶法官。

法院的动作很快，受理后第二天，就下达了第一份裁定书，裁定金华公司进入破产清算程序。裁定书还有一个附页，列出了同时清算的三十九家子公司的名单。

按照我们委托代理合同的约定，金华公司进入破产清算程序后，强晟律师事务所的合同义务即已完成，至于接下来怎么处理，这是清算组和法院的事了。

法院裁定企业进入破产清算后的第一件事就是成立清算组。在法院关于清算组的裁定下达之前，我已经弄清楚了国企破产清算组的组成原则。国企破产，清算组一般是由相关职能部门的派出人员组成的，而清算组组长一般是他的上级主管机关领导担任。金华公司是一家正厅级企业，它的主管机关是省政府，所以其清算组组长很有可能是一位副省级领导。清算组成员一般就是省政府相关职能部门指派的，有国资委的、财政厅的、国土厅的、社保局的、房管局的、劳动人事厅的等等，这样成立清算组便于破产工作的正常开展。

在破产管理人制度实施前，律师参与破产清算，特别是参与国企破产清算，进不了清算组，只能以顾问或清算工作组成员的身份出现。工作除了建言献策以外，更多的是调查，很多时候可有可无。

强晟律师事务所和金华公司的委托代理合同虽然已经履行完毕，但对这项全新的业务，我还是有浓厚的兴趣，希望继续参与，哪怕不再获得一分钱的报酬。我不苛求进清算组，梦想在清算工作组中觅得一小职位，能让我全程深度参与就行。

法院关于破产清算组的裁定下来了，大大出乎我的意料。我一个小律师，居然成了正厅级的金华公司破产清算组的副组长；还有点意料之外的是，清算组组长空缺，说是暂时的。在意料之中的是清算组成员都是政府职能部门的相关领导担任。

定位是"群众演员"，结果变成了"副导演"！这让我很是纳闷，怎么会这样呢？

叶法官说这个破产思路是我提供的，所以希望由我来实施完成。"你这个副组长来得很不容易，国企破产还没有律师进清算组的先例，也少有设立副组长这一职位的。我们报省高院经省政府批准后，专门为你设立了副组长这一职位的。"

在美国，四十几任总统中，有一半以上出自律师；但在中国，律师与官是基本无缘的，还没有听说哪一位省长、市长出身于律师。虽然只是一破产国企清算组副组长，我还是很有成就感，毕竟律师进入了清算组。

## 副组长的苦恼 >>>

谈到破产时，人们想到的总是清算组。其实，在企业破产中，真正做事的是清算工作组，清算组只是决策部门。组长暂时未到位，就由我这个副组长主持工作。我先将组织架构搭起来，成立了若干清算工作组，计有 债权债务清理组、审计评估组、安全保卫组、后勤保障组等等。清算工作组由破产企业留守人员、会计师事务所、律师事务所等人员组成。成立清算工作组时，在没有增加代理费的情况下，我"利用职权"将强晟律师事务所的绝大部分律师都安置到清算工作组中来了，我不想放过这个锻炼律师的机会。

按程序，接下来就是要召开第一次清算组会议和第一次破产企业负责人会议。说实话，这两次会议让我至今都还心有余悸。

清算组会议，参会的九个人中，有八个是职能部门的实权领导，正处以上级别。一个个正襟临危地坐在金华公司的会议室，等待着某位领导的出现。但最终坐在主席位的是他们并不熟悉的喻律师。我从他们的脸上读出了失望，甚至还有稍许愤慨。接下来便是我一个人说，无人附和也无人反对。我说完了，便再也没有任何声音。我知道，他们根本没有将我这个草根副组长放在眼中。我有些愤慨，但更多的是无奈。

负责人会议，参会的除了金华公司负责人外，还有一块列入清算的三十九家公司的负责人。金华公司是正厅级，下面子公司的负责人都是正处级，一间不大的会议室，挤了几个正厅、副厅级干部，四十多个正处级干部。阵容是相当的壮观，市长、市委书记主持召开一个会议的规格也大抵如此。但会议危机四伏，坐在主席位的我如坐针毡。

这些人虽然级别不低，但没几个得意的。他们坐在一起，更多的是慨叹人生的不如意。说当年如果不弃政从商，现在指不定也是一方诸侯，何等风光。如今所在企业早已停摆，没了自己的舞台。

他们根本就无视我的存在，抽烟、讲怪话、看报、打电话，我相信如果不是林总在场，要求他们坐在会场都困难。

我召集金华公司负责人开会的目的是给他们定几条规矩，要求他们尽量配合破产清算。但到会议结束，我拟好的规矩都没办法宣读。我知道，那样的气氛是不适宜宣读带有强制性规矩的。

第一次破产企业负责人会议，留给我的深刻记忆是由四五十杆烟枪喷出的浓浓的烟雾和烟雾后面一张张不尽友善的土灰的脸。

## 泥潭

>>>

第一次破产企业负责人会议还没完，会计师事务所李总已经在等我了："喻总，银行账户这块怎么办？"

我反问她："银行账户怎么啦？"

"按审计的要求，必须对银行账户函证。可现在查实的银行账户就有一千四百多个，如果这个工作要会计师事务所来完成，就是派两个人专门来做这项工作，一年也完不成。函证一个银行账户，银行还要收二百元呢……"

李总这一说，我立马意识到，这是个很大的问题。银行账户这一块，李总还只考虑了审计的问题。这个问题还好办，只要有时间和钱，还是能解决。但按破产的法规，银行账户在破产终结前要注销，账户上的资金要归集到清算组账户。注销银行账户要提供开户时留存的印鉴、营业执照等等资料，这对于这些财务资料缺失、公司结构都不健全的公司来说，基本不可能提供。银行的规矩向来都很死，少有通融余地。这样一来，破产岂不是无法完成。

我带着满肚子困惑找到林总，想向他讨教金华公司为什么会有这么多银行账户。林总一声慨叹，说起了金华公司的前世今生。

金华公司本身就是一"怪胎"，为什么会有金华公司？据说原来在岳阳工作的陈领导被调到省里任副省长，不忘当年的搭档萧同志，邀萧同志来省城任职，并许诺其某厅厅长的职位。萧同志听信于陈领导，辞了原职，来到省城。

殊不知省城这渔塘比洞庭湖还要大。即便是陈领导自己分管的厅局，这厅局长岗位自己说了也不算。萧同志则被人举报，省纪委插手，自然就不能被委以重任。

省纪委查了两年，证实萧同志没问题，但此时他五十九岁，过了委以重任的年龄。他自然不甘心，又找到陈领导。陈领导愧疚于心，没办法，要他自己想办法。

当年正是办公司热潮，他便提出办公司，进出口业务被垄断，进出口公司很红火，所以萧同志要办的公司就是进出口公司。

陈领导同意了，这就有了金华进出口总公司，注册资金六千万元，实际上省政府没有出一分钱，只是将省属的九家公司划拨给金华公司。因为承诺了萧同志的正厅级，金华公司便是正厅级。

金华公司一经设立，立即表现出超强的繁衍能力。当年的经商热，使得许多干部宁愿放弃仕途，下海从商。金华公司名下便挂靠了无数的子公司，子公司又挂子公司……

萧同志只在金华公司干了两年便退休了。至其退休，"子孙"有多少，他本人也不清楚。

后来进出口业务放开，做的人多了，金华公司这样的国企，没了竞争力。金华公司这棵大树还没有倒，但猢狲已散得差不多了，赚了不安心钱的早移民国外；有门路的洗手回头（有个子公司的经理后来是副省长）；有些则转行从事与进出口无关的业务，自力更生；更多的则是赋闲。

金华公司不管怎么样公司结构还健全，有自己的办公场地。子公司、孙公司就是另一番景象，不要说公司结构，有办公场地的就寥寥无几，更多的是无场地、无人员、无资金、无资产，甚至无财务资料的五无公司，但他们有工商登记、有经营记录、有银行账户、有印鉴、还有一大把的债务，有几百待政府安置的职工，还有职工各式各样的合理与不合理的要求……

怪胎下的蛋自然还是怪胎，金华子公司、孙公司的成立模式和金华公司基本上一致。金华公司虽然是国企，其实他的管理很混乱，很多是搭伙求财。每个下海的官员都单独成立一家公司，或者几个人一起成立一家公司，各做各的业务。所以基本上是一个经理一个账户，甚至一单业务一个账户，一个公司少的都有二十个账户，多的有一百多个。

为什么要一单业务一个账户？

这中间是有玄机的，这些公司一旦成立，便立即向银行借款，一借就是几百万，钱一旦借出，便鲜有还款的。据说，有更厉害的，做贸易时，赚钱的单是个人做的，赔钱的单便是公司做的……

金华公司到底有多少子公司、孙公司？到底负债多少？在法院有多少官司？到底还有多少资产、债权？职工还有多少问题尚待解决？已经没有一个人能说清楚。

破产，其实就是法人的安乐死。但法人的安乐死和自然人的有些不同，自然人安乐死，不管你得了什么病，一针打下去，你就到了极乐世界；但法人不行，要查清你的前世今生、身家几何，债权债务如何处理等等，这些问题都要由清算组解决。我虽然只是个副组长，但我知道，即使组长来了，这些事也是我的。

林总是2004年调来金华公司的，目的就是破产。省政府要求他将破产完成后再走。不想，这是个泥潭。有一回，他和我说起他的同学谁谁谁又是哪个地州市的书记市长，谁谁谁又是某厅局一把手，说到自己，很有些落寞。

我知道，五十来岁的林总已经耗不起了，金华公司的很多领导都耗不起了。

至此，我已经感觉如临深渊。我怕金华破产是个爬不出去的泥潭，怕在破产过程中有意想不到的意外，怕对不起林总……

我还有最后一线希望——请清算组组长尽早到位，让他站在前面，我配合他做点具体的事，这样我的压力会小很多。我以清算组的名义给法院去了一个报告，法院通过省高院请示省政府。

## 临危受命 >>>

不久，叶庭长跟我说，清算组组长一时半会儿不会来了，法院和有关部门商量了，决定由你担任。

之后我便听到了省政府不派清算组组长的原因，本来省政府是安排一位副省长担任组长，但这位副省长在担任另一家省属国企破产清算组组长时，经常被破产企业职工纠缠。他已不胜其烦，在听说金华公司的情况更复杂后，说什么也不来。他不来，别人更不愿意来。没有清算组组长的破产肯定是无法开展的，便建议由我担任清算组组长，省政府居然同意了。

一同下来的还有省政府拨付的破产经费，一百七十万元，而且声明，这是破产的所有经费，不会再增加。这是个很令人失望的金额，虽然只立了一个案号，只是一个破产案件，但实际上还是四十家企业在一同破产，这样做确实可以省一些费用，比如诉讼费和审计费，但还是有很多费用不能省，比如工作经费。一百七十万元，作工作经费都远远不够。要知道如果破产四十家，省政府要支付一千六百万元的破产经费。这无异于既要马儿跑，又想马儿不吃草。

拿到任命裁定书那天，我在清算组办公室坐到深夜，没有一丝喜悦，呆呆地望着裁定书。福兮！祸兮！

坐在四十多个厅处级干部的上首，履行着一个应当由相当级别领导才能履行的职责，决定着与十多个亿的债权债务、几百个债权人、几百个国企职工息息相关的事……对一名律师来说，这绝对是桩了不得的好事。

这真是一桩好事吗？副组长的经历告诉我，这是一项苦差，一项没人敢接手的苦差。

我算是一名作战经验丰富的老兵，但原来参加的战斗都是单兵种作战，扮演的角色始终是近距离作战的陆军。今天一名陆军士兵突然成为了集团军总司令。但这个集团军司令并不是论功行赏给你的，而是大部队已经陷入绝境，临危受命，要你来克服困难，带领部队突围……

其实，我完全可以选择退却。我和金华公司签的合同中并没有要我当清算组组长的条款。但在我的执业生涯中，没有退却的记录，退却不是我的性格。破釜沉舟，背水一战吧！

## 北京充电

>>>

虽然决心已定，但毕竟是第一次涉足破产，是个地地道道的外行。我还是无从下手，除了从书本恶补专业知识外，还期待有高人的指点。这时，机会来了。

12月份，北京开办破产管理人培训班，我、林总和叶庭长都报名参加了，认认真真，扎扎实实地学习了五天。讲课的是最高院民二庭的法官、全国人大法工委的领导，都是参与修订新《破产法》的专家，听课的以律师居多。

破产管理人，是《破产法》修改后出现的一个新名词。新《破产法》实施后，破产管理人就取代了破产清算组，这是我国企业破产和国际接轨迈出的重要一步，也为律师业务开辟了新的天地，因为，破产管理人可以由律师担任。

在讲课过程中，多位专家抨击破产清算组制度，由上级主管领导担任清算组组长的制度，被专家认为是由非专业人士做很专业的事，弊端很多。有位专家说："我还没有听说过律师担任了国企破产清算组组长的，甚至没听说过律师进入了国企破产清算组的。"

课间，和这位专家交流，并告诉他，我现在是一家正厅级国企破产清算组组长。这位专家非常诧异，同时非常感兴趣，便和我有很多沟通，了解我带领清算组破产清算的情况。最后，这位专家说："你完全可以自豪，因为你是我晓得的全国唯一的一位担任国企清算组组长的律师，而且是正厅级国企！"

许多同行得知这个信息后，都相当羡慕，认为我给律师界争了光、长了脸。有同行甚至说："能接上这样一单业务，不给代理费都愿意干。"有的干脆戏称我为"省级律师"。那些天"省级律师"便成了他们对我的称呼。虽然我知道这个头衔是虚的，但我还是很有职业荣誉感。

这次听课，收获颇丰，不但学到了实用的知识，还提振了信心；不单是获得了虚无的职业荣誉感，更重要的是发现在新《破产法》实施前，我实际已经充当了一名破产管理人。我的破产思路，很符合新《破产法》的精神。这种先知先觉先行的感觉，不像职业荣誉感那么虚无，是一种实实在在的成就感！

从北京回来，我对金华公司的破产，有了一个完整的认识，对我在这个破产中的作用，有了一个全新的定位，要抢在全国律师同行的前面，在破产管理人制度实施前，提前当一回破产管理人。

## 破产管理人 >>>

新《破产法》正式实施的时间是 2007 年 6 月 1 日，而我整整提前半年进入了破产管理人的角色，完全按破产管理人的职责和权限完成了我在这个破产中的定位。我虽然也会按期召开清算组会议，会征求其他清算组成员的意见，但更多是按我的设计在完成这项清算业务。

我一改往日的沮丧，用更多的热情投入到工作中。从北京回来的第二天，我早早来到清算组办公室，全天召开了六个会。清算工作组的每一个小组我都召集开了会，然后开了清算工作组的大会。这一天，我记录了几十条从各个工作小组反馈上来的意见，对工作我重新提出了要求，并制定了破产计划时间安排表。

我调整了破产思路。原来我想查清所有事实真相，现在看来是不行了，有的可能连政法部门都查不清——当事人出国了或者死了。如果按原来的思路，金华公司的破产三年五年都完不成，而且很有可能会陷入泥潭。现在我把清算范围收窄，能带过的就带过，为破产而清算，尽可能早日了结。

接下来的时间，我以清算组组长的身份单独约见了金华子公司的四十多位负责人。

我不和他们谈法律，从他们的个人要求入手，谈公司沿革、轶闻，对破产的建议和要求。这些人大多有一种落魄感，而且每个人都会有些要清算组解决的问题，如报销医药费呀，拖欠的工资养老保险呀，报销代垫的工作经费呀等等，所以谈得比较融洽，往往计划只谈一个小时，结果谈了两三个小时。谈到最后，许多人都忘记了我是律师，甚至错误地把我当成了省里领导，提了很多问题要我向省里主要领导反映，好像我可以随便见到省里主要领导似的；给了我许多溢美之辞，表明了他们对破产清算和我的工作支持的决心；离开办公室时，甚至有些毕恭必敬。

虽然我现在做的工作和原来的律师工作相差很大，但是居然也很快就适应了，完全进入了清算组组长这一角色，甚至 忘记了自己是律师。

第二次召开金华公司负责人会议的情况比第一次好多了。会议一个小时便结束，我宣布了清算组制定的对破产公司负责人的纪律和要求，发给每人一份，要求签收，居然没人反对。

破产企业是个火药桶，一不小心就要爆炸。这些年，因企业破产而引发的的职工上街游行、堵路，在省、市政府门口静坐的实在太多。我便亲眼看见有一家破产企业的职工在省政府门口打出了"我们要做公仆，不要做主人"这样一个啼笑皆非的横幅。我不希望金华公司破产出现这些状况。

所以我的工作中很大一部分时间是接待职工，天天都要接待，职工有很多要求，有的能满足，有的不可能满足，有的甚至纯粹是无理取闹。

那段时间听电话，电话那头只要开口叫"喻组长"，我便马上神经质地烦躁。但不管怎么样，都得认真倾听，耐心解释。这些工作为我赢得了一个"最没有架子、脾气最好的清算组组长"的好名声。金华公司破产，职工一直很平稳，没有闹事的，这和我的耐心接待、认真倾听、专业解释不无关系。

虽然想尽可能简单，但四十家企业放在一个程序中破产清算，他的每一项工作都蔚为壮观，法院每制作一份文书，随便就是几百份，甚至几千份，法院盖章的同志曾经加班到晚上十一点。

查询子公司、孙公司的工商档案就有一百多个，复印了一万多页，寄发的债权申报表都是几千份，查实要注销的银行账户达一千四百多个……

相当的工作，不仅仅只是量的庞大，更多的是对专业知识，综合能力的考量。

银行函证的解决就是综合能力的体现：一千四百多个银行账户，函证费加上办事员的费用，至少三十多万元。函证还可以用钱来解决，注销就用钱都解决不了。该死的这些银行账户！怎么办呢？

凭我的理解，所谓函证：就是会计师事务所为查清破产企业银行账户上有多少资金，开一个询证函给银行，银行将资金余额写在函上，会计师事务所以此作为审计凭证。

查资金余额，法院也可以查，而且法院查询，银行不收钱，可不可以由法院出面查询？将查询凭证代替询证函呢？

思路的闸门一旦打开，有如泉涌，我发现银行账户注销也可以通过法院变通来解决，

这项工作也可以由法院来完成，而且两个程序可以一并完成。放着法院这么好的资源怎么不利用呢。

我的设计是：将会计师事务所的函证和清算组注销银行账户两个程序，改为由法院牵头的查询银行账户。要函证和注销的账户，由法院查询余额，对有余额的银行账户，法院强行将其划拨至清算组账户。对被法院查询或

强制划款的账户，清算组以查询单及转款凭证作依据，不再办理注销手续，免去了找不齐银行印鉴、公司资料、开户资料这一难题。而会计师事务所拿到银行盖章的查询单，等于是拿到了函证回单……

我把设计和李总商量。李总一开始就态度很坚决地说：不行，这没有先例。我慢慢和她解释，最后她承认：律师的思维比会计师活跃一些！

法院接受了我的设计，一切就简单多了，只用了一星期、花了一万多元就完成了该项工作。一千四百多个银行账户总共才转了二万多元到清算组账户。

这个设计，至少将清算时间缩短了六个月，节约了三十多万元费用。对此，参加过很多破产的李总很是感慨，说如果不是律师担任清算组组长，这个问题可能还在开会讨论中。李总对我相当佩服，她经常戏称我是"会计专业人士"。

## 追缴资产

在破产程序中，有一个必经的环节——追缴破产企业资产。

在别的破产中，这不是难题，因为资产都在，你去清理就行了。而金华公司的破产，却很麻烦。四十家公司破产，账面涉及的资产有两个多亿，几百笔，都是一些陈年旧账，而且遍布全国十几个省市。要将这些资产查清楚，工作量之大之难，可想而知。同时，这是个非常敏感的问题，不但债权人敏感，金华公司的职工也敏感。这个问题处理不好，债权人、金华公司职工都有可能会闹事。

一笔笔资产去清，显然不可能，我决定从最难的债权着手，杀一儆百。

金华公司的六千万元注册资金实际是没有到位的，这是所有债权人都关注的问题。省政府是出资人，依据法律规定，清算组应当向出资人追缴未到位的出资。

但要向省政府追缴这一笔钱，所有人都有所顾忌。早几年，有个案子涉及省政府，省长的大名出现在起诉状上，这立马成了一个政治事件，最后以承办该案的庭长去职而告终。这件事，在政法界已是尽人皆知。

当然明智的做法就是对这个问题视而不见，但我总觉得是对职业的不尊重。怕什么怕，反正我一介平民，无畏也无求，要是出了问题，就算是为职业献身好了。

最终我以清算组的名义给省政府去了一份函件，要求省政府将金华公司未到位的六千万注册资金补充到位。同时告之，因金华公司的职工安置费需要七千多万元，该笔资金也是由省财政承担，追缴的注册资金可以用来支付职工安置费。省政府接到该函，居然同意支付该款。

这笔钱追到位后，我信心大振，接下来就将职工反映强烈的车辆列入追缴计划。

财务账上反映，金华公司还有几十台轿车，而真正由清算组控制的只有三台。经查实，大部分轿车都已经灭失了，只是账面没作处理而已，不过，也还有几台车是金华公司子公司的负责人在开。

要追回这几台车也非易事。这些人都和公司有诸如养老保险、费用报销等等扯不清的经济关系。你问他要车，他就拿这些问题来搪塞，金华公司已经追了几年，一台车都没有追回。

我认真分析了这几个占有公司车辆的子公司经理，将一个可能涉及经济犯罪的经理叫来，要他交出车辆，他不肯，说公司还欠了他几年保险金。

我说这是两码事。他还是不肯，我便提另外一件事，而且告诉他，准备和检察院联合。这一下他急了，同意配合，将车交了出来。

收回了第一台车，其他的车就好办了，没多久，所有能收回的车便都收回了。清算组的威信随之大增。

几百笔资产，通过审计，核销了大部分，剩下几十笔，将所有律师分成五个组，一笔一笔查实……

## ● 走访债权人

>>>

在接手金华公司破产前，我以债权人的委托代理人的身份参加过几次破产债权人会议，给我印象最深刻的就是吵闹，歇斯底里地吵闹，甚至最后演变成一场打斗。

企业破产，最难对付的是债权人。债权人总会找各种各样的理由来刁难清算组。金华公司负债近十亿，有多少债权人，这中间有多少怨恨，可想而知。

这也怪不得债权人，其实和我们国家的破产制度设计有关。破产应当是市场经济下终结游戏的一种规则，破产的目的应当是保护债权人的合法权益。

但我们国家的破产就变了味。《破产法》虽然规定只要是有限责任公司就可以破产，但在实际操作过程中，破产似乎成了国企的专利，而且国企破产并不是为了保护债权人。破产企业资产，第一顺序是安置职工，第二顺序是交税，留给债权人的一般所剩无几了，很多时候是零。加上破产清算组没有债权人参加，其公开透明的程度不一定高。

所以债权人会议往往成了债权人发泄闹事的机会，清算组往往也对债权人会议如临大敌。

从接触金华公司破产开始，便知道金华公司的债权清偿率为零，我一直为债权人会议担心。我一直在设想，当我这个清算组长亲口告诉债权人债权破产清偿率为零时，债权人会不会集体发飙？换位思考，如果我是债权人，也会发飙。

而且清算分配方案是要债权人表决通过的。自己的债权一分钱都拿不回，还要去配合清算组完成这个债权消灭的程序，你会干吗？

我一直忧虑这事，总是想最成功的破产是能让职工不闹事、债权人不闹事。一有时间，我就去走访债权人，凡债权在一千万以上的债权人我都走访了一遍，个人债权和闹得凶的债权人我也逐一走访，走访的目的，报告清算工作进程，交流感情，听取意见，获得理解支持配合。

破产清偿率无疑是债权人最关心的，走访过程中，我有意无意的告诉了债权人。我想，与其在债权人会议上让债权人面对，还不如现在告诉他们，看看他们的接受程度，并可相应的做些工作，思考对策。

债权人中有一个是德国人，他在上海开了一家公司，金华公司只欠了这家公司三万欧元，但这个德国人的认真与执着给我留下了深刻印象，为了这毫无偿还希望的三万欧元，德国人专门派其助理来找我三次，并两次致信与我，措辞激烈，最后还告状到商务部。对德国人执着认真的精神，我由衷佩服。

## 债权人会议 >>>

2007 年 3 月 7 日，法院主持第一次债权人会议，这是对债权人的债权一个交代的时候，也是对清算组清算工作检验的时候。我西装笔挺地坐在清算组组长的位置上，泰然自若。旁边坐着破产企业负责人林总，对面则坐着债权人会议主席——最大债权人，上首坐的自然是法院承办该案的三位法官，法官的正对面则是清算组成员和到会的一百多位债权人。过道和进门处坐了好几个法警。

法官宣布了该次债权人会议的开始，介绍了到会人员，宣布了相应规则。接下来便是作为清算组长的我宣读清算报告，清算报告介绍了金华公司的前世今生、破产的原因、清算的工作、清算的结果等等。之后便是林总代表破产企业发言。林总发言非常诚恳，分析金华公司破产的原因，对债权人的债权造成损失表示报歉。之后由债权人会议主席发言……

轮到债权人发言时，会场气氛变得热烈了很多，债权人最关心的是金华公司的所有资产是否列入了清算？省政府的六千万元注册资金是否追缴到位？是否可以清偿部分债权？

他们提出的问题，都要由我这个清算组组长一一作答。由于清算工作扎实，这些问题我都成竹在胸，不但能口头答复他们，而且还可举出相应证据来证明。这个效果非常好。加之会前我和大部分债权人有过一些沟通，所以会场上故意挑刺、胡搅蛮缠的并不多。只有一个五大三粗的东北女债权人，讲了一些难听的话，但被叶庭长制止。

最后是对清算分配方案进行表决。按规定，清算分配方案必须"双过半"，即参与表决的债权人人数和代表的债权金额都必须过半数赞成，才能通过采用。为了这个"双过半"，前期我做了不少工作，也反复计算过，"双过半"应当是没问题的。

但最后统计的结果让我和林总都很不舒服，赞成的债权人人数过半了，但代表的债权金额没有过半，主要是有几家银行投了弃权票，而规则是弃权票不算赞成票，实际等同于反对票。

我后来找到银行的几位代表。他们解释，他们是不清楚规则，认为只要不投反对票就行。

按法律规定，第一次债权人会议没有通过破产清算方案的，一个月后可召集第二次债权人会议再表决。

中午为债权人、工作人员及清算组成员准备了工作餐，债权人的就餐地点是单独安排的。我被安排和清算组成员在一桌，但我执意要和债权人在一起。

不能说用餐的气氛良好，讲怪话、发牢骚的自然不少，但没有摔杯子、装酒疯、打架、骂人等现象。我给每一桌每一个人都敬了酒，谢谢他们支持理解，并表示歉意。

也有很多债权人回敬的。但不管敬酒还是回敬，我始终总量控制在一小杯酒。其中一个债权人显然对我喝酒表示不满，他倒了两杯酒走到我面前，硬是要我喝一杯，要我喝的理由是他那一杯酒是三百万元，我明白他的意思，他的三百万元债权就是这样被破掉了。

我便说：破掉你三百万元债权，我理当喝下这杯酒，但如果今天三百万元一杯的酒，我要喝上三百杯才行，请理解支持。那人嘴里叨唠着理解！支持！头却摇个不停，自顾自地喝下一杯酒走了。

席间走过来四个人，都拿着酒杯，满脸真诚，说是他们参加了许多债权人会议，接触了多个清算组组长，觉得今天的债权人会议开得很好，债权人的疑问提出来，每问都有答，而且回答得都很清晰正肯，没有一点官腔。

其中有个一定要我留下电话，说我们是同行，觉得我是律师的骄傲，希望有机会请教我。我还真在他电话本上留下我的姓名电话。两年后，在株洲一件案子对庭时，对方律师说认得我，我茫然。他拿出电话本，将我的签名给我看。后来那个案子就和解了，双方都满意。

一个月后的第二次债权人会议便只走了过场，法院就裁定了破产清算方案生效。金华公司的资产，都由国资委接收了，所以也就免了资产处置这个程序。6月份法院下达了破产终结裁定。

## 影响深远

>>>

借用省高院一个领导的话来评价金华公司的破产：先注销子公司而不清算，然后在母公司破产时一并清算，这开创了一种"1＋N"的破产新模式；律师担任国有正厅级企业破产清算组组长，首开先河；四十家企业的破产，七个月完成，效率之高，前所未有；破了近十亿债权、安置了五六百职工，没有吵事和上访的，效果之好，少有少有！

林总的好日子来了，金华公司没了，林总自然调走了，去了一家国企，但此国企非金华公司。此国企是上市企业，林总是拿年薪的，据说是七位数。

叶庭长认为：金华公司能如此顺利破产，喻律师的功劳是大大的，应该要向省人民政府为喻律师请功。

大家都为金华公司安乐死而高兴时，我却有点闷闷不乐。毕竟，十多亿的国有资产消亡了，而且是经我手消亡的。这中间有多少损公肥私，甚至是化公为私，有多少人玩忽职守，甚至贪污，我清楚，也不很清楚，但我都没有办法……

朋友们还是戏称我是"副省级律师"。我这副省级来得太容易了，所以也还廉价。打了这么久的工，才二十万元工钱，这二十万元还是付给强晟律师事务所的。这些钱尚不够付律师的工资。这单业务从经济上说，我是亏了，但一点也不后悔，因为，通过这单业务，让我体会到了律师的另一个新境界。

# 第十六篇

# 宾馆总经理

承办法官说，至少有两点可以记入律师史册：一是律师担任资产过亿公司的解散清算组组长；二是律师接管经营四星级宾馆！

这是法院系统受理的第一单公司解散清算的案例，承办法官建议我将这次清算完整记录下来，作为法院在处理该类案件时的一个模板。

# 株洲大富豪公司解散清算案

## 僵局公司 >>>

2007 年 1 月的某天，我接到株洲电业局苏局长的电话："律师，近天来株洲一次吧，有个事要请教你。"

此时我正担任着省金华进出口总公司破产清算组组长，忙得不可开交。但苏局长的召唤，还是要去的。苏局长，何许人也？

2005 年，某电业局为打官司在社会上招聘律师，苏局长此时正是该电业局分管这一块的领导。其时，我并不认识他，但我出具的法律意见书，他给予了很高的评价。为我承接该案起了关键作用。算来，苏局长于我，有知遇之恩。

两天后，在株洲国宾酒店茶室，株洲电业局熊副局长向我介绍了要请教的事。事情的过程很长，关系也很复杂，所以熊局长拿纸笔边讲边写加比划，花了一个多小时，我基本明白他的意思：

高新电业是株洲电业局的第三产业公司，以高新电业为大股东的株洲大富豪公司成立于 1998 年。大富豪公司的股东除高新电业外，还有株洲建行、火电安装公司、芦淞区政府及高新开发公司等。国宾酒店是大富豪公司名下唯一的经营实体。它是当年株洲唯一的一家四星级宾馆，是株洲对外的窗口，曾经红极一时。

国宾酒店总投入近两个亿，由高新电业经营了八年，生意一直红火，但就是没赚到钱，股东也就一直没有分红。现在宾馆面临重新评星级，而宾馆已经陈旧，需要重新装修，高新电业便要求其他股东投入装修资金。其他股东则认为他们当年投了几千万，一分钱红利都未分得，所以都不愿意再投资，并要求退股。因无人受让其股份，最后便提出将大富豪公司解散。

在准备解散的过程中遇到了麻烦，建行的股份在朱总理时期便剥离给中国信达资产管理公司（简称信达公司），并且办理了工商变更手续。信达公司因人手不够，依然委托建行代行其股东权益。2006 年，该股权又被财政部划拨给了中国建设银行投资管理公司（简称建银投公司）。不过，只有一纸划拨文书，没有办理工商过户手续。

建银投公司明白一旦清算，这块资产账面数据将大幅缩水，所以坚决不同意大富豪公司解散清算，

高新电业求助于法律界人士。法律界人士给出的意见是：通过股东表决的方式进行解散清算。

但高新电业顾虑很多，担心没有建银投参与的清算后果严重。没人愿意去冒风险。他们希望通过法院来组织清算或由法院认可清算结论。

对于这个愿望，法律界人士认为无法实现。因为依据当时的《公司法》，清算是股东之间的事，法院不能直接受理。

所有股东中最着急的自然是高新电业，一是酒店是他们在经营，二是大富豪公司还欠他们四千余万元。

我一遍一遍地喝着茶，思维却在飞速运转，搜索相关法律条文、相关或相近的案例，可能或者合理的其他因素。最后我得出的结论是：这就是法律意义上的"僵局公司"。对于"僵局公司"，法律上很难有解决办法。

熊局长陪着我一遍一遍地喝茶。我想他肯定在等我开口，看看苏局长介绍的喻律师到底是什么水平。

人们的印象中律师都是巧舌如簧、雄辩滔滔的。我不喜欢废话，所以我并不怎么讲话。想不出熊局长需要的答案，干脆就不发表意见，只是说："让我再考虑，一个星期内给答复。"

熊局长显然有些失望，分手时，我明显地感觉到他的手不像见面时那

么热情、有力，勉强了很多。

我召开了全所律师会议，着重讨论这个问题。与会的十多个律师基本没有创见性的意见。之后我又和一些资深法官、律师探讨，意见高度一致。法律明确规定法院不受理股东提出的解散清算申请，公司的解散清算必须是由公司股东完成。

至此，我也感觉无能为力了。为表示对苏局长的歉意，我很认真出具一份法律意见书。所谓很认真，是这份意见书的所有工作都由自己来完成。像出具法律意见书这类工作，一般是我出思路或提纲，文字工作由助手来完成。

## 他字第 1 号

法律意见书起草好了，我迟迟不愿署名，总觉得，署上名就等于承认失败。我总是心有不甘，再次细研相关法律条文，《公司法》第一百八十四条引起了我的注意：公司因某种原因决定解散，解散的原因出现后十五天内应当成立清算组，逾期不成立清算组进行清算的，债权人可以申请人民法院指定有关人员组成清算组进行清算。人民法院应当受理该申请，并及时组织清算组进行清算。

我仔细品味这句话，突然灵光一闪，豁然开朗，一个大胆的设计瞬间形成。

再次和熊局长见面还是老地方。熊局长迫不及待地想听我的意见。

我却故意卖了个关子，慢悠悠地说："有些阵地，正面进攻是攻不下的，但一个迂回，也许就解决问题。"

熊局长不明就里，望着我。

我接着说："好就好在高新电业既是大股东，又是债权人，你们可以利用这个双重身份做点文章。"

我有意停顿了一下，熊局长就用期待的眼光看着我，等着我的下文。

"你们可以先以股东身份要求大富豪公司解散，作出解散决定后，十五天内有意不成立清算组，然后你就可以债权人的身份起诉大富豪公司，诉讼请求是要求清算，这样法院就必须受理……"

我讲得有点快，估计熊局长没有完全理解，我便将《公司法》一百八十四条指给他看，并稍作补充说明。

只一分钟，熊局长便兴奋异常地站了起来，双手紧握我的手，连说："可行，可行，金点子呀! 金点子! 这个好点子别人怎么没有想到呢?"

"《公司法》新修改了，刚颁布实施，修改前的《公司法》并没有这方面的规定。"

才过完年，熊局长便按我名片上的地址找到我办公室。他来的目的是想请我代理该事务，按他的说法是"操盘"。

这是一单全新的业务，在这之前，不但我没有承办过，甚至没有听说哪个律师、哪家法院承办过，这样的业务充满了未知性，新鲜刺激。我喜欢律师这个职业，很大程度上是喜欢这个职业的新鲜刺激。虽然金华公司破产让我几乎抽不出时间，但我还是很爽快答应了。

谈代理合同也是一件很有意思的事。熊局长提出要风险代理，理由是思路是我想出来的，风险便要与我共担。

我有些为难，因为律师收费办法规定，风险代理只适宜于有标的的民事诉讼业务，诉讼有输赢，可以用收回的案款提成的方式计提代理费。现在这一单是专项法律服务，没有标的，怎么来提成呢?

熊局长反复强调，这种代理方式是公司开会集体研究决定的。站在高新电业的角度上考虑，要求风险共担也是可以理解的，毕竟这是一个前无古人的事，而且这个设计确实有些眼花缭乱，并不是所有的领导都能理解。

我想做这单业务，这样的业务，可遇不可求，很多人，做一辈子律师，都可能碰不上。

我一直认为律师要勇于创新、善于创新。对于这个委托，我又来了一次创新，别出心裁地将建筑承包合同中"按形象进度付款"的内容与这个合同有机结合，设计出一份全新的专项法律服务的风险代理合同。

熊局长看了这份喻氏版的合同，认为很有创意，觉得合同考虑了双方的利益，公平合理，可操作性强，这正是他们要表达的意思。他说："喻律师，看了你设计的合同，就知道你业务功底深厚。"

我想：能那么快理解我的设计，能提出这么一种代理方式，熊局长应当是个精明人，在他手下打工，必须十二分小心才是。

3月初，高新电业召集了一次股东会，股东们顺利地达成了大富豪公司解散清算的决议。

十五天后，大富豪公司没有成立解散清算组，于是高新电业以债权人的身份向法院提起诉讼的条件成就了。

真正要起诉时，熊局长又担心：起诉会闹得沸沸扬扬，对国宾酒店的经营不利。

我想了想，给出了个建议：起诉不在株洲中院，直接到省高院。异地，能将负面影响降低。

但省高院不同意立案，理由是不属于人民法院受案范围。对此，我早有准备，将《公司法》第一百八十四条指给立案庭法官看。自然就没有争议了。

只是在案件归类时，又有些麻烦，因为找不到类似的字号，所以给了个"他"字号，案号便是（2007）湘高法民二他字第1号。这是我十多年律师以来，第一次看见"他"字号的案件。

承办此案的是民二庭一位姓孙的法官。第一次见面时，孙法官就和我谈了他的困惑：《公司法》虽然规定了可以立案，但并没有规定要走什么程序？需要制作什么样的文书？甚至连参照的案例都没有。所以这个案子到底怎么办？他心里也没底。他认为该案肯定是湖南首例，也应当是全国首例。

我提议可以参照破产程序先走，边走边摸索。

孙法官对我以律师身份主持金华公司破产清算一事早有耳闻，所以我们沟通时，对我提出的意见、建议，他都比较认同。最后，他半开玩笑半认真地说："案子怎么办？干脆听你的好了。"

4 月 13 日法院组织听证会，听证的目的是将申请人、被申请人召集到一起，质询申请人所述情况是否属实。听证的结果，法院裁定大富豪公司进入解散清算程序，并要求股东七天内成立清算组进行清算。

孙法官说："这是个前无古人的裁定！"

高新电业又以大股东的身份召集其他股东开了一次会，目的是成立解散清算组。

清算组成员一般是由股东或股东代表组成，所以我的定位是以高新电业代理人的身份进入清算组。但参会股东居然都认可了我，并一致推选我担任清算组组长。

这让我很是纳闷，其他股东怎么会推选我呢？大家都互不认识呀！这恐怕和担任金华公司破产清算组组长不无关系。

股东推选了，还需要法院任命。孙法官也纳闷，在他看来，这个清算组组长非股东莫属，将一个几亿资产的公司交给律师来经营管理，这太不可思议了。

但律师担任这个清算组组长并不违法，4 月 30 日，省高法院下达了任命裁定书。

孙法官说：这又是一份前无古人的裁定。

## 开门清算 >>>

5 月 9 日，我召集清算组成员在国宾酒店十一楼会议室召开了第一次清算组会议，出席会议的除清算组成员外，还有大富豪公司董事长熊局长、总经理易总等人。这是本组长主政的第一次会议。

但凡官员上任，都有组织部门到场宣读"委任状"。法院的"委任状"是裁定书，本来孙法官要出席这次会议，代表省高院宣读"委任状"的，但他一句"我完全相信你"就把我打发了,我只好自己揣着"委任状"走马上任了。

这次会议,其实对我是一场考试,大家互不认识,我必须通过这次会议,让他们接受我。会议主持人是我,主讲人也是我。

我基本参照破产清算的有关规定成立了组织架构,制定了清算工作方案、清算工作时间进度表、清算工作纪律等等。清算组正式接手大富豪公司的日期定在 5 月 11 日。

会议虽然开了三四个小时,但条理清晰,紧凑、务实,与会人员都能跟上节拍,积极参与,都表示愿意听我的安排。

会后,股东代表周剑蓉周姐握着我的手问我:"你不只是律师吧,你还当过领导吧?!"

走出会场时,熊局长向我提出:国宾酒店在清算期间要继续营业。理由是将来处置资产时,酒店本来可以卖一个亿,但关门后就只能卖七千万元了。因为关门后处置的就不是酒店了,只能算是资产。

这给我出了个难题。按照对清算的理解和比照《破产法》的相关规定,进入清算后,国宾酒店只能停业。不停业,审计就无法进行,审计做不了,清算就是空谈。

这个问题,肯定要请示孙法官。但想要孙法官支持不停业,我必须先把审计的问题解决。

这次解散清算,难就难在无章可循,每一步都要自己去探索设计,好也好在无章可循,给了我更多想象和发挥的空间。

为此,我设计了一个分段审计的办法,即做两个审计:先对清算组接手前的时间段进行一次审计;对清算组接手以后到国宾酒店被处置的这段时间,再做单独审计,然后把两个审计结论综合,便可以得出一个总的审计结论。

孙法官第一反应是:清算只能停业清算,一次清算做两次审计也没有先例。

我将方案仔细讲解后，他认为这样做并不违法，且有可操作性，确实能维护股东利益，便同意了。

## 律师总经理　　>>>

进入清算后，大富豪公司就交给了清算组，国宾酒店也不例外，国宾酒店要继续经营也只能由清算组来经营。清算组加秘书一共才七个人，除了我和秘书是全职外，其他都是股东派出的代表，只在开会时才来。所以与其说国宾酒店是交给了清算组，不如说是直接交给了喻律师。

2007 年 5 月 11 日，无论过去多少年，我都不会忘记这一天。这天，一名律师坐在了四星级宾馆总经理这个位置。这是一段不同寻常的律师经历，这是不是全国律师界唯一？我不清楚，但可以肯定，这样的经历，对一名律师来说，弥足珍贵！

我这个非专业的总经理吃尽了苦头。还在早餐时，便有几个酒店高管来找我汇报工作。早餐后到办公室，早就有人拿着单据等我签字。

我不敢随便签字，因为送上来的单据让我一头雾水。刚开始我还想仔细看看，甚至找人核实，但不久便发现了这个想法太天真。单据源源不断的来，采购货物的、支付货款的、人员进出的等等，一上午便收了十多份。除了单据，来汇报、请示的人也源源不断。你既要听他们讲，眼睛还要盯着单据看，必须要一心几用才行。

说实话，我虽然人模人样的坐在总经理的位置上，但到此时，对酒店的了解仅仅还停留在住宿、餐饮等消费上。看到放在我案头的单据，我才知道干净、气派、有序的酒店后面还有许多辛勤、烦杂的劳动。

中餐是在办公桌上狼吞虎咽完成的。午休时，我又看了十多份单据，下午和上午又差不多，晚餐和中餐一样。

晚上我召集几个高管开座谈会，主要是了解酒店的情况，工作流程，习惯做法等等，要了解的东西太多了。会开到十一点时，我已经记下了十多页，从工作部门、人员配置，到日常事务，到进货渠道进货价格，到外部关系等等。

打了一天的乱仗，疲惫不堪的我睡觉时已经是凌晨一点了。躺在床上，我还在安慰自己，等熟悉了，一切都会好的。

第二天、第三天、第四天依然如此，手忙脚乱、疲惫不堪，效果还不怎么好。

我不能将全部的时间用在国宾酒店，除了金华公司破产清算组组长这一职务外，我还担任了十多家单位的法律顾问，还有二十多件案件，还有一家需要打理的律师事务所……

不行，再这样下去，我手里的业务一件都做不好，人也会累垮拖死。

现在能驾轻就熟的只有原总经理，但原总经理是大股东的人，其他股东不信任。我想了一个办法，以清算组的名义返聘原总经理，只负责日常事务，而且只对清算组负责。这个提议，获得了清算组绝大多数的同意。

易总重新走马上任后，我将日常事务全交给他，只看日报表。开始我还会很认真的一项一项看，甚至拿前面几天的对照看。后来我发现了一个规律，酒店一天的营业额总在十三万元左右，于是十三万正负一万元时，便不过问，正负超过一万元，就去查查原因。

这种方式为我赢得了很多时间。

一年后易总成了株洲电业局主管法务的副局长，而我成了株洲电业局法律顾问。我们谈论工作时，易局长还经常开玩笑说："别讲汇报了，去年我还是你的聘用人员呢！"

## 杂家律师

>>>

因为无章可循，所以省高院不好具体指挥，也因为金华公司破产的顺利，孙法官对我更加放心，主动要我放手去干，只要有利于清算就行。但他还是提了三个要求：债权人的债权要全部到位；股东之间的关系要处理好；

尽可能节约清算费用。

我和清算组其他成员的关系，处理得很好，用他们的话说，对我除了信服，还有佩服。清算组第一次开会时，或许还有不和谐的声音。但后来几次会，我已经把人心拢齐了，大家都成了兄弟姊妹。我作出的决定，基本都能通过。

审计业务交给了利安达会计师事务所，我们是金华公司破产时的搭档。这天会计师事务所李总找到我说："国宾酒店的固定资产没有财务账，这审计没法做。"

我一听，不可能吧，一个投资近两个亿的酒店会没有固定资产财务账？

一了解，确有其事。知情人说：当年建酒店时管理很乱，因为不缺钱，所以乱用一气，股东多了，谁也不管，酒店应当是多用了几千万元，甚至连账都没有。酒店还没开业，负责建设的一班人都被抓了。人被抓，财务资料更补不齐了。后来酒店急于开业，便把建设那一段的财务资料封存，说是等开业后再来清理，开业后谁也不愿再触及，这一摆就摆了八九年。

我问李总："可以想办法做吗？"

"反正要有账才能审计。"

"没有账，能不能将账补做？"

"原始凭证都不齐，怎么补呢？"

"原始凭证没有了，实物还在，干脆就对实物先清点，评估一个价，补做账，可不可以？"

"没有这样做过。"

"这样做有什么不妥？或者说，除了这种方式，是否还有更好的方式？反正清算是一定要完成的，审计也是必须要做的。"

李总想了很久说："可能也只能如此了。"然后又恨恨地说："你们做律师的脑瓜子就是比我们做会计的灵光些！"

接下来就是连续一个星期的翻箱倒柜，盘点造册，从负一楼到二十七楼，清点个遍，酒店在开业八年后，终于知道了自己的身家几何。只不过这一清点，酒店资产便缩水了很多，比如，酒店大堂吊灯原价是 168 万元，评估价只有 8 万元。

清算之初，熊局长便提出，尽可能少让人知道国宾酒店在清算，以免影响其声誉。

这又是个难题，因为进入清算后，必须要登报，通知债权人来申报债权。报纸一登，岂不满天下皆知？还有职工的养老保险，经济补偿等项要张榜公布，职工又怎能不知呢？

但股东的意见无疑是正确的。如果社会上知道国宾酒店在清算，生意肯定会大受影响，也许过不了多久，酒店就只能关门。

我不会玩瞒天过海的魔术，就只好小人了一回。不是要登报吗？登在星期天的《光明日报》上，虽是全国性报纸，一般的人不会去看，而且字体超小，位置超偏，想看都不一定看得到，看得到也不一定看得清。

这一招太小人了，但效果确实好。

要让朝夕相处的职工，特别是高管都不知道公司在解散清算，似乎有些痴人说梦。但我尝试着做了，而且也做到了。清算组统一口径说这是内部审计。对于职工的养老保险和经济补偿，计算出来后张榜公布在一般没人去的地方，拍了照，而且张榜时间只有两个小时。又小人了一回，但这样做并不影响任何人利益。

一天，李总很认真地问我："律师是法律专业人员，会计师是财务专业人员，我们应当是一类人，但你这个律师有些特别，似乎什么专业都懂，什么事都可以做好。"

我想了一会说："其实律师懂法律还只是基础，律师应当是个杂家。"

## 建银投来了

建行以股东的身份派代表参加了清算组，所以清算组没有通知建银投。

这天，我办公室来了一个人，名片显示此人叫吴真，建银投高级经理；

委托书表明，来的目的是要参与大富豪公司解散清算。

我很客气地接待了他，很详细的解释了公司为什么要解散，以及清算组所做的工作等等。我的意见很明确，希望吴真能配合支持清算工作，如果吴真愿意配合清算工作，提出要到清算组来，在完善相关手续后，也未尝不可。

但吴真官架子很大，高高在上地听完我的介绍后便尽挑毛病。挑毛病如果挑得专业，还恕其可，又不专业，尽打官腔，说些不着边际的话。我明显感觉到，吴真是专门来挑刺的。

既然是来挑刺的，便一定不能让他进清算组。对他要加入清算组的要求，我表示需要清算组开会商讨表决。

在清算组开会前，我先做了两件事。

第一件：我以信达公司的名义起草了一份声明。声明的内容是：信达公司从来没有对大富豪公司的股权行使过权利，履行过义务，股东的权利和义务都是建行在行使，本次解散清算，信达公司也不参与其中，继续由建行行使股东权利。

我原来和信达公司做过业务，关系还可以，所以很顺利盖了信达公司的章。

第二件：向孙法官汇报了该情况，取得孙法官的支持。

清算组会议除了建行代表弃权外，其他人都认为建银投不具有股东资格，反对吴真参与清算组。我把开会表决的情况告诉吴真。吴真很不高兴，但又信心满满地对我说：我会让你们同意我来清算组的。

第二天吴真便拿了信达公司的授权很牛气地来找我。我不慌不忙的拿出信达公司的声明。他一看，傻了眼，气鼓鼓地走了。

后来省高院传来的消息是，吴真找了孙法官，孙法官当场就给他解释：建银投公司确实不具备股东主体资格。吴真再次气鼓鼓地走了，之后最也没来联系过。

对这件事情的处理，熊局长相当地认同，认为我"神算"了一回。

## 合理避税 >>>

8 月下旬，审计报告和评估报告出来了。高新开发公司的代表易育林便要周剑蓉请客，说他们是最受益的，因为资产处置，区政府可以收五百多万元税，而投入两三千万的股东最终还拿不回这些钱。

这时，熊局长又给我出题目了：喻律师，在不违法的前提下，税方面能不能想点办法，虽然税是收买受人的，但羊毛出在羊身上，本来就亏了，还是让股东尽可能多拿点钱回去，大家面子上都好看些。

像当事人的这种要求，律师一般会一口回绝，多一事不如少一事，何况像这样的问题，解决起来并不轻松。但熊局长既然提出这个要求，我还是答应试一试。

熊局长是个相当精明能干的领导，电力精通，财务熟悉，对法律也不陌生，甚至还出庭打过几场官司。我对他的感觉很好。他对清算工作盯得很紧，却不会指手画脚，还很能听取我的意见。可以说，清算工作进展得如此顺利，和他的支持配合是分不开的。

这是个纯税务问题，我向注册税务师请教，他们也没有办法。他们认为，只要发生资产转移，契税就免不了。并劝我别费心思。

我还是不想放弃，那段时间我又开始研究税法了。我明白，要是不发生资产转移，就不用交契税；如果转让股份，就只用交所得税，股东的投资肯定是亏损的，没有所得，岂不是不用交税了！逃税，肯定不行，但合理避税并不违法，如果将公司解散变更成公司股份整体转让，这样便不存在交税的问题。

我沾沾自喜于我的设计，但为了说服孙法官，还是费了老大的劲。孙法官听完我的设计，立马就回答："不行，高新电业申请的是解散清算大富豪公司，现在突然变成不解散了，肯定不行。该交的税还是要交，你不能当事人说什么便是什么。"

"假如现在申请人高新电业要撤回申请,可不可以?"

"只要申请人撤回的理由不违法,一般都可以。"

这是一句法律套话,所有法官会如此说。

我接着问:"如果撤回的理由是债权人和被申请人达成了协议,准备将被申请人的股权整体转让,转让款项用于归还欠款,这样违不违法?"

孙法官是个业务素养和智商都很高的法官,此时他已经完全明白我的意思,自言自语说:"好就好在无章可循,整体转让股权也并不违法。"

清算组成员的意见很容易统一,我将处置资产和处置股权的利弊一说,除了周剑蓉没发言外,大家都一致同意处置股权。周剑蓉发言也没有多少作用,她是小股东。

我认为,这是我担任清算组组长最出彩的地方,没有受固定思维所左右,灵活多变,节约的不仅仅是五百多万元的税金,同时拍卖佣金等各种费用相应减少,更重要的是为下一步国宾酒店的处置带来了更大的空间。

## 客串拍卖

>>>

当清算组其他成员正为清算工作进展顺利迅速、清算气氛和谐安定而欣欣然时,我这个清算组组长却在深深的忧虑中。资产能否变现,是清算成功的关键,如果只是算清账,最后没有钱给债权人和股东,所有工作就白做了。

我已经为酒店的处置做了一些招商工作,但效果都不理想,除了几个想捡便宜的外,回头客很少。酒店毕竟要一个多亿的现金才能拿下,拿得出这么多钱的公司和个人虽不在少数,但愿意拿一个多亿砸到一个利益菲薄且不知深浅的宾馆,人们还是会仔细掂量的。

在解决税务问题时,冥冥中,我有种感觉,资产处置问题和税务问题连在一起,可能税务问题一解决,资产处置问题也解决了。所以当想出用处置股份来代替处置资产时,我欣喜无比。别人以为我是为成功避税而高兴,其实我高兴的是找到了变现的办法！

如果是处置资产，买受人将要拿出一个多亿现金，如果是卖股份，股份对应的净值只有三千五百万元左右，至于债权债务，买受人可以在收购公司后再来清偿，买受人的资金压力就小多了。

特别是股东也可以成为购买人。我首先想到了高新电业，如果他们能出手，一切就简单了。在这之前，我已找过高新电业谈收购国宾酒店的事，他们因为资金问题一直犹豫。现在改为卖股份，资金压力就小多了，高新电业有些动心了。

拍卖摆上了议事日程，股东最关注的便是拍卖佣金。《拍卖法》规定拍卖佣金可以收到成交价格的百分之十，委托人和买受人各半。

国宾酒店评估报告还没有出来时，便有几家拍卖公司来找我。找我的都是朋友，见面都是谈与我合作。有的愿意将拍卖佣金的百分之六十返给我，但我认为对委托人真诚是律师最应具备的品质。

我给他们出了"一口价"——三十万元，而且只收买受人的。

他们个个都讲：太低了，太低了，烂了行市，喻总你也太厉害了。

我说：招商我负责完成，你们只负责走程序，干不干？

马上就有几家响应的。经考察，选了兆龙拍卖公司。

通过这次拍卖公司的选定，所有股东对我的信任增加了几分，因为这是最有可能获得灰色利益的环节，但三十万的拍卖佣金，而且还是收买受人的，他们便知道这中间毫无私利可言。

拍卖会是 2007 年 9 月 9 日在拍卖公司办公室举行的，公证处现场公证。开拍前，会计师事务所现场递交了密封的拍卖底价。竞拍人有两位，持六十八号牌的高新电业和持九十八号牌的华联置业公司。拍卖师是兆龙公司总经理。竞拍标的物是大富豪公司百分之百的股权。清算组全体成员参加了拍卖会。

六轮举牌后，最后竞价锁定在六十八号的报价三千四百五十万元。我当众拆封拍卖底价，竞价超过了底价，成交。

正式交接的日子定在 9 月 11 日。股权交接，其交接手续应当是到工商行政部门办理股权变更手续，但那是形式上的，真正的交接，其实就是国宾酒店的交接。如果移交给其他人会相当复杂，光核对清单上的实物可能就会要三天。而移交给高新电业，那就简单多了，清算组只将 5 月 11 日到 9 月 10 日的账务清走，将所有的印鉴、合同及相关资料文件移交，而这些东西都是 5 月 11 日移交给清算组的。所以一上午便完成了。

中午和高新电业的领导、国宾酒店的高管一起会餐，庆祝国宾酒店平稳交接、清算工作顺利进行。酒席自然是以我为中心，恭维、感谢的话听了几箩筐，小酒自然也喝了好多杯。

下午，我把自己锁在房间，关掉手机，拔掉电话，想有那么一点空间和时间，来整理整理烦乱已久的思绪。我微微有点醉意地躺在床上，忽然感觉这个套间房有些空旷寂寥，看着房间里的一切，似乎有些新奇，甚至第一次感觉这个床超宽超大。

其实，这个房间我已经住了半年多了，房间里除了宾馆的东西，相当多的是我自己搬进去的。只是这半年多来，不，准确的说是去年 10 月份接手金华公司破产以来，我没有片刻闲暇，每天"金戈铁马"，每早闻鸡起舞，每晚"枕戈待旦"。

想着想着，居然睡着了。这一睡，睡了个昏天黑地，足足十七个小时。这是我有记忆以来睡得最久的一次。

## 交卷了　>>>

国宾酒店处理了，清算工作完成了一半多，余下的工作，工作量虽然还不小，但不再压头。

清算组在讨论大富豪公司职工的社保问题时，易育林提出，社保的计算比较复杂，工作量也不小，可能要请社保局的专业机构来计算。问到收费时，易说：大概要二三十万元。

金华公司破产时，我对职工社保这一块有些了解，虽然比较复杂，但也无须太多专业知识。收二三十万元实在太多，我想省下这笔钱，便说，我安排人来做，节约这笔钱。

便有清算组成员提出，我们为股东节约了那么的钱，清算组成员却无半点好处，这次如果能省下这笔钱，一定要组织外出参观考察一次。我想这个要求并不过分，便答应和股东商量争取。

股东认为清算组劳苦功高，是应该放松放松。清算组成员便很快达成一致意向，去俄罗斯，感受冰天雪地的异域风情。自然又是我当团长。

公司解散，基本上都是在吵吵闹闹中结束，而我们清算组成员还能一起高高兴兴外出游玩，说明清算是和谐的，股东对清算工作是认可的。用孙法官的话说：这是最难得的，这也最能体现清算组组长的能力。

一个月后，清算组经营时间段的审计报告出来了，比去年同期增收了二十三万元。对这个结果，我比较满意，认为可以交差了。股东更是认可，有股东开玩笑说："想不到喻律师还有这个能力，早知如此，还不如请你来当总经理，也许就没有现在的解散清算了。"

接下来，我就要起草清算工作报告和制定清算分配方案。对于起草清算工作报告，我很乐意，这中间毕竟有我很多的汗水和智慧。但制定清算分配方案便有些沉重，因为股份的返还比例只有百分之十几。虽然这个亏损不是我亏出来的，虽然股东都预知了亏损，虽然我已经发挥到极致地维护了他们利益，但当要告诉他们时，我居然有种负罪感。

清算组对清算工作报告的审查通过相当顺利，毕竟清算工作中有很多成绩，成绩都是大家的。但审查通过清算分配方案时，有股东说怪话：别人投资是拿一枚鸡蛋孵化出一只鸡来，我们投资是抱一只大母鸡去，收回了一枚小鸡蛋。但怪话并不影响股东对清算分配方案的通过。清算工作报告和清算分配方案通过后，便是报告给法院。

孙法官第一反应是：怎么这么快呀！

那确实，这么一个解散清算实际等同于一次破产，这样一个公司破产，清算往往要两年多。

清算工作费用是孙法官比较关注的。清算过程中，孙法官几次私下里和我讲：清算工作费用一定要控制好，合理使用，不然最后股东不认可，责任就在你这个清算组组长身上。

孙法官看的第一个数据便是清算工作费用，将加班费、差旅费、查询费、会务费、去俄罗斯的费用等等全部加起来才二十八万余元。孙法官很认同，连声说：不多，不多，我想怎么也要七八十万元。省高院以（2007）湘高法民二他字第1-8号裁定为破产清算划上了句号。裁定书认定：人民法审理清算案件，应当贯彻调解和股东意思自治的原则，确认了经过股东商议将解散清算的行为变更为通过拍卖方式处置股份的行为并不违法，同意清算程序终结。

孙法官说，这次清算，至少有两点应记入律师史册：一是律师担任资产过亿的公司解散清算组组长；二是律师接管经营一家四星级宾馆！他建议我将这次清算完整记录下来，作为法院在处理该类案件时的一个模板，然后就破解僵局公司和公司解散清算方面，写些理论文章。

# 第十七篇

# 不出钱、不出乱、不违法

这是市委统战部虢部长对我代理民主党派综合大楼系列纠纷案提出的要求。"不出钱"包括两层意思，一是不出律师代理费，该代理免费；二是解决综合大楼遗留问题的资金，全部要我自行筹措。

# 市民主党派综合大楼系列纠纷案

## 撞上一个麻烦事 >>>

2010年3月份的一天，我正在民革某市委专职副主委贺绍佩办公室，随后来了三个人，进来就找贺主委要钱，而且脾气暴躁、怒气冲冲。

我在一旁听了十几分钟，明白了事情的端倪。进来的三个人中，年长的叫张志哥，年轻的一个是他儿子张灿辉，另一个是他女婿。

张志哥上个世纪90年代承建了市民主党派的综合大楼。工程款一直拖欠着，十几年来一直没有付清。现在综合大楼所在位置的土地要被征收，综合大楼可能要被拆除，所以张家父子仨抓紧催要工程款。

民主党派是民革、民盟、民进、民建、致公、农工、九三等七个党派的总称，七个党派在一起办公，为七个党派服务的机构叫民主党派机关事务办，管理事务办的是民主党派管委会，管委会主任由七个党派的专职副主委轮流担任。贺主委也是刚接手市民主党派管委会主任一职。贺主委对张志哥讨要工程款一事虽早有耳闻，但面对汽势凶凶的张家父子仨，还是一脸尴尬，束手无策。

由于我的律师身份，贺主委便将材料递给我，请我进行法律分析。我简单地查阅了材料，便发现张志哥要300多万元工程款没有道理，工程款可能只欠几十万元。

等张志哥走后，贺主委便诉苦说，这件事情已经困扰市民主党派管委会十几年。十几年来，张志哥及其儿子、女儿、女婿等人经常来吵来闹来要钱，特别是每年正月初八，市委书记慰问民主党派的时候，闹得更凶，这已经成为管委会的一块心病。就因为这个事，管委会主任这一职务谁都不愿意担任。

张家父子不但吵管委会，也会吵其主管机构——市委统战部，所以统战部也对这个事很烦。

但无论是管委会还是统战部，都拿张家父子没有办法，毕竟欠钱是事实！

我很纳闷，问："为什么不解决？"

贺主委长叹一口气说：管委会不是不想解决，是解决不了。管委会为此数次成立了工作组，专门来解决该问题。但这中间的问题太复杂，加上民主党派管委会拿不出钱来，所以每次都无功而返。也曾希望委托律师解决，但律师的解决思路及十几万元的律师代理费，管委会都不能接受。所以这个问题就一直摆下来了。张志哥一来吵闹，管委会就给点钱安抚，后来自2000年开始干脆按月从其他房屋门面收取的租金中支付5000元给张志哥。但这些做法并不能从根本上解决问题，张家父子还是经常会来吵闹。

贺主委提出能不能委托我来解决这个棘手的问题？同时反复表示，这是正常的委托代理，可以按律师行业的标准收费。

此时我与某市电业局因代理费纠纷斗争正激烈，时间精力都相当紧张，对贺主委的要求，我确实有点为难。但贺主委陈述的问题的艰巨和复杂，又激发了我的挑战情绪，于是同意接受委托，并承诺不收一分钱，一揽子解决综合大楼的相关事务。

做律师十几年，接受委托代理已经数百次，授权一般就是委托人在授权委托书上盖个公章、法定代表人签名了事，还从来没有搞过授权仪式。但这次，管委会却为我举行了一个很隆重的授权仪式。2010年3月29日，市委常委、统战部虢部长代表市七个民主党派和机关事务办联合授权，授权我全权处理民主党派综合大楼的所有法律事务。

在授权仪式上，虢部长将盖有8个红印章的授权书交给我时说：市七个党派和机关事务办联合授权给你一个律师，是你的光荣。也是你们律师界的光荣，对此我提点要求，就是三个"不"：不出钱，不出乱，不违法。其中特别提出，"不出钱"包括两层意思，一是不出律师代理费，该委托事项是免费代理；二是解决综合大楼事务所需的资金，统战部和民主党派都不出，全部要我自行筹措。

　　虢部长的三个"不"让我深深地吸了一口凉气。律师是靠代理费生活的，不给代理费已经不合常规，还要律师去筹措资金来帮委托人来解决问题，而且是巨额资金，这有些不近情理。除了"不违法"有信心做到以外，其他两个"不"，难度太大，火爆爆的张家父子仨谁能担保他们不闹出点事来。而且虢部长口中的"乱"的门槛也太低了——上访也算"乱"。

## 罕见的烂案 　>>>

　　机关事务办将有关材料移交过来后，我便暗暗叫苦，甚至为自己的一时逞能而后悔。综合楼的问题根本就不是只拖欠了张志哥工程款那么简单，所有欠款也不是张志哥主张的那区区 300 万元，欠款金额应远远突破千万元之巨。我稍作疏理大概有如下一些问题：

　　工程款问题：张志哥从 1993 年承建综合大楼和宿舍，1995 年即竣工，工程竣工后双方进行了结算，但结算后不久，管委会负责人叶运尧因经济问题被抓，张志哥虽未涉其中，但工程结算被相关部门又反复审计了两次，每次的结果都不相同，最后一次审计已经是 1999 年 12 月 31 日。已经疲惫不堪的张志哥在管委会"在审计报告签字即付清工程余款"的承诺下，接受了对他最不利的一次结算。

　　但签字后，管委会并没付清欠款，于是张志哥及家人开启了长达 10 多年的讨要工程款之旅。张志哥在讨要工程款的同时，还采用了一种极端无赖的解决办法，带领一家老小占据综合大楼。管委会自知理亏，竟无人出面收回。

此事搁置时间长达 15 年，管委会花巨资建造的大楼，拟然成了张志哥家繁衍生息的场所（张志哥小学快要毕业的孙女就是在该楼内出生长大的）。管委会只有每个月给张志哥 5000 元钱和每年为大楼交纳七八万元的水电费用时，才有该大楼还属管委会所有的感觉。

张志哥主张要支付 300 余万元的工程款，主要是利息，因为双方曾经有拖欠的工程款按月息 2 分计算的约定。而对管委会每月支付的 5000 元，张志哥认为是给的生活费，不是工程款。

一栋造价千多万的大楼从建成到要拆了，15 年时间建设方居然没有使用过一天，算是奇闻了！一个施工方，承建一栋大楼，建成后 15 年自住不交付，亦是奇闻！我当时想，如果有最浪费吉尼斯记录和最霸道施工方吉尼斯记录，这栋大楼和张志哥这个施工人都可参评。

吴女士购房问题：1993 年 4 月 6 日，吴女士购买了该综合大楼第八层 200 平方米左右的房产，双方签了合同，约定了交房时间及违约处理方式，但吴女士按合同交款后，管委会并没有给吴女士交付房产。该房产的产权直接办到了管委会名下。吴女士为此开始了长达 10 多年的维权上访，有关领导也曾作过批示，管委会也为此有过不下 10 次的专题研究讨论，但问题就是没有解决。房子要拆了，吴女士便又开启了新一轮的维权上访之旅。我粗粗地依合同计算了民主党派应付给吴女士的违约金，应当不下 700 万元。

要说奇闻，这也算个奇闻，一个购房者在房子没建好时即付款购房，到房子要拆了，还没有拿到属于自己的房子。

除上述问题，里面还有一大堆的问题：诸如管委会下属公司总经理的龙某某为解决个人的社会保险及退休等遗留问题而占用了综合大楼部分房屋问题；帮人担保成为被告的问题，欠了电梯款、审计费、银行贷款等等，这些问题要解决，还需 300 至 400 万元。

## 罕见的烂楼 >>>

虢部长提出解决综合楼的所有资金都要我想办法筹措时，我想到了将综合楼招商，引入投资者，利用投资者的资金来解决这些问题。正是有这一思路，我才会尝试接这趟差事。我对综合楼招商赋予了很多美好愿景。综合楼位于四条城市主道之间，是个繁华商业地带，这些实在给人太多的想象空间。

但我和贺主委的第一次苏家巷综合楼之行，让我透心凉，不得不承认，我这个人过于浪漫。

综合楼基本是在黄兴路、解放路、人民路、蔡鄂路围成的方块的正中间，它到上述四条路的直线距离都是 200～250 米。要命的是四条路到综合楼的道路都很窄，开车进出都很困难。上世纪 90 年代初设计的房子，没有考虑停车的问题，所以综合大楼连一台车都不能停。周围虽然人口稠密，但都是些居民及打工的，消费能力不强，而且这一片是待拆区域，政府也不可能再投资改善什么。典型的商业死角，甚至可以说是城市死角。

贺主委自我们开车从解放路进入苏家巷那条窄窄的巷子起便摇头不止，评叹不已，但当我们看完综合楼后，贺主委头也不摇了，也不评叹了。

综合楼之烂，已经超出了我对房子的认识。装了电梯的综合楼，电梯没有使用一次，但电梯已经锈迹斑斑，能拆走的都拆走了，包括电机。房子内能卖钱的都拆走了，铝合金门窗、电线、甚至连铸铁的下水管道。有的楼层甚至连砖墙都没砌。唯一光鲜的是玻璃幕墙，但从幕墙上缺失的几块玻璃可以想到这实际是一个可以爆炸多次的不定时炸弹，消防根本没做，整栋楼，连一个消防栓都没有。所谓综合楼，除了张家居住的那一层，就只是一个有着多个隔层的水泥框架。连基本的使用功能都不具备，这样的楼要招商纯粹是一句空话。

在综合楼内见到张志哥时，来意还没说明，张志哥便开始咆哮，不付清他的工程款，这栋楼谁也不想进来，谁来砍死谁。

回来的路上，我和贺主委都不讲话，各想各的心事，沉默首先是贺主委打破的。贺主委十分抱歉的说，想不到给你一个这么烂的事做。现在提出不干，虢部长那里不好说，要么你先干一段时间，到时她再向虢部长汇报说这事实在干不了，解除委托算了。

至此，我已找不到半点干的理由了，这真是个烂到了极致的事情，这些事，已经非律师能解决。贺主委的建议可能是最好的。反正我也没拿民主党派一分钱，不存在脱不了身。反正这个事也数年数人数次都解决不了，也不存在没面子。

虽然知道放弃是最好的，但总是不甘心，我犹豫了几天，跟贺主委说，还是想试试。

## 斗法张家父子

张志哥父子仨人到了我办公室。跟张家父子仨讲道理是没法讲下去的，他们有他们的逻辑，他们反正就是要300万，谁少给就找谁拼命。张志哥40多岁来苏家巷，如今60多岁了，认为在苏家巷受尽了委屈。谁讲的话不中听，他就要和谁拼命。我讲他要300万没道理，讲他占了综合楼不给管委会更没道理，他便要抱着我跳楼……

张志哥走后，在一旁作记录的助手劝我放弃，别事没办成反送了卿卿性命。

这是一单结局完全不可知的业务。正是这种不可知性强烈的吸引了我，我下决心干下去。

我分析综合大楼的所有问题。张志哥的工程款是关键，也是最难的问题，只有将张志哥的问题解决了，其他的问题相对就好办一些。

张志哥提出300万的要求，肯定过高，我认真分析相关资料，得出的结论是90万元左右是合理的。90万元和300万元，差距实在太大。如果只就数据讨价还价，肯定是谈不下来的，要谈得拢，必须要将张家人引到理性计算工程款这条途径上来。但要将张家人引到这条途径上来，谈何容易！民主党派已经谈了十多年，都不能和对方理性协商。

我分析民主党派管委会十多年和张志哥一直谈不好的原因。管委会除没有熟悉工程结算的专业技术人员外，按月给张志哥5000元。张志哥拿了这些钱吃住不愁，衣食无忧，所以每次谈判，张志哥就抱定一个心理，谈成了，自然好，谈不成，也无所谓。

必须要打破张志哥这种心理，我便和贺主委商量，从当月起停止支付那5000元，理由是这次统战部、管委会下了决心要彻底解决该问题。

我已经预知了这个决定带来的后果，请贺主委作好迎击张志哥吵闹的准备。

当月没有拿到5000元的张志哥，彻底激怒了，不再是张家仨男人来找贺主委吵闹了，张家俩女人也同时出动。张志哥的女儿凶悍得很，居然还将贺主委办公室门踢烂了。张志哥老婆也来了，带着一只摔断的手，虽可怜兮兮，但无赖劲十足，不给钱就不走。

实在难为了处于风暴中心的贺主委，为了单位的事，受尽了谩骂威胁。好多次，贺主委问我："怎么办？"我说："一是坚持，比耐力，二是告诉他们，必须要找喻律师，因为已经全权委托喻律师。"

吵了贺主委两个月，张家没有从管委会拿走一分钱。两个月里，我也没和张家有任何联系。虽然第一次在我办公室见面时，和张志哥有一次不愉快的争吵，张志哥也发誓不找喻律师了。但两个月后，张家人还是主动来我办公室了。张志哥誓言在先，所以他没来，来的是他的儿子和女婿。

张灿辉这次来，歉恭了许多，左一拜托，右一拜托，同时还暗示了给我好处。

我心明如镜，知道今天的谈判不会有结果，只是一个开始，接下来，没有十轮八轮，是难得有结果的，所以，张灿辉谈虚的，我也跟着谈虚的。我要张灿辉找法律专业人士去分析，300万有不有道理，同时告诉他，不是金额问题，而是有不有理的问题。

张灿辉恭维我说管委会谁谁谁说了，此事是喻律师说了算。我说，我是受人之托。我的工作只是将证据弄扎实，法律分析清楚。我也要接受管委会的质询，真正说了算的还是管委会。同时我还告诉他，我不要他任何好处。

之后，我们便聊了很多建筑和预结算方面的事。张灿辉走时，我相信，张灿辉一定不会怀疑，喻律师不但懂法律，在建筑和预结算方面，也不是门外汉。

三轮谈判下来，张家要价是 220 万元。同时信誓旦旦的要给我个人 30%。虽然一再声明，我一分钱都不会要，他所拿到的每一分钱都是他的。但张灿辉还是说："喻律师，我晓得做人。"

第四轮、第五轮、第六轮谈判后，张家已经降至 170 万元了。对这个结果，贺主委有些欣欣然了，低于 200 万元了，总算看到了成绩。

贺主委问我，合理的金额应是多少。我把计算式给她看，告诉她 90 万元左右时，她便疑虑重重，觉得这是一个很难企及的目标。

从与张家第一次接触起，张家一直在套问管委会的底线。我一直没有告诉他们，我知道，一旦告诉他们。他们会认为差距太大，没有信心往下谈。这个问题我一直与张家打马虎眼，直到张家将其要价定为 140 万元时，我才依据合同及相关资料一步一步计算，计算出的结果是 87 万余元。张灿辉每提出一条异议，我便将其解释驳回，七八条异议后，张灿辉虽然不服，但也无话可说了。张灿辉将我的计算式带走，说是和家里人商量。

商量的结果是：不管怎样，张家反正要 140 万元，低于 140 万元免谈。

免谈的决心是比较坚定的。张家不再有人找我，也不找管委会。我主动找他们，他们也不理睬。谈判陷入僵局。此时已经是 2010 年 11 月份了，离第一次与张家人谈判，已经过去了大半年。

要打破这种僵局，不能让步，只能要进攻。进攻，找准攻击点是关键，如果攻击点是工程款结算，那太复杂了，公说公有理，婆说婆有理，一时半会是扯不清的。我选的攻击点是张家强占综合大楼构成侵权，进攻方式是到法院诉讼。

当所有的诉讼准备完成后，我告诉张灿辉，管委会准备诉讼了。

张灿辉一脸轻松："诉讼就诉讼。我就不信，哪家法院敢不判工程款给我们。"

我告诉他，管委会不是打工程款纠纷，而是认为张志哥强占综合楼，构成了侵权，要求其搬出。

颇感意外的张灿辉心里明显有些虚，这个官司，张家是100%要输的，但张灿辉嘴上还硬着："看谁敢来赶我们出去。"

我说，管委会肯定不会赶你们出去，要赶也是法院赶。管委会打这个官司的目的，并不是要赶你们张家出去。你也知道，该楼随时都有可能拆迁，拆迁时你们肯定会吵会闹。你们一吵闹，领导肯定会追究管委会的责任——是谁同意你们住在综合楼里的。有了法院一纸判决，管委会便完全可交差了。

张灿辉无语了很久。我猜想，他一定在想，如果法院判了他们占用综合楼行为是非法的，那该楼拆迁时，张家借此闹事逼工程款也没了可能，而该楼一拆除，张家便没有任何可威逼市民主党派管委会的筹码了……

适时，我从案卷里抽出张志哥的身份信息，说，你们原来是湘阴籍，不是望城人啊！

张灿辉又一怔，说，是的，我们是湘阴人，只是挂靠在望城莲花建筑公司。

我说：我已经和管委会谈好了，帮他们打完这个官司，我的任务就完成了。你们和管委会工程款的纠纷我就不管了。官司的事，起诉前的准备工作我已经完成了，下星期就到法院立案。

张灿辉明显触动蛮大，语气软了很多，表示要回家和父亲商议。

就综合楼的事，之前我心里一直没底，也就没有和统战部汇报。统战部也没有过问，可能是这个事拖了太多年，经历了太多人，都没有解决，对我能否解决，也没有多少信心。但到了这个时候，我必须要找统战部汇报了。

听取我汇报的是常务副部长吴部长和党派处罗处长，他们对我前段的工作很满意，并同意了在100万元以内解决张志哥的问题。

再见张灿辉时，我直接告诉他，我只有在100万元以内来解决问题的权力。

张灿辉便给出了一个98万的要价。

在有市七个党派专职副主委和机关事务办负责人参加的专题会上，我将张家的要价报告给与会人员。与会人员觉得这个价格可以接受，但又担忧这98万从哪里来。如果从机关经费解决，肯定没人愿意。通过统战部找市财政要钱，但财政的钱都必须是预算以内的资金才有可能，该款显然不在预算内。

大家一脸戚容议论了很久，作了很多设计、预想，最后还是把目光盯在我身上——"喻律师这98万元怎么办？"

## 新旅游路线 >>>

其实，对综合楼的招商一直没有停过。只不过要将一个缺胳膊少腿的姑娘嫁出去已经很难了。更要命的是这个姑娘还有先天性心脏病，随时都有可能一命呜呼（拆迁）。就这个条件，娘家人还要一笔丰厚的彩礼。要完成这项工作，是不是有点痴人说梦。

综合楼招商的消息发出后，来谈的人还是蛮多，前后可能有二十拨，但看过房屋后再来谈价格的，寥寥无几。当知道这个租赁，还要先借100万元给房东时，便只剩下黄老板一个人。

黄老板在小县城赚了些钱，想来长沙发展，正急于寻找进入长沙的机会，所以别人完全不考虑的机会，他也磨磨蹭蹭一翻。

我捕捉到黄老板急于进军省城的信息，便适时地告诉他，该房屋的背景是统战部和党派机关，其信誉度肯定这高于个体户和一般的公司；该房屋的位置不管怎么样说都是位于市中心，商业价值有潜力可挖……

黄老板顾虑蛮多，很直接向我提了很多问题。

黄老板："这片土地已经被政府收回，是否意味着该房屋随时可能被拆迁？"

我说："理论上是这样的，但你不用担心。首先，拆迁这一片要大几十个亿，目前房地产进入下行通道，开发商在土地购置上会谨慎出手，该土地估计三五年不会有开发商来买；其次，拆迁了也不用担心，拆迁时是要赔装修损失的。"

黄老板："这里停不了车，进车也不方便，房子能作什么用？"

我告诉他，车辆进出不方便，作写字楼或洗脚城等场所肯定是不行的，但是可以作商务酒店，客源主要针对旅游团队和从周围酒吧出来的客人，旅游团队可以从人民西路百果园处下车，走 200 米麻石路就到酒店。走这 200 米，算是旅行社给游客赠送的一个旅游项目，这个项目定为"走麻石巷子，游老城长沙"。这样游客也就没有意见了。

黄老板是个精明人，每一个细节都计算得很周到，但我胸有成竹，给了他很多设计，有很多创新。七八个回合下来，黄老板完全折服于我，同意先借 100 万元给管委会，然后将综合楼租赁下来改建成一家标准不低于三星标准的宾馆。

当黄老板的 100 万元打到管委会账户时，管委会认为我简直是位化腐朽为神奇的魔术大师了。

张志哥搬出那天，我独自来到综合楼，远远地看着张家把一件件家俱搬走。此时我的心情也很复杂，没有半点胜利者的喜悦，甚至还有丝丝凄凉。因为我的出现，张家老小要搬离一个住了十多年的地方……

张志哥发现我后，快步朝我走来，我内心竟有了一种不祥的紧张。和我吵了大半年的张志哥，要抱我跳楼、要拿菜刀砍我的张志哥，今天居然一脸真诚的和我握手，连声说谢谢。

确实，没有贺主委当管委会主任，没有我的出现，张家不知还要在这建筑物内住多少年，且不知道最终会是一个什么结果。有了这笔钱，张志哥夫妇完全可以安度晚年了。

张志哥的问题解决了，我听足了感激、赞扬的话语，大家都祝贺我解决了综合楼的问题。我想是他们误解了，因为张家吵得最厉害，所以在市统战部和市民主党派领导思维中，张志哥的问题就是综合楼的问题，综合楼的问题就是张志哥的问题，张志哥的问题解决了，似乎综合楼的所有问题都解决了。其实，综合楼的问题远没到完全解决的时候。

# 17 年前的房地产纠纷

1993 年前进物业公司和管委会签了一份购房合同，前进物业公司出资 37 万余元购得综合大楼第 8 楼 198 平方米的房产。但管委会按合同约定收了前进物业公司一半的购房款后，并没有按合同约定交付房产，而是将该部分房产产权直接办到自己名下。

为此，前进物业公司经理吴女士进行了长达十多年的奔走，对应的是管委会一次又一次开会。但每次会议要么没有结果，要么是作出的决议无法执行。这期间，吴女士也多次找过市委统战部的领导，甚至还有些领导对此事有过批示。其中有份批示就是虢部长批的，批示的内容是：依法妥善解决。

与张家大吵大闹的风格炯异，吴女士不吵不闹，见面就要请你吃饭，也会带些社会名流与你见面，和你陈述她的理由。当初我和张家斗得天昏地暗时，我告诉她，必须先解决张志哥的问题后才能解决她的问题。她也表示理解。

张志哥的问题解决后，吴女士便盯紧我，天天电话，一打就是几十分钟。吴女士的电话你还得认真听，耐心解释，在付出巨资（1993 年的 18 万多元绝对是一笔巨资）并搭上十几年的奔走之后，还是什么都没得到。我完全能理解电话中透出的种种威胁信息，毕竟人的忍耐是有限度的。现在我明白了，虢部长提出的"不出乱"，应当更多是指吴女士这个事。

吴女士的问题其实很简单，说穿了，就是管委会收了吴女士购房款，但没有按合同约定交付房产，也没将购房款退给吴女士。双方签了合同，购买人依合同约定支付了购房款，作为出卖人的管委会，将房子交给人家就完事了。可管委会不但没交房，还把房子产权办到了自己名下，而且还不退钱。当年交付没问题，现在想交付也交付不了。交付不了有四个方面的原因：

首先，1993 年时，国资管理条例尚未出台，管委会不经国资局或财政局出卖房产，并不违法。可现在处置国有资产要走一个复杂的程序，按现在的程序走，无法达到吴女士要房目的。

其次，房子在管委会名下，国土已经被收回，走正常程序，房子根本过不了户。

再次，吴女士提出了违约赔偿，合同约定的逾期交房的违约金是总购房款的 1% 每天，十多年了，违约金都 800 多万了。

最后，就是一个心态的问题了，1993 年的房子，现在怎么说也翻了几倍，有些人心里不平衡。这可能也是管委会商量来商量去，吴女士就是拿不到房产的一个原因。

说实话，我是蛮同情吴女士的，她有什么错，权力被侵害了这么久，十几年的奔走而没有结果，还能保持相应理性，也是难为可贵。

我给吴女士出主意，鉴于上述四个方面的原因，建议她走法律诉讼途径来解决。通过诉讼，求得一纸判决，凭法院的判决可以去房产局强行办理产权过户手续。因为该房屋拆迁在即，也可以不办过户，省下一笔过户费。拆迁时，凭生效的法律文书找拆迁部门获得赔偿。

吴女士在找房产局和其他律师求证后，采纳了我的意见。不知是出于对我的信任还是不放心，吴女士一定要我为她指定律师，代理费她可以多付。我坚决不同意，告诉她，这样做是违规的。

管委会在 2011 年 7 月份收到了市中院送来的起诉状副本，吴女士除了要回房子，还要求管委会支付 688 万元违约金。当看到 688 万元违约金时，我还是很感慨，真不知是哪个律师会给吴女士出要 688 万元违约金的主意，在之前我给吴女士有过分析，违约金基本难拿到，吴女士也说她的期望值就只要将房子收回，违约金要不要无所谓，现在主张 688 万元的违约金，吴女士要多支付十几万的诉讼费和律师代理费。

因为双方都有协商解决的意思，所以法院没有开庭，就组织双方协商。管委会愿意将房产交给吴女士，但不愿承担违约金。吴女士将违约金的要求一再降低，希望能支付部分违约金，弥补她这些年的损失。为这事双方又僵持了。后来我找吴女士说，你房子本来是住房，现在管委会将其租赁给黄老板作营业用房，拆迁时营业用房的补偿标准远远高于住房，用这头的利益足可以弥补她这些年的损失。吴女士接受了我的观点，案件很快调解好了。

## 小事也漂亮 >>>

在处理吴女士的事的过程中，还将龙某某索要养老保险、拖欠电梯安装款等等一系列二三十桩纠纷一并处理了。这些纠纷管委会应支付三四百万元，但通过谈判等等手段，管委会没有再拿出一分钱。所以处理完吴女士的事后，综合楼的事务基本结束，

还要说的是，黄老板接收该综合大楼进场装修，可谓历尽艰辛，甚至动用了公安力量才将事态平息。我也收到了来自所谓的黑社会的死亡威胁。

2011 年春节前，贺主委半开玩笑半认真对我说，今年这个时候少了一件事。我笑，她也笑，我们都明白少——往年这个时候，管委会正是安抚张志哥的时候，以保证正月初八市委书记来看望时不出状况。机关事务办也轻松多了，每个月不但不要支付张志哥 5000 元和 综合楼水电费，还可以收点房租。

2011年5月28日，黄老板的金港湾商务酒店正式营业，昔日破败不堪的综合楼成了拥有79间客房、三星标准的商务酒店。酒店客源很大一部分来自旅行社。旅行社给游客送了一个旅游项目"走麻石巷子，游老城长沙"。酒店生意红火，至我写这些文字时，这一片没有拆迁方面的新信息。房地产市场还是不愠不火，三五年内不会拆迁似成定局。黄老板经常叫我去酒店坐坐，喝喝茶，谈论谈论经营方面的事。

2011年，统战部给市委的年度工作汇报，将综合楼的解决作为一项成绩报告。一个律师的工作成果能摆在市委书记的案头上，算是一件荣光的事。

附一篇

# 十年慈善路，万千红会情

有朋友问我："你看了那么多的社会阴暗面，心理总该会有些阴影，而你从事律师近二十年，历经风雨，但一直阳光健康，有什么秘诀吗？"我告诉他："我除了当律师外，还从事一份天底下最干净、最阳光的职业。"

至 2005 年，我从事律师职业已经十年了。这期间，我看到了太多的阴暗，夫妻反目，兄弟相残，父子对庭，出卖朋友，算计同行；言而无信，尔虞我诈，过河拆桥，以大欺小，恃强凌弱，强权乱法。这些龌龊的社会现象，让人心惊胆战。我不但看到了，而且深味其中，虽然绝大多数是看客，但有时也会成为帮凶，甚至一不小心又成了受害者。

我时常迷茫彷徨，感觉内心有巨大的压力，甚至经常担心自己被人算计。那时，白发明显比现在多，难得有笑容。

那年 3 月，省红十字会事业发展部肖部长找到我，想聘请我担任他们的总法律顾问。他不好意思地向我解释：我们是个不盈利的社会组织，所以顾问费不能按律师的标准来收。

我非常爽快地回答：我完全免费服务。

肖部长一听，长时间没有做声，或许他不敢相信。

我赶紧补充说：你放心，我会和收费一样服务好的。

没两天，省红十字会的聘书就送来了。

红十字会应当是一个国际性的民间组织，社会功能主要是对大灾大难实施救助，款项一部分来自政府，一部分则在民间募集。

这样一个大公无私的地方，难道还有法律事务，法律纠纷？犯得着聘请法律顾问？

我就职以后，才知道事情还很多。仅说救灾备灾物资的采购、运输、仓储保管和发放，哪一个环节都难免有纠纷，这就需要法律顾问提供法律支持。还有，红十字会做的事都是好事善事，在纳税等方面有优惠，所以，一些人希望利用这块招牌达到一些不为人知的目的。在红十字会与其他社会组织、企业和个人合作时，法律事务也比较多而复杂。我每月必去红十字会上门服务两次。

在募捐活动中，红十字会总要邀请我参加。活动中，我除了当法律顾问外，还是工作人员，更是捐资者。

我的责任心和公益心得到了红十字会的高度认同与赞誉，一年后，我成为省红十字会理事。这一头衔对我的律师执业、开展业务并无帮助。相反，还要承担一些社会职责，占用一些本来就紧张的时间。但我想，律师虽然不一定要有济苍生之志，但也不能将自己定位为追名逐利之徒，律师是社会公众人物，应当得到社会的认同，当这样一个理事，正是代表了社会弱势群体对律师的认同。

真正让省红十字会高层领导人认知我，是我对一件突发事件的处理。2009年夏天的一个晚上，省红十字会咸家湖小区仓库内存放的备灾物资——氯化合物，因天气炎热发生了自燃，氯气挥发，弥漫在天空。有关单位马上紧急疏散了仓库周围两平方公里范围内的居民。被疏散的民众弄清事情原委后，绝大部分表示了谅解。但有一小部分人不依不饶，要求追究红十字会领导人的渎职责任，搬迁仓库，赔偿损失等等。第二天，省红十字会的办公场地被冲击，要打官司和通过媒体曝光的声音此起彼伏。为首的是一名律师。

我是接到红十字会的紧急电话赶到出事地点的。了解情况后，我把那个律师作为解决矛盾的重点对象。马上和他见面，同行在知道我是为红十字会免费服务后，非常爽快地退出，并主动做好其他人的工作。一场风雨满楼的纠纷，就这样化解了。

在红十字会精神的感召下，我也走上了一条扶危济困的慈善之路。这些年，我帮助过困难的学生和生病的老人，出资改建过困难乡村的学校，出资修建了乡村的公路。

从2007年起，我还担任资福乡敬老院名誉院长。第一年，我给老人们送去一卡车物资，计三十台彩电、六十多套羽绒服、六十多床棉被和一些食品药品等等，让他们过了一个温暖、祥和的冬天。以后年年如此。以至于老人们自发的到附近的寺庙为我祈祷，祝我健康幸福平安。

由于常年参加慈善活动，我获得了很多荣誉。2009年，省人民政府授予我"湖南慈善奖"；2010年又获得"省爱心先进个人"称号和"省十张爱心名片"提名奖；2012年，获得了"省优秀名誉院长"荣誉证书。

在为红十字会服务的过程中，我得到了超乎寻常的尊重。有一年红十字会只给分配了五十个家庭包(装有米油糖等物资的箱子)发给贫困户。我签字时一看，省委书记、省长联系的敬老院也是同样的数字，而每个地州市拨付的也只有一百个。

特别让人骄傲的是，红十字总会赵白鸽会长征询对《红十字会法》的修改意见。我作为专家团成员出席会议。赵会长对我关于红十字会工作的意见很是重视，表示在修改《红十字会法》时一定把我的意见考虑进去。一个小小的律师，能为国家法律晋言献策，夫复何求！

为红十字会服务八年，我生活非常充实，真切地感受到了做人的快乐，做律师的快乐。虽然一些时候社会上消极的东西对我也有影响，但我的精神层面一直是乐观的、积极向上的，这快乐中有自己创造的快乐，也有赠人玫瑰手留余香的快乐。

**图书在版编目(CIP)数据**

布局——律师实战实录/喻国强著. —长沙:中南大学出版社,
2014.8

ISBN 978 - 7 - 5487 - 1097 - 4

Ⅰ.布...Ⅱ.喻...Ⅲ.律师 - 工作 - 中国 - 文集
Ⅳ.D926.5 - 53

中国版本图书馆 CIP 数据核字(2014)第 144591 号

**布局——律师实战实录**

喻国强　著

| | | |
|---|---|---|
| □责任编辑 | 谢贵良 | |
| □责任印制 | 易红卫 | |
| □出版发行 | 中南大学出版社 | |
| | 社址:长沙市麓山南路 | 邮编:410083 |
| | 发行科电话:0731-88876770 | 传真:0731-88710482 |
| □印　装 | 长沙利君漾印刷厂 | |

| | | | | |
|---|---|---|---|---|
| □开　本 | 720×1000　B5 | □印张 21.25 | □字数 302 千字 | |
| □版　次 | 2014 年 8 月第 1 版 | □2015 年 5 月第 2 次印刷 | | |
| □书　号 | ISBN 978 - 7 - 5487 - 1097 - 4 | | | |
| □定　价 | 39.00 元 | | | |

图书出现印装问题,请与经销商调换